KB206233

미스터 미션, 조동진

미스터 미션, 조동진

─────────

초판 1쇄 인쇄 2018년 4월 10일
초판 1쇄 발행 2018년 4월 19일

지은이   이민교
펴낸이   오상원
편집책임   이한민
본문 및 표지 임현주
펴낸곳   도서출판 사도행전
주소   서울시 강남구 개포로 24길 36, 103호
전화   02) 1899-3842
이메일   newkorea38@gmail.com
카톡아이디 sonkorea
등록번호   465-95-00163
공급처   (주)비전북 031-907-3927

ISBN 979-11-958016-4-0 03230

Mr. Mission, David Cho

한국교회 선교와 북한 사역의 살아있는 전설

이민교 지음

도서출판 사도행전

어쩜 이리도 재미있고 이리도 감동적이고 이리도 도전을 주는 이야기가 있을까요? 지나간 시대의 역사가 한 사람의 인생 역정을 통하여 대하드라마처럼 펼쳐지는 이 책에서, 민족의 화해와 한반도의 평화를 갈구하는 우리 시대의 얽힌 실타래를 풀어갈 수 있는 엄청난 지혜의 보고를 발견하는 느낌입니다.

민족주의자로서, 복음주의자로서, 선교운동가로서, 평화주의자로서 살아온 조동진 박사님의 삶을 통하여 느낄 수 있는 그의 예수사랑, 민족사랑, 인류사랑의 뜨거운 마음이 우리의 가슴을 두드리며 절절히 다가옵니다. 남북한과 태평양을 넘나들며 소설보다 더 흥미진진한 역사적 사건들이 박진감마저 느끼게 합니다. 우리에게 이런 믿음의 선배가 계셨다는 사실이 너무도 감사하고, 그런 열정과 헌신적 삶의 발치에도 못 미치는 나 자신이 너무 부끄럽게 느껴집니다.

아무쪼록 이 책이 민족의 화해와 평화통일을 꿈꾸며 자신의 삶을 역사의 제단에 기꺼이 번제물로 드리고자 따라나서는 수많은 제2, 제3의 '미스터 미션'들을 일으키는 축복의 통로가 되기를 간절히 소망합니다.

_곽수광 목사 국제푸른나무 대표, Global Blessing 자문위원

조동진 목사님은 제가 어린 시절부터 부친께서 자주 말씀하신 분이시고 깊이 존경하는 목회자이십니다. 고등학교 다닐 때 조 목사님의 선교에 관한 설교를 들으며 가슴 뜨거운 도전을 받았던 기억도 생생합니다. 1995년 조 목사님께서 민족통일에스라운동협의회를 발족할 때 연구위원으로 함께 참여할 수 있게 된 것은 제게 큰 영광이었습니다. 조 목사님과 교제하며 통일과 선교를 가까이서 배울 수 있었던 것이 정말 자랑스럽습니다. 이제 조 목사님의 민족통일과 선교의 비전과 열정과 전략을 어떻게 계승하여 실천할 것인가 하는 것이 제 마음에 큰 부담이 됩니다.

우리 민족의 통일과 북한선교의 사명을 갖고 있는 많은 분들이 조동진 목사님의 통일비전과 선교전략을 잘 이어받아 우리 시대에 그 사명을 완수해나갈 수 있기를 기대합니다. 조 목사님의 생애와 업적과 사상을 축약해놓은 이 책이 민족통일과 북한선교를 위해 일하는 많은 분들에게 큰 도전과 희망을 줄 것으로 생각하며 이 책을 적극 추천하는 바입니다.

_김병로 박사 북한연구학회 회장, 서울대 통일평화연구원 교수, Global Blessing 고문

우즈베키스탄에서 만난 선교의 동지 이민교, 그는 복음에 대한 열정과 더불어 장애인에 대한 특별한 애정을 가진 목사이며 선교사이다. 한국 교회 선교의 터를 닦은 선교의 아버지 조동진 목사님을 자랑하기 시작하더니, 이제는 그의 북한 선교 사역을 이어가고 있다.

저자가 이 책을 통해 증거하고 싶은 것은 예수 그리스도와 복음으로 민족이 통일되는 것이다. 따라서 이 책《미스터 미션, 조동진》은 단순히

한 개인의 이야기가 아니다. 우리 민족의 근대사요, 한국 교회사 그 자체이다. 한국 교회의 선교역사요 민족운동과 통일운동의 역사다. 한 사람의 인생 역정을 통하여 이렇게 다양한 모습을 보기도 쉽지 않을 것이다.

이제 조동진 목사님의 선교열정과 민족사랑과 애국신앙을 우리 후배들이 배우고 이어가야 할 것이다. 이 책은 조동진 목사의 드라마틱한 삶과 이민교 선교사의 불타는 가슴이 만나 탄생한 멋진 작품이다. 귀한 책의 출간에 감사드리며, 적극 추천과 더불어 필독을 권하는 바이다.

_김영제 목사 선교중앙교회 목사, 디아스포라선교회 대표, Global Blessing 자문위원

2018년 4월 판문점 평화의집 남북정상회담과 5월 북미정상회담 소식이 우리를 놀라게 합니다. 이 소식은 하늘에서 갑자기 뚝 떨어진 것이 아닙니다. 오랜 세월 주님이 주신 새 계명을 실천하려는 많은 이들의 기도와 헌신의 씨앗들이 반목, 대결, 미움, 증오, 전쟁 연습 등의 어둡고 깊은 땅속에서도 죽지 않고 생명이 되어 새싹으로 솟아오른 것이 아닐까요? 이 씨앗 속에는 이 책에 소개된 조동진 목사님의 눈물과 헌신도 함께 있을 것이라 생각됩니다.

화해와 평화통일의 새싹이 커다란 나무로 자랄 수 있게 하는 것은 이제 우리의 몫이 된 것 같습니다. 우리가 이 책에서 이웃을 사랑하는 모습을 잘 배워, 평화의 사도로서의 사명을 잘 감당하게 되기를 소망합니다.

_김정명 목사 여수 은현교회 원로, (사)하나누리 이사장, Global Blessing 자문위원

신학자, 목사, 선교사이셨던 조동진 목사님의 생애에 관한 이 책을 읽고 감동하여 감히 이 글을 쓴다. 이 책을 대하면서 참으로 부끄러운 마음이 우선 앞선다. 나름대로 민족 통일과 평화에 기여하겠다는 기독인이자 학

자로서, 조동진 목사님의 가르침을 이토록 늦게 접하게 되었다는 이유에
서다.

　조동진 목사님께서 후암교회의 담임목사로 취임하시던 당시, 필자는
고등학교 1학년 학생으로서 후암동 골목을 거쳐 해방촌 꼭대기에 있던
숭실고등학교에 다녔는데, 같은 서울에서 5·16을 맞았다. 목사님은 신학
적으로 한국 교회 선교의 역사를 가히 화해와 평화의 반석에 올려놓으셨
다. 한국과 외국의 석학들 누구도 이루어내지 못했을 일을 해내셨다. 김
일성종합대학교에 종교학과를 만들고 기독 연맹의 여덟 명 지도자를 윌
리엄캐리대학에서 연구하도록 하셨다.

　정치 분야에서도 역시 어느 정치학자도 이루지 못했을 일을 하셨다.
남과 북의 가교 역할을 맡아 북한의 고위층을 인솔하여 카터 대통령을
만나게 하였고, 아울러 카터 대통령의 평양 방문을 주선하셨다. 그러나
세계는 이러한 움직임을 외면하려 했던 것 같다.

　조동진 목사님의 삶은 한마디로 '파란만장' 그대로이다. 해방과 전쟁,
좌우의 첨예한 대립, 친일세력의 득세와 독재정권, 유신치하의 소용돌이,
그리고 당시의 반민족적인 교계, 참으로 혼란과 혼동의 시대였다. 가장
안타까운 것은 한국 교회가 이 보석과도 같은 기독교의 지도자를 일찍이
가슴에 품지 못하고, 그 지루한 기복신앙과 반공 이념을 이끌고 왔다는
것이다.

　궁금한 점은 과연 한국 사회의 어떤 세력들이 조동진 목사님의 존재를
인정하지 않으려 했을까 하는 것이다. 한국 교회는 화해의 신학을 설교하
면서도 오로지 개인의 죄에 대한 회개와 용서 받음에 국한하였다. 민족
간의 진정한 정치적 화해, 빈부의 차별, 약육강식의 탐욕적인 사회 현상
에서 탈피하기 위한 사회적 화해의 가르침은 전무했다. 그러나 다행인 것

은 오랫동안 멀리 우즈베키스탄과 카자흐스탄 농아선교를 거쳐 북한 장애인 사역에 전념하는 이민교 선교사의 노력으로 늦게나마 조동진 목사님의 삶을 배울 수 있는 기회가 만들어진 것이다.

우리는 늦었지만 지금부터 다시 시작할 수 있다. 특히 이 책을 통하여 우리의 기억 속에서 점점 잊혀져가는 김구, 안창호, 이승훈, 손양원 목사 등의 정치지도자, 교육가, 신앙인들의 면면을 되새기게 된다. 그런 의미에서 이 책이 널리 알려지고 읽혀져 조동진 목사님의 실천적인 화해, 평화, 통일의 염원이 재조명되기를 희망한다.

_**김형식 박사** 유엔장애인권리 전문위원(2011-2018),
남북한 비교 사회정책 연구자, Global Blessing 고문

친구요 동역자인 이민교 목사님으로부터 《미스터 미션, 조동진》 원고를 받고 이렇게 '폭풍독서'를 해본 것도 참 오랜만이다. 내용이 흥미로워 300페이지 넘는 책을 단숨에 읽었다. 무엇보다 책 곳곳에서 발견되는 감동적인 이야기들은 그리스도인들이라면 누구나 자신을 돌아보고 새롭게 결단할 수 있는 한편의 드라마이다. 이 책의 주인공인 조동진 목사님의 일생, 곧 조 목사님의 민족의식, 교회와 신학에 대한 해박한 지식, 형언할 수 없는 삶의 경험은 후대에게 길이 남겨줄 고귀한 선물이며 유산이다.

해방 이후 지금까지 이 땅을 휩쓸고 있는 좌우의 갈등까지 아우르는 조 목사님의 너그러움은 이 시대를 고민하며 살아가는 모든 사역자들의 갈증을 풀어주는 단비가 아닐 수 없다. 마지막 장에서 제시되는 통일대안은 남북문제에 대해 무관심했던 분들이나 이념적 갈등에 휩싸인 분들, 그리고 통일을 꿈꾸는 모든 세대가 탐독할 교과서 중의 교과서이다.

이렇게 중요한 사건들을 대중에게 익숙한 문체로 생동감 있게 풀어내고, 자칫 묻힐 뻔했던 조 목사님의 일대기를 한국 교회가 공유할 수 있도

록 해주신 저자 이민교 목사님에게 깊은 감사를 드린다. 이 책에는 뜨거운 사명의 강물이 흐른다. 여기에 동참하시라!

_**박종근 목사** (사)모두함께 이사장, 서울모자이크교회 담임목사, Global Blessing 자문위원

《미스터 미션 조동진》은 우리 민족의 통일과 교회의 회복을 위한 화해의 여정을 그린 책이다.

조동진 목사님은 빨치산과 토벌대의 장례식을 연이어 치르고, 김일성 주석과 카터 대통령의 역사적 만남을 주선한 화해의 사도였다.

이 책은 조국의 분단과 전쟁의 아픔을 딛고 한국 교회의 성장과 세계선교의 선두에 섰던 전전(戰前) 세대 조동진 목사의 삶을 북한 장애인 사역을 통해 사랑을 실천하고 있는 전후(戰後) 세대 이민교 목사를 통해 투영해보고, 민족통일과 세계선교의 길을 제시하는, 세대를 초월한 내비게이션(navigation)이다. 분단 70년인 2018년, 북한 선수단이 평창동계올림픽과 패럴림픽에 참가하여 새로운 화해의 시대를 열었다. 이 책을 관통하여 흐르는 그리스도의 화해와 용서의 정신으로 통일과 세계선교의 길을 활짝 열어나가기를 소망한다.

_**양창석 박사** 남북회담본부장 역임, 숭실대학교 초빙교수,
(사) 선양하나 대표, Global Blessing 자문위원

한국을 떠난 지 40년인 이민자의 눈으로 읽는 《미스터 미션, 조동진》은 충격 그 자체였습니다. 하나님을 사랑하고 이웃을 네 몸처럼 사랑하라는 말씀이 책 속에 녹아내려 저의 심장에 남아 있습니다. 통일된 한반도를 그리워하는 디아스포라 코리언이 어디 저 혼자만이겠습니까? 남과 북, 특히 북한과 미국의 가교 역할을 감당했던 조동진 박사님의 증언과, 삶으

로 세계선교를 보여준 흔적이 디아스포라 코리언(Korean Diaspora)들에게 읽혀지도록 추천합니다.

_**오상원 원장** 오상원치과병원, Global Blessing 호주 이사장, 시드니순복음 교회 집사.

조동진 목사님은 냉전의 시기에 사회주의권 선교의 길을 여신 분으로서, 한국 선교의 지평을 넓히는 데 크게 기여하신 분이십니다. 특히 북한에 대한 이해와 기본 자료가 부족했던 시절에 북한 전문가들에게 대북선교에 대한 비전을 제시하시고, 전문가들이 북한 연구에 대한 객관적인 시각을 갖게 하는 데 큰 역할을 하셨습니다. 저는 북한연구자로서 조동진 목사님의 역할에 대해 항상 존경심과 감사한 마음을 갖고 있습니다.

이 책이 한국 교회에 북한 선교의 방향을 제시할 뿐 아니라, 북한연구의 전문가들에게 길라잡이 역할을 할 것으로 기대합니다.

_**이상만 박사** 중앙대 경영경제 대학 명예교수,
(사)한반도개발협력연구소 연구네트워크 이사장, Global Blessing 고문

그의 가슴엔 그리스도와 민족이 가득 자리 잡고 있습니다. 민족을 살리는 그리스도, 그리스도를 따르는 민족이 되기를 소원하며 평생을 살아오셨습니다.

평범한 사람들보다 적어도 25년을 빨리 걸어가신 그의 인생 여정은 항상 외로운 선견자의 길이었습니다. 가장 친서구적 사고를 가졌지만 반서구적이라는 오해를 받았고, 가장 복음적인 신학을 견지했지만 에큐메니컬(ecumenical)로서 살아오셨습니다. 누구보다 많은 오해를 받았던 한국선교의 개척자인 조동진 목사님의 글을 다시 읽게 된다는 것은 참으로 값진 일입니다.

이 글을 읽는 모두가 '어떻게 하면 철저한 신앙심으로 현실과 미래를 도전적으로 살아갈 수 있을지'에 대해 귀한 통찰력을 가질 수 있을 것입니다.

_조용중 **선교사** Global Partners, 한국세계선교협의회 사무총장, Global Blessing 고문

몇 년 전 크리스천 비즈니스맨을 대상으로 강의를 하는 자리에서 이민교 형제님을 처음 만났습니다. 우리는 예수님을 모르고 지내다 성년이 되어 어느 날 극적으로 예수님을 믿게 된 점이나, 예수님을 믿게 된 때부터 예수님께 미쳐서 사방팔방을 돌아다니며 예수님을 외치던 점, 저는 목사이지만 전형적인 목사 같지 않아 보이고, 그는 선교사이지만 전형적인 선교사 같지 않아 보이는 점 등 많은 면에서 유사했습니다. 우리는 곧 서로 좋아하는 사이가 되었습니다.

이민교 형제는 자신을 굳이 선교사라고 소개하지 않지만, 진정한 선교사입니다. 성경 말씀을 그대로 사용하지 않지만, 복음과 하나님의 사랑이 녹아 있는 정신과 몸으로 선교활동을 하고 있습니다. 그는 법당에서 목탁을 두드리던 사람이었는데 어느 날 갑자기 찾아오신 하나님의 사랑에 녹아내렸고, 자신을 복음에 빚진 자로 여기고 복음의 불모지들을 찾아다니며 장애우들과 같은 연약한 자들을 위해 헌신하는, 진정한 선교사입니다. 그가 《미스터 미션, 조동진》이라는 책을 썼습니다. 그가 선교의 아버지격인 조동진 목사님에 대한 책을 쓰게 된 것은 너무나 당연한 일이라 여겨집니다. 이 책을 통해 한국 교회에 다시 한번 선교사명의 불꽃이 피어오르기를 소망하면서 이 추천사를 씁니다.

_주명수 **변호사** 밝은교회 목사, Global Blessing 감사

존경하는 조동진 목사님은 하나님 사랑, 민족 사랑으로 충만한 분이십니다. 독립운동가의 아들로 태어나신 목사님은 일평생을 민족복음화와 세계선교에 헌신하셨습니다. 여순반란사건과 1950년대 전쟁의 폐허 속에서도 오직 복음으로 상한 백성들을 치유하며 구령의 일념으로 일하셨습니다. 1960-1970년대에는 교회행정과 선교를 체계화하고, 빌리그래함 전도집회 등 대형집회들을 주도하며 한국 교회 부흥의 중심에서 섬기셨습니다.

1980-1990년대에는 한국 최초의 선교훈련센터인 '바울의 집'과 '동서선교연구개발원'을 개원하여 한국 교회가 아시아와 라틴아메리카 등 제3세계선교의 주역으로 일어서도록 토대를 마련하셨습니다. 미국 윌리엄캐리대학교에 고려연구소를 개설하시고, 한국에 '민족통일에스라운동협의회'를 창립하여 김일성 주석과의 회담 등을 진행하면서, 한반도 평화와 북한선교를 위해 한국 교회가 깨어 일할 것을 선두에서 보여주셨습니다. 보수신학자이신데도 민족 문제에서는 진보와 보수의 틀을 넘어선 하나님의 일꾼이십니다. 목사님이신데도 통일 문제에 대해서는 세상의 정치학자들을 넘어선 통찰력을 보여주신 국제적 전문가이십니다.

제가 1990년대 초반에 존경하는 조 목사님을 만났을 때 목사님께서 보여주신 민족의 화해와 평화, 통일에 대한 지혜는 아직도 저의 가슴을 설레게 합니다.

"복음은 이데올로기를 초월한 것입니다."

_허문영 박사 평화한국 대표, 통일선교아카데미 원장, 통일연구원 석좌연구위원, Global Blessing 고문

책을 읽으면서 역사에 대한 조 목사님의 통찰력과, 세계를 화폭으로 삼아 일필휘지하는 선 굵은 사역에 큰 감동을 받았다. 매순간 하나님의 뜻

과 의도를 훤히 읽기라도 하는 듯한 선지자적인 파격적 행보, 받은 은혜
와 사랑을 조국과 세계에 창조적으로 쏟아붓는 영혼 사랑의 열정을 평생
본받고 싶다.

_**황성주 박사** 사랑의병원 원장, 이롬 회장, Global Blessing 한국 이사장.

미스터 미션(Mr. Mission), 조동진 목사님을 선교의 아버지로 생각하고 있음이 자랑스럽다. 필자가 조 목사님을 직접 뵙기 시작한 것은 2007년 5월부터였다. 조 목사님은 '실크로드 선교 포럼'에 초청받아 키르키즈스탄 비쉬켁(Kyrgyzstan Bishkek)에 오셨다가 한국으로 돌아가는 길에 카자흐스탄 알마티(Kazakhstan Almaty) 외곽 지대에 있는 한 온천에 잠시 머물게 되셨다. 그때 나는 우즈베키스탄과 카자흐스탄에서 농아들을 위한 교회를 목회하는 동시에, 농아 축구팀을 만들어 두 나라의 국가대표 농아 축구팀 감독으로 사역하고 있었다.

조 목사님이 오셨던 날, 카자흐스탄 농아 교회는 마침 침례 예식을 준비하고 있었다. 이슬람 국가이기에 인적이 끊긴 밤에 어두운 강가에서 비밀리에 침례 예식을 할 수밖에 없었는데, 조 목사님은 그런 위험하고 불편한 상황에서도 침례 예식을 집례해주셨다. 필자의 아들과 딸에게도 세례를 베풀어주셨다.

나는 원래 원불교 집안 출신이지만 주님의 강한 역사하심으로 소록도 법당에서 주님을 만났고, 그 후 목사와 선교사가 되었다. 나의 신앙 간증은《복음에 빚진 사람》(규장 간) 책에 자세히 기록했다.

나는 학생 시절부터 장애인을 섬기는 봉사 활동을 하였다. 선교사가 된 후에도 주로 장애인을 섬기는 사역을 해온 편이다. 현재 GP선교회(Global Partners) 소속 선교사로서만 아니라 장애인 선교를 해온 나를 조 목사님은 분에 넘치도록 자주 격려해주셨다.

나는 주님의 인도하심으로 2015년에 우즈베키스탄과 카자흐스탄의 사역을 현지인 지도자에게 위임하였다. 그리고 지금은 GP선교회 비 거주 선교사로 북쪽의 '윗동네'를 오가며, 그곳의 장애인을 섬기는 사역을 감당하고 있다. 내가 어떻게 북한 사역에 연결되고 어떤 사역을 진행하고 있는지 구체적으로 설명하기는 쉽지 않다. 약 20여 년의 중앙아시아 장애인 사역에 이어 북한 장애인을 섬기기 위해 윗동네를 오가고 있는 요즘, 조 목사님의 선교적 삶이 나에게 얼마나 소중한 귀감이 되고 있는지 말로 다 설명할 수 없다.

대한민국과 한국 교회의 산 역사

조 목사님은 해방 이후 전쟁 중에도 목회자의 사명을 감당하셨다. 무엇보다 선교사로서, 선교 동원가이자 선교 지도자로서 평생을 살아오신 분이다. 뿐만 아니라 북한 사역의 길을 개척하신 분이라 해도 과언이 아니다. 수십 차례 북한을 방문해 생전의 김일성 주석을 연속적으로 만난 한국 기독교 인사는 아마도 그가 처음이자 유일한 분이라고 알고 있다. 조 목사님이 북한에 복음의 씨앗을 심기 위해 헌신하신 모든 일은 한국 교회뿐 아니라 한국 현대사에도 길이 남을 일이다.

1924년에 태어나신 조 목사님의 일생은 가히 한국 근현대사와 한국 교회 선교 역사와 맥을 같이 한다고 말할 수 있다. 조 목사님의 부친은 일제시대에 임시정부 주석이셨던 김구 선생의 측근 중 한 분으로서 독립운동에 헌신하셨던 조상항 선생이시다. 조 목사님은 부친의 이런저런 가르침과 인맥의 영향으로 기독교 목회자이면서 대한민국을 진심으로 아끼고 사랑하는 민족주의자로서 혜안을 가지게 되셨다. 조 목사님은 해방 전후 한국 교회 재건 과정에서 국내외 수많은 목회자와 교회 지도자들과 교류하셨다. 조 목사님이 알고 지낸 당시 목회자와 신학자들의 면면을 보면 한국 교회 근대사에서 빼놓을 수 없는 분들이 거의 다 망라돼 있다. 조 목사님의 결혼을 주례한 분은 영락교회 한경직 목사님이셨다. 그가 수학한 신학교의 교수들을 보면 모두 한국 교회 근대 신학의 문을 연 거장들이시다.

필자는 이런 어른의 뒤를 이어 선교와 북한 사역을 하고 있는 다음 세대 선교사로서, 조 목사님이 목회자요 신학자요 선교사로서 살아오신 삶을 정리할 필요성을 오래 전부터 강하게 느껴왔다. 그러나 부족한 사람이 그것을 감히 상세히 다루기에는 한계가 있었다. 그럼에도 불구하고 이 일은 나의 사명처럼 다가왔다. 그래서 조 목사님이 쓰셨던 세 권의 회고록을 토대로 정리하되, 내가 대표이사로 임명 받고 조 목사님이 초대 이사장으로 섬기신 '민족 통일에스라운동협의회'(Global Blessing)의 사역과 관련하여, 그 분의 삶과 사역이 북한 사역의 문을 열게 된 일과 관련한 부분을 부각하여 회고록을 요약하고 정리하기로 하였다. 물론 조 목사님의 삶을 대부분 요약할 것이지만, 이 책에서는 북한과 관련한 주제에 많은 비중을 둘 것이다.

조 목사님의 회고록을 정리한 본문으로 들어가기에 앞서, 필자가 2016년 6월 27일 통일부 산하 사단법인 '민족 통일에스라운동협의회' 대표이사에 취임하는 예배에서 설립자이신 조 목사님이 하신 설교 내용을 먼저 소개하지 않을 수 없다. 왜냐하면 그때 조 목사님이 말씀하신 내용에는 이 책을 통해 우리가 알아야 할 그 분의 사상과 삶에 대한 핵심이 요약돼 있기 때문이다. 뿐만 아니라, 우리가 민족 통일을 위한 사역에 왜 관심을 가지고 동참하고 헌신해야 하는지를 잘 설명하고 있기 때문이다. 조 목사님은 그날 설교에서 이런 말씀으로 운을 떼셨다.

"이스라엘 백성이 범죄해서 남과 북으로 갈라졌다. 하나님께서 징계를 내리심으로 바벨론 포로가 되어 70년 동안 고국에서 살지 못하고 흩어져 살게 하셨다. 그러나 하나님께서 불쌍히 여기심으로 고레스 황제를 통해 예루살렘 고국으로 돌아와 한 민족, 한 국가를 이루도록 만드셨다."

우리나라의 분단 역사를 이스라엘의 포로기와 연결시킨 말씀이었다. 이어서 '민족 통일에스라운동협의회'를 세우는 계기가 된 개인 경험을 회고하셨다.

"나는 북한 고위층 인사들을 미국으로 초청해 조지아 주 플래인즈(Plains)에 있는 지미 카터(Jimmy Carter) 전 미국 대통령의 집까지 인솔하였다. 레이건 대통령까지 만나게 하고 LA시장도 만나게 했다. 그 일은 북한과 미국의 관계를 정상화시키기 위한 것이었으므로, 나로서는 기쁜 일이 아닐 수 없기에 열심히 했다."

실로 놀라운 업적이 아닌가? 남과 북 사이에 긴장이 고조되고 북한을 둘러싸고 있는 복잡하고 미묘한 국제 정세가 우리를 불안하게 만드는 요즘, 당시 그의 역할이 얼마나 대단한 것이었는지 지금 우리가 감히 짐작이나 할 수 있을까 싶다.

한편, 조 목사님은 김일성 주석의 사망으로 자신의 대북관계 가교 역할이 중단된 점을 크게 아쉬워하셨다. 그러면서도, 나처럼 아들 뻘 되는 후배 선교사를 통해 다른 방법으로 통일을 향한 하나님의 뜻이 이어지는 것에 의미를 부여해주셨다.

열방을 축복하는 Global Blessing

조 목사님이 하셨던 것처럼, 나는 미국 대통령과 북한의 최고 지도자를 만나게 하는 '큰 일'은 못할 것 같다. '위'로부터 통일의 길을 여는 건 나 같은 사람이 감히 따라 하기 어려운 일이다. 대신, 나는 그 반대의 길을 택했다. '아래', 곧 세상에서 가장 낮은 취급(!)을 받는 장애인들을 섬기는 사역을 통해 북한과 관계를 맺고 있는 것이다. 나아가 이 일은, 마치 허리가 끊어져 장애를 입은 사람의 몸처럼, 분단을 통해 크게 상처 입은 이 땅을 회복하고 통일의 문을 여는 길이라고 나는 확신한다. 나는 그 일을 위해 세상에서 가장 낮은 자를 섬기는 아래의 일부터 시작하고 있다. 나의 사역이 조 목사님이 하셨던 사역과 규모와 차원에서 크게 다르지만, 감사하게도 조 목사님은 나 같은 사람이 하는 '아래'로부터의 사역을 인정하고 격려하고 지원하고 계신다.

조 목사님이 평양에 길을 낸 일은 가히 역사적인 업적이라고 할 수 있다. 1989년 1월, 조 목사님은 윌리엄캐리대학교 (William Carey University) 고려연구소 소장 자격으로 김일성종합대학교 총장의 초청을 받아 평양을 방문했다. 1991년에는 당시 북한의 UN 주재대사 한시해를 비롯해 조국평화통일위원회와 북한기독교연맹 지도자 여덟 명을 윌리엄캐리대학교 고려연구소 이름으로 미국에 초청해 북미간 기독교 지도자들과 만남을 주선하였다.

조 목사님은 김일성종합대학교에 종교학과를 설립하도록 하고 기독교 서적 2,517권을 전달했으며, 김일성 주석과 3회에 걸친 단독 면담을 통해 지미 카터 전 미국 대통령과 빌리 그래함 목사 등이 평양을 방문하고 평양에 봉수교회가 설립되도록 가교 역할을 하였다. 그 후 1995년, 통일부 산하 사단법인 '민족 통일에스라운동협의회'를 설립했던 것이다. 그리고 이제 '민족 통일에스라운동협의회'는 북녘에 밀알을 심어 통일된 한반도가 온 열방을 축복한다는 뜻으로 'Global Blessing'이라는 이름으로 새롭게 옷을 바꿔 입었다.

통일 열매를 맺는 밀알이 되기 위하여

조 목사님은 총 3권의 회고록을 집필했다. 이 책도 그 3권의 회고록 제목을 각각 따라 부를 구성했다.

이 책의 1부 내용이자 회고록 제1권의 제목은 《지리산으로 간 목사》이다. 신학적으로 보수적 복음주의를 선택한 조 목사님은 신학생 시절 수련회 강사로 초청돼 오신 여수 애양원 손양원 목사님의 사역을 돕게 된다. 그 일이 그로 하여금 서울을 떠나 전라남도와 지리산으로 목회를 하러 가는 계기가 됐다. 그래서 1권의 제목을 그렇게 한 것이다.

2부이자 제2권의 제목은《평양으로 간 목사》이다. 서울과 평양은 지척이지만, 그는 미국에서 북경을 거쳐 평양을 드나들어야 했다. 해외에서 일하는 목사의 몸으로서 성경과 찬송가를 손에 들고, 반 백 년 이상 길고도 지루하게 이 민족의 앞길을 가로막고 있는 마(魔)의 장벽을 헐고 다닌 것이다. 그는 이 역시 부친의 영향을 받은 것이라고 고백한다.

부친은 조국 강토를 더럽혔던 청일전쟁과 러일전쟁을 경험하고, 일제 침략의 목격자로서 신민회와 독립군 창설에 앞장서 민족 해방과 독립을 위해 평생을 바친 분이셨다. 부친의 못 다 이룬 꿈은 당연히 민족 통일이었다. 조 목사님이 평생 민족 통일을 꿈꾸며 냉전을 타파하려 힘쓰고 화해와 평화 선교의 길을 택한 데에는 다른 이유가 없다. 그것이 부친의 유산이요 성경의 정신이기 때문이었다. 간단히 말해 기독교 신앙 때문이었다. 그가 수십 차례 평양을 드나들면서 한 일이 민족 통일과 민족 교회 운동일 수밖에 없었던 이유가 여기에 있다.

3부이자 제3권의 제목은《세상으로 나간 목사》이다. 3부에서 증언할 내용은 해외 선교에 대한 것이다. 경기도 화성군에 '바울의 집'(Pauline House)을 세우고 1968년 설립한 '동서선교연구개발원'을 통해 세계 선교에 매진해온 이야기를 주로 담았다. 그 이야기는 조동진의 '선교 행전'으로 묘사된다. 그는 서울에서 목회할 때부터 한국 교회로 하여금 세계를 향해 눈을 돌려 외향적 교회로 전향시키고자 노력하였다. 한국 교회가 일찌감치 '선교적 교회'(Missional Church)가 되어야 한다고 주장했던 것이다. 그렇게 하기 위해 그는 먼저 스스로 교회 밖의 세상을 향해 나갔다. 그것이 그의 중년 인생, 후반부의 기록이 됐다. 그는 이 마지막 제3부의 증언을 탈고하면서도, 우리 민족끼리 원한의 분단 시대가 끝나고, 우리 모두가 잃었던 고향을 찾아가 민족 통일의 종을 울릴 그 날이 오기를 기도한다고 말한다. 그에게 가장 중요한 것은 결국 복음 전파요, 언제나 민족의 통일이었던 것이다.

이 책의 4부는 필자가 '성경이 말하는 통일'에 관해 쓴 글이다. 형제애가 회복되는 것이 통일의 선결 조건이라는 필자의 주장과, 통일신학이 풀어야 할 과제와 통일을 위한 실천적 제안을 담았다.

조동진의 삶을 기록한 이야기는 이 민족의 근대사이자 한국 교회사이기도 하다. 한편으로 한국 교회의 세계 선교 역사이기도 하다. 무엇보다 북한의 문을 열고 통일의 길을 모색한 통일의 역사이기도 하다.

나는 무모하고도 감격스럽게 그의 삶과 사역을 정리하는 일에 뛰어들었다. 이 작은 책 한권이 성서 한국, 통일 한국을 넘어 온전한 선교 한국이 되어 온 열방을 섬기는 제사장 나라의 씨앗이 되기를 간절히 소망한다.

아울러 독자의 가독성을 배려하여, 본문에서는 조 목사님의 이름과 인칭 대명사에 대해 가능한 존칭은 생략할 것임을 양해바란다.

차례

들어가는 글 ――――――――――――――――――――――――― 14

1부 지리산으로 간 목사

01 해방과 전쟁의 소용돌이 속에서 ――――――― 29

02 민족을 사랑한 전도자의 탄생 ――――――――― 39

03 목사 안수 열흘 만에 피난길에 서다 ――――― 50

04 지리산에 들어간 화해의 종 ―――――――――― 62

05 총성이 잦아든 섬진강의 부활절 ――――――― 77

2부 평양으로 간 목사

06 이 민족의 영혼들에게 봉사하리라 ――――――― 91

07 성벽을 재건하는 느헤미야의 심정으로 ――― 102

08 군사정권 시대 전국복음화운동의 주역 ――― 118

09 민족 화해와 평화 선교 위해 교회 밖으로 ― 139

10 평양 김일성대학에서 강연한 목사 ――――― 156

11 청와대와 주석궁의 가교 역할을 하다 ―――― 166

미스터 미션, 조동진

12 한민족의 에스라와 느헤미야를 기대하며 ——— 176

3부 세상으로 나간 목사

13 세상을 향해 눈과 마음이 열린 목사 ——— 191

14 교회갱신과 연합전도운동을 시작하다 ——— 206

15 탈서구, 동아시아 선교의 새 시대를 열다 ——— 220

16 바깥 세상으로 나가는 지도자를 양성하다 ——— 234

17 인도네시아, 필리핀, 그리고 KIM선교회 ——— 247

18 쌍방 통행 선교와 광역 선교의 희망과 비전 ——— 259

4부 성경이 말하는 통일

19 형제애가 회복되어야 통일이 쉬워진다 ——— 285

20 통일신학이 풀어야 할 과제 ——— 297

21 통일신학을 위한 실천적 제안 ——— 309

부록 ——— 321

Mr. Mission, David Cho

지리산으로 간 목사

1부

|

해방과 전쟁의 소용돌이 속에서

|

01

민족의 시련을 체휼한 사람

조동진 목사는 1924년 12월 19일 평북 용천에서 태어났다. 본명은 조덕천이다. 장로회신학교를 졸업하고 미국 애즈베리(Asbury)신학교 대학원(석사), 미국 윌리엄캐리대학교(William Carry University) 대학원(박사)을 졸업했다. 후암교회 담임목사로 시무하다 선교사로 헌신, 후에 국제선교협력기구(KIM: Korea International Mission)와 동서선교연구개발원(EWC: East West Center for Missions Research and Development)을 설립했다. 아시아선교협의회(AMA: Asia Missions Association)를 창립하고 초대 사무총장과 회장으로 섬겼으며, 제3세계 선교협의회(TWMA: Third World Missions Association)를 창립하고 창립 회장으로 섬겼다. 김일성종합대학교 종교학과 초빙교수, 평양신학원 초빙교수로서 평화통일과 민족 교회 운동에 힘썼으며, 말년에 '조동진선교학연구소'를 설립했다.

앞의 문단은 조동진 목사의 일생을 요약한 것이다. 그 일생의 무게는 결코 가볍지 않다. 그는 1949년 6월 장로회신학교를 졸업한 다음날, 아버지께서 높여 모시던 대한민국 임시정부 주석 백범 김구 선생이 현역 육군 소위의 흉탄에 쓰러지는 충격적인 사건을 접했다. 당시 그의 부친 조상항은 사형 언도를 받은 신세로 서대문형무소에 갇혀 있었다. 부친은 독립운동가이셨으나, 일제의 적폐를 청산하지 못한 이승만 정권의 하수인들에 의해 죽을 처지에 놓였던 것이다. 조동진은 이 나라와 민족이 겪은 모진 시련을 그렇게 체휼하였다. 왜적과 점령군들의 압제와 횡포의 수레바퀴 밑에서, 길가의 잡초처럼 짓밟힌 불우한 독립운동가의 아들로 살아야 했던 것이다. 심지어 사형수의 아들이었다.

조동진은 김구 선생을 직접 만난 적이 있다. 그 만남 이후, 해방과 전쟁의 소용돌이 속에서 민족이 살 길은 오직 하나님 나라의 복음이며, 복음의 정신에 입각해 현실에서 민족이 살아날 길 역시 통일임을 더 깊이 확신하게 되었다. 그리고 평생 통일을 외치며 살아왔다.

미스터 미션, 조동진

신학교를 세워 신학생이 되다

1945년 8월 15일, 그는 압록강의 지류, 의주의 남쪽으로 뻗은 험한 산줄기 사이를 흐르는 고진강 물가 모래밭에 있었다. 1924년에 태어난 사람은 일제가 조선 반도의 청년들을 강제로 징병하기 시작한 첫 번째 대상이었다. 그 역시 예외가 아니었지만, 국민학교의 훈도(訓導:교사)였던 덕에 소집이 미뤄지고 있었을 뿐이다. 그러던 차에 그해 8월 7일 붉은 색의 소집장이 배달되었다. 소집일은 8월 16일이었다. 고진강 모래밭에서 다음날이면 끌려갈 자신의 운명을 한탄하던 그가 불현듯 일본 천황의 항복 소식을 듣게 된다. 일왕의 항복 소식을 들을 때, 그의 기분은 과연 어떠했을까?

해를 넘긴 1946년 2월 15일, 그는 서울로 갔다. 해방이 되었지만 혼돈과 공허가 나라를 뒤덮고 있었다. 사람들이 이상해지는 것 같았고 사회는 어수선했다고 조동진은 기억한다. 얼어붙은 한강보다 세상이 더 춥게 느껴졌다.

그해 3월 1일, 삼일절을 기념하는 군중은 두 갈래로 갈라져 있었다고 한다. 이른바 좌익으로 분류되는 사람들은 남산 중턱에서 독립선언문을 읽었고, 다른 부류의 사람들은 서울운동장(지금의 동대문역사문화관 자리)에서 삼일운동을 기념했다. 조동진은 남대문시장 안에 살던 사촌 누님의 집에 머물고 있었기에 집에서 가까운 남산의 집회에 참석했다. 그것이 조선 공산당이 준비한 행사인 것은 알지 못했다. 그날의 삼일절 기념행사는 해방 후 조국 사회가 우익과 좌익으로 분열되는 상징 같았다.

교회도 마찬가지였다. 해방 되던 해 평양에서는 기독교 정당(기독교 자유당)이 조직돼 공산당과 정면 대결에 나섰으나, 결당식이 거행되기도 전에 지도자들이 검거되는 등 큰 핍박을 받았다. 반면 남쪽에서는 일제 말기 총독부의 기독교 말살정책에 주구(走狗)로 활동하던 이들이 새로운 교회 세력을 모으고 있었다. 이른바 '친일'에서 '친미'로 깃발을 바꿔 달았을 뿐이었다. 그들 뒤에 바로 이승만 박사가 있었다. 그런 와중이었으니 젊은 조동진의 눈에는 영과 육이 의지할 곳은 없어 보였다. 그에게는 민족과 하나님 나라가 중요했는데, 북에서나 남에서나 펄럭이는 깃발은 '주의'(主義)뿐이었다.

그의 회고록에서 흥미로운 점은, 당시 서울의 총독부 옥상에 태극기 없이 미국 성조기만 휘날리고 있었다는 사실이다. 그것은 마치, 최근 태극기를 들고 길거리에 나선 군중 가운데 이유도 알 길 없이 성조기도 함께 들고 흔드는 모습과 유사했다.

그때 조동진의 고향 사람이며 고고학자인 김양선 목사가 미군정청의 허락을 받아 남산 위 신궁터에 신학교를 세울 꿈을 꾸고 있었다. 그 터에 먼저 세운 기독교박물관을 신학교의 중심으로 삼을 계획이었다. 훗날 서울에 숭실대학교를 재건한 김양선 목사는 조동진의 부친의 제자였고 어머니의 소학교 동창이기도 했다. 조동진은 김양선 목사를 찾아갔다. 그리고 김 목사와 더불어 서울에 신학교를 세울 꿈을 꾸기 시작했다. 기독교가 이 나라 민족의 종교 역할을 하고 새 나라를 건국하는 기초가 되어야 한다는 생각이었다. 어지럽고 혼란스러웠던 마음 속의 허탈감이 사라지는 듯했다.

신학교 재건에도 걸림돌이 된 일제의 잔재

당시 부친은 동대문 밖 창신동에 있던 광복군 국내 지대 사령부에서 군수부장으로 일하면서 무관학교 설립을 준비하고 계셨다. 조동진은 아버지에게 신학교를 세우는 데 동참하고 스스로 목회자가 될 것이라는 다짐을 밝혔다. 아버지는 일언지하에 반대하셨다. 신학교에 가기보다 다시 찾은 나라를 세우는 일에 참여하라는 것이었다. 아버지는 아들에게 무관학교 지원을 권유했다. 그러자 조동진은 어머니의 기도를 아버지에게 상기시켰다. 어머니의 소원은 아들이 목사가 되는 것이었다. 아버지는 깊이 상심했다. 오랜 망명생활과 감옥살이 수십 년 만에 찾은 나라를 다시 세워야 하는 일이 막중했는데, 아들이 목사가 되겠다는 말은 도무지 이해되지 않았을 것이다.

조동진은 당시 서울역 건너편 동자동에 있던 조선신학교를 우선 찾아갔다. 남산 신궁터의 신학교는 세워지기 전이었기 때문이다. 교장은 장충단 천리교 절터에 야고보교회(지금의 경동교회)를 세운 김재준 목사였다. 의산노회 목사 후보생 합격증을 가지고 있던 조동진은 쉽게 입학이 될 것이라 기대했다. 그러나 결과는 뜻밖이었다. 핑계는 입학 시기가 끝났다는 것이었지만, 느낌은 평안도 출신에 대한 거부감 때문인 듯했다. 평소 존경했던 신학자에 대해 실망하게 되었다.

1947년 4월 18일, 대구제일교회에서는 조선예수교장로회 제33회 총회가 열리고 있었다. 그날 총회의 주요 안건은 김재준 교수의 고등 비평과 성경 유오설에 대한 문제 제기였다. 그때 김재준 교수는 조선신학교 교장직에서 떠나 있었고 송창근 박사가 새로 선임돼 있었다. 그 사이 송 박사가 어머니의 부탁으로 조동진을 신학생으로 받아들였을 뿐 아니라 송 박사의 집에 기거하게 하였다. 그해 봄에 이미 신학교 2학기를 맞이하고 있었다. 유명한 장준하와 문동환이 조동진의 급우였다.

김재준의 신학에 문제를 제기한 학생들은 주로 일제 말엽 체포돼 옥고를 치른 이들이었다. 일본의 관립 신학교 같던 평양신학교의 수업을 거부하고 신사참배도 당연히 거절했던 이들이었다.

교계는 소란해졌고 사태는 쉽게 수습되지 못했다. 교수에 반기를 든 51명의 학생들은 무기정학 또는 퇴학처분을 당하고 기숙사에서도 쫓겨났다. 급기야 노량진에 있던 구자옥 경기도지사의 저택에 합숙하게 된 학생들은 새 신학교를 세우기로 결의했다. 그들은 만주 땅 봉천에서 아직 귀국하기 전이던 박형룡 박사를 초빙하기로 했다. 그 일에 앞장선 이가 조동진이었다. 박형룡 박사와 그 가족은 1947년 9월 23일 서울에 도착했다. 그러나 새 신학교 설립은 순탄치 못했다. 북에서 내려온 목사들은 뭉치는 듯했지만 힘이 없었고, 친일하던 목사들은 기득권을 지키기에 안달이었다. 일제에 타협한 것을 부끄러워한 목사도 있었으나 엉거주춤 어느 편에도 서지 않으려 했다. 서울에서 신학교 재건은 쉽지 않아 보였다.

조선신학교를 떠난 51인의 신학생들은 '신앙동지회'를 조직했다. 회장에 정규오, 총무는 엄두섭, 조동진은 〈불기둥〉이라는 신앙동지회 동인지의 편집주간을 맡았다. 기독 문필가요 언론인으로서 첫 출발이기도 했다.

친일 잔재는 새 나라를 건국하는 걸 방해했는데, 새 신학교, 새 교회를 세우는 일에도 방해가 됐다. 신앙동지회는 부산으로 내려가기로 했다. 그곳에는 출옥 성직자들과 봉천신학교 교수였던 박윤선 교수가 세운 고려신학교가 있었다. 그러나 오래 갈 수 없었다. 출옥 성도로서 자랑할 점은 마땅히 인정할 일이나, 그로 말미암은 신학적 독선은 감당하기 어려웠다. 조동진은 김양선 목사의 꿈을 다시 떠올렸다.

"남산이 광복 조국에서 민족 교회의 본산(本山)이 되게 하자는 것이 나의 꿈이다."

신앙동지회는 서울행 열차에 다시 몸을 실었다.

전쟁 며칠 전에 세운 신학교와 사형수의 아들

1947년 늦가을, 덕수궁에 자리 잡았던 미소공동위원회가 깨지고 만다. 미국은 처음엔 소련에 신탁통치를 제안했다가 후에 반대하기로 했다. 소련은 "미군도 소련도 조선을 떠나고 조선 독립의 문제는 조선 민족에게 맡기자"고 선언하더니 평양으로 돌아가고 말았다.

이 사건이 조동진의 가족에게 또 하나의 비극을 안겨주었다. 사연의 발단은 소련 대표가 평양으로 돌아간 지 한 달쯤 지나 한민당의 정치부장 장덕수가 종로경찰서 순경 박광옥이 쏜 총에 맞고 죽은 사건이다. 장덕수가 반탁을 외쳤고 미소공동위원회 참가를 거부하는 우익 청년들의 미움을 샀기 때문이었다. 그런데 난데없이, 조동진의 아버지가 장덕수 살해 교사범으로 체포되었다. 어이없는 일이었으나, 당시로선 그런 조작이 가능했다.

아버지는 미국 태평양 지역 주둔군 사령관의 명령으로 미 군정 재판을 받았다. 판결은 어처구니없게도 교수형이었다. 1948년 4월 1일, 중앙청 대회의실에서 일어난 일이었다. 단독 정부 수립을 위한 총선거가 실시되는 5월 10일을 40일 앞둔 날이었다. 미 군정청은 돈암장의 이승만과 경교장의 김구를 갈라놓으려 했다. 단독정부 수립을 반대하는 중추 세력을 거세하려는 음모에 아버지가 걸려든 셈이었다.

당시 정황과 정치적 배경은 다음과 같다. 1948년 4월까지는 평양의 모란봉에 아직 태극기가 나부끼고 있었다고 한다. 김구와 김규식 등 반쪽 정부를 반대하던 독립투사들이 4월 19일 평양으로 갔다. 김일성을 만나기 위해서였다. 그때까지 북한에 있던 조만식 장로의 남하 허용을 약속받기도 했다. 그러나 약속은 지켜지지 않았다. 5월 5일 김구 주석 일행은 서울로 돌아왔고, 곧바로 단독 선거 반대성명을 발표하며 선거 참여를 완강히 거부했다. 나라는 소란했다. 4월에는 제주도에서 폭동이 일어났고, 북한은 5월 14일 남쪽으로 보내는 송전선을 절단했다. 남과 북이 완전히 갈라지고 만 것이다. 5월 29일, 김구 주석은 이승만과 협력 관계 단절 의사를 밝혔다. 5월 31일, 이승만은 초대 대통령으로 취임했다.

조동진은 이런 역사의 소용돌이 속에서 신학교 설립을 위해 4월 18일 남산 신궁터에 천막을 쳤다. 미군이 쓰다 버린 천막을 기워 만든 것이었다. 그것이 6월 3일 개교될 장로회신학교의 천막 기숙사였다. 박형룡 박사를 새 신학교 교장으로 모셨지만 사택은 없었다. 남산기독교박물관 건물을 빌려 교회로 모이고 있던 성도교회 당회장 황은균 목사가 박물관 건물을 교실로 사용하도록 허락했지만 사무실은 없었다. 칠판도 없었다. 그러나 학생은 있었다. 조동진은 학생회 총무가 됐다.

신학교는 개교한 지 불과 3주 만에 졸업식을 거행했다고 한다. 해방 전후 사정으로 미처 졸업하지 못한 여러 신학교 출신들을 위한 배려였던 것으로 보인다.

조동진은 첫 졸업식을 마친 날 오후, 형무소의 아버지를 찾아갔다. 신학교를 세운 일을 자랑하고 싶었던 것이다. 그러나 아버지는 "백범 김구 선생님을 자주 찾아뵈어라"고 당부하실 뿐, 신학교가 세워진 것에는 별 흥미를 느끼지 못하셨다고 한다. 반쪽으로 갈라질 나라의 운명이 더 안타까우셨기 때문이었다. 조동진이 이 신학교를 다니다 졸업한 날은 6·25전쟁이 발발하기 불과 며칠 전이었다.

미스터 미션, 조동진

민족을 사랑한 전도자의 탄생

|

02

반민족 교회 지도자들을 경멸하다

1948년, 남북통일 정부의 꿈은 깨어졌다. 대한민국 정부가 8월 15일 수립되었고, 5월 10일 선거로 선출된 남쪽만의 국회가 5월 31일 개원되었다. 한 달 반만인 7월 17일 대한민국 헌법이 공포되었다.

북쪽에서는 남한에서 대한민국 정부가 수립된 지 열흘이 지난 8월 25일에 선거를 치렀다. 단순하게 찬반을 묻는 방식으로, 흑백 선거라는 공산주의 특유의 방법이었다. 9월 3일 조선 민주주의 인민공화국 헌법이 채택되었고, 며칠 뒤인 9일엔 조선 민주주의 인민공화국이 수립된 것을 공포했다. 서울과 평양에서 각각 이뤄진 일이었다. 남북은 완전히 분단되었다.

통일을 바라는 이들은 독립을 위해 진심으로 투쟁했던 이들이기도 했다. 부친을 비롯한 독립운동가들의 정신을 이어받은 조동진 목사는 평생 남북 분단을 안타까워하며 살 수밖에 없었다.

미 군정은 일제에 부역하던 경찰을 남쪽의 치안 유지를 위한 도구로 사용했다. 미 군정이 만들어낸 국방 경비대가 훗날 국군으로 변신했는데, 경비대 속에는 일제에 자원 복무했던 직업 장교를 비롯해 박정희 같은 일본 군벌의 앞잡이였던 만주군 출신 장교도 포함돼 있었다. 상해 임시정부 소속 광복군 출신도 있었으나, 그 수는 너무 미약했다. 결국 국군은 불행하게도 창군(創軍)부터 반민족적 성향을 가지게 됐다고 조동진은 분석한다.

교회도 크게 다를 바가 없었다. 일본군을 위해 9천 번이 넘는 기도회를 개최하고 태평양전쟁 전승축하회를 594회나 개최했는가 하면, 신도들에게 어마어마한 국방헌금을 거두어 헌납하기도 했다. 그랬던 사람들이 건국 초기부터 남쪽 기독교를 이끌었다고 조동진은 개탄한다. 심지어 그들은 전국 교회에서 1,540개의 종을 거두어 포탄 재료로 헌납케 했다고 한다. 주일마다 예배 전에 궁성 요배라는 짓을 했다. 말이 좋아 기독교를 일본식으로 전락시킨 것이지, 사실상 십계명을 어긴 것이다. 조동진이 처음 신학교 입학을 거부당했던 조선신학교가 그런 세력에 의해 설립된 것이나 다름없었다. 그들은 일제시대에 성경에서 해방을 이야기하는 출애굽기와 다니엘서, 요한계시록을 삭제해서 읽지 못하게 했다.

조동진은 그런 반민족적 교회 지도자들을 경멸했다. 그런 세력이 신학적 이유뿐 아니라 교파적으로도 남한 교회를 분열하게 만든 역사적 배경이라고 그는 지적한다. 기독교 지도층의 몰민족성이 남쪽의 교회를 끊임없이 분열의 연속으로 몰아넣었다고 본 것이다.

손양원 목사와의 인연

일제에 부역한 기독교 지도자들이 해방된 나라에서 다시 세력을 얻으려고 하는 사이, 제주도에는 이른바 4·3폭동으로 알려진 유혈폭동이 일어났다. 10월에는 여수와 순천에서 군부대 안의 남로당 첩자에 의해 쿠데타가 일어났다. 이른바 여순(여수와 순천)반란사건이었다. "일제 앞잡이 경찰을 타도하자"는 반란 주도 세력의 구호에 많은 사병이 동조했다. 그러나 사태의 전개 과정에서 많은 사람이 죽었다. 특히 학생들이 많이 희생됐다. 이때 희생된 학생 가운데 손양원 목사의 두 아들 동신과 동인이 있었다. 조동진은 원래 손양원 목사와 인연이 깊었다.

여순반란사건이 있기 약 한 달 전, 남산 신궁터에서 시작한 장로회신학교의 학생회 총무였던 조동진은 새 학기를 맞아 부흥회 강사를 선정하고 섭외할 책임을 맡고 있었다. 그때 교장 박형룡 박사와 협의해 선정한 강사가 손양원 목사였다. 변변한 연락 수단이 많지 않던 때였는지라, 조동진은 직접 여수까지 내려가 손양원 목사를 찾아뵙고 강사로 초빙했다.

부흥회 강사로서 손양원 목사의 설교는 새로 설립된 신학교의 학생들에게 단호하면서도 깊이와 높이와 넓이가 있는 예언자적이고도 순교자적인 도전을 주었다고 조동진은 기억한다. 작은 키에 어울리지 않는 날카로운 음성과 힘 있게 설교하는 모습은 스데반을 연상시켰다. 그런데 그 부흥회가 끝난 지 불과 일주일 만에 손양원 목사의 두 아들이 좌익 학생들에게 무참히 살해된 것이었다. 조동진은 학우들과 함께 여수와 순천의 피바다를 애도하며 통곡하고 기도한 뒤, 바로 순천으로 달려갔다. 손양원 목사 곁을 지켜 주어야겠다는 일념에서였다.

그 사이 여수와 순천은 계엄군이 질서를 잡고 있었다. 숭주교회의 나덕환 목사는 조동진에게 손양원 목사가 사랑의 화신이라고 증거했다. 조동진은 나덕환 목사가 그렇게 말하는 이유를 물었다. 다른 이유가 아니었다. 손양원 목사가 아들을 쏴 죽인 학생의 처형을 막아달라고 부탁했다는 것이었다. 조동진은 나덕환 목사와 함께 손양원 목사의 부탁대로 총살에 참여한 학생 중 한 명의 석방을 위해 뛰어다녔다. 그 학생의 이름은 재선, 훗날 손양원 목사의 양아들이 되었다. 조동진은 손양원 목사에게 약속했다. 졸업하면 여수로 내려오겠노라고, 그래서 손양원 목사의 사역을 돕겠다고. 그 약속은 조동진이 지리산으로 들어가게 된 계기가 됐다.

김구 선생의 사망으로 두 번 연기한 결혼식

조동진이 다니던 남산 신궁터에 세운 신학교에는 여자 신학생들도 있었다. 훗날 장로회신학대학교 교수로 지내다 은퇴한 주선애도 그때 같이 학교를 다닌 인물이다. 조동진은 입학 동기 가운데 나신복이라는 여성을 좋아하게 되었다. 처음에는 나신복이 학생회 서기여서, 총무로 일했던 조동진과 사무적으로 자주 만나면서 알게 되고 친해졌던 것 같다. 나신복은 훗날 조동진 목사의 부인이 된다.

나신복은 어려서 평안북도 신의주 제2교회에서 신앙생활을 했는데 그 교회의 목사가 한경직이었다. 그녀는 한경직 목사의 외딸과 외아들과 같이 놀며 자랐다. 인연은 놀라웠다. 조동진의 어머니가 의산성경학교에서 나신복의 고모 나창석 권사에게 구약성경을 배웠던 것이다. 나신복은 자녀가 없는 나창석 권사의 딸 노릇을 하고 있었고, 나창석 권사와 조동진의 어머니는 오래 전부터 잘 아는 사이였다. 둘의 약혼식은 자연스레 한경직 목사가 주례하였다. 1949년 4월 26일이었다.

그해 6월 21일, 국회의원 일곱 명이 남로당 첩자로 지목돼 검거됐다. 그 전 해인 1948년 10월 UN한국위원회가 "한반도에 외국 군대가 계속 주둔해야 한다"고 UN에 요청한 것에 대해 김구 주석을 비롯한 민족 세력이 계속 반대하던 무렵이었다. 소련이 1948년 12월 25일 크리스마스에 북한에서 철수한

반면, 남한은 여전히 소란스러울 수밖에 없었다. 국회 프락치
(첩자) 사건은 어쩌면 외국 군대의 완전 철수를 주장하던 일부
국회의원들의 입을 막으려는 시도였는지도 모른다. 그들이 남
북협상에 의한 통일을 주장하던 사람들이었기 때문이다. 그리
고 5일 뒤인 1949년 6월 26일 열두 시 삼십 분, 경교장에 있
던 김구 선생이 국군 장교 정복을 입은 군인의 권총에 숨을 거
두었다. 그 군인이 안두희였다. 조동진은 민족의 지도자를 저
격한 안두희가 오래도록 이 땅에서 평안을 누린 것에 대해 평
생 분노했다. 그리고 거의 정확히 일 년 뒤인 1950년 6월 25일,
겨레는 죽음의 전쟁터로 변한다.

조동진은 원래 결혼식을 1949년 7월 1일, 장로회신학교 졸
업식 3일 후로 잡았다. 그러나 경교장의 참변으로 결혼식을 닷
새 뒤로 미루었다. 그런데 김구 선생의 국민장이 결혼식 날인
7월 5일로 발표되었다. 결혼식을 이틀 더 미뤄 7월 7일로 바꾸
었다. 민족 지도자의 장례를 위해 결혼식 날짜를 두 번이나 바
꾸었던 것이다. 무엇보다 결혼식에 함께 할 신랑의 부친은 서
대문형무소에 갇혀 있는 신세였다.

졸업식 다음날, 결혼식을 앞둔 예비 신부를 인사시키기 위해
면회를 간 자리에서 조동진의 부친은 한참 눈물을 흘렸다고
한다. 아들의 슬픈 결혼식 때문이 아니었다. 김구 선생의 죽음
을 애도하는 것이었다. 조동진의 가정은 그러하였다.

한경직 목사의 주례로 결혼식이 끝나자, 김양선 목사는 조동

진에게 서울에 남아 영락교회에서 시무할 것을 권하였다. 아내
도 영락교회 주일학교 교사였고 성가대원이었으니 충분히 그
럴 수 있었다. 또한 한경직 목사 밑에서 목회를 배우는 것도 좋
은 기회였다. 그러나 여수 순천 지역에 교회가 없는 곳으로 가
겠다고 손양원 목사와 했던 약속을 어길 순 없었다.

　조동진은 전남의 신앙 동지들을 수소문하여 교회가 없는 마
을, 이른바 무교회(無敎會) 면을 찾았다. 여러 곳을 추천받은 뒤,
손양원 목사가 계시던 여수 애양원에서 가장 가까운 쌍봉으로
가기로 결정했다. 바닷가 염전 너머에 돌무더기가 많은 마을이
었다. 조동진과 나신복 사모는 요즘 같으면 상상도 하지 못할
완행열차에 짐짝처럼 몸을 의지하고 증기 기관차의 석탄 연기
에 숨도 제대로 쉬지 못한 채 여수로 향했다.

바닷가 돌짝밭 마을의 전도사

조동진은 스무 살이 될 때까지는 목사가 될 생각이 없었다. 평
안북도 의주 토교교회에서 어려서부터 회계집사, 주일학교 부
장, 성가대장, 제직회 서기 등 교회의 모든 일에 열심히 봉사하
는 청년 집사였다. 그러나 하나님은 그에게 보다 전적인 헌신
을 바라셨던 것 같다. 1945년 12월 10일 밤, 그는 다메섹의 사
울처럼 주님의 음성을 들었다. 복음의 증인이 되기로 한 것이

다. 그가 생각한 증인의 이상적인 모습은 옷도 두 벌 없고 주머니에 돈이 없어도 초인간적으로 살아가는 하나님의 사람이었다. 실제로 조동진은 평생 집에 돈이 얼마 필요한지, 얼마의 돈을 썼는지 거의 신경 쓰지 않았다고 한다. 그러다 보니 사실 가정 경제의 관리 책임은 대부분 나신복 사모의 몫이었다. 그것은 신혼 초, 서울에서 여수 쌍봉으로 내려가는 길에서부터 시작되었다. 기차 삯도 사모가 가지고 있던 비상금으로 충당했다. 조동진은 그렇게 여수로 내려가, 염전을 지나 바닷가에 있는 돌짝밭 마을에서 개척 전도를 시작하였다.

신학교에서 배운 학문과 무교회 마을에서 전도하는 개척 현실은 서로 달라도 너무 달랐다. 그는 신학(神學)은 했으나 인학(人學)은 하지 못한 것을 깨달았다. 당시 신학교에서 기초적인 전도학과 교회학을 소홀히 가르친 것이 안타까울 지경이었다. 이때의 경험은 조동진으로 하여금 전도학과 교회 행정학, 그리고 선교학을 깊이 연구하도록 동기를 부여했다.

사실 조동진에게 교회 개척 경험이 아예 없던 것은 아니다. 일찍이 신학교 입학 초기부터 인천제일교회와 제이교회와 제삼교회를 설립하는 데 앞장섰고, 서울에서는 피난민을 중심으로 장충교회와 서대문교회를 설립하는 데도 동참했다. 그러나 피난민을 중심으로 모인 교회를 개척하는 것과 복음에 대해 들어본 적도 없는 남도의 무교회 주민을 대상으로 전도하고 교회를 개척하는 것은 차원이 달라도 너무 달랐다. 쌍봉면에는 예수를 믿는 사람이 단 한 사람도 없었다. 교회 건물은커녕 십자가 형상도 본 일이 없었다. 난감했다.

그러나 조동진은 예사 전도인이 아니었다. 면사무소를 찾아가 자신이 전도사임을 밝히고, 여순반란사건 당시 아들이 죽은 손양원 목사와의 인연도 말하며 협조를 구했다. 사람들을 모아달라고 부탁한 것이다. 면장의 지시로 마을마다 정자나 큰 나무 아래에 주민을 모아주었다. 전도가 쉽게 되는 듯했다. 성경 이야기와 복음을 전하고 "예수를 믿겠는가?"라고 물으면 한 사람도 남김없이 손을 들었다고 한다. 하지만 막상 주일이 되면 교회로 오는 사람은 거의 없었다. 동사무소 직원이 동원한 행사에 의무적으로 나온 것이지 자발적으로 복음을 들으려고 나온 것이 아니었기 때문이었다.

그들에게 미국에서 흘러 들어온 구제품을 나눠준 것도 역효과를 냈다. "예수 믿는 사람은 미국 사람들이 먹여 살리는 모양"이라는 잘못된 인상을 주었던 것이다. 공산당을 미워하고 미국 편인 것처럼 행동하여, 전도사에게 잘 보이려고 모였던 것뿐이었다. 공관의 힘과 물질에 의지해 전도하고 개척하려던 것이 얼마나 무의미한 일인지 조동진은 뼈저리게 느끼게 되었다. 쌍봉에서 10개월가량 사역했지만 전도자로서는 스스로 낙제생이라고 평가했다. 그는 전도를 학문으로 정립하고 신학교의 교과목으로 삼아야 민족 교회가 살 것이라고 믿게 되었다. 그 뒤 7년 뒤인 1956년, 조동진은 전도와 선교를 연구하기 위해 미국으로 신학 유학길에 올랐다.

여수를 피바다로 만든 장로와 백두산 호랑이

여수 사람들이 미국의 구제품을 전달하는 전도사의 말을 잘 듣는 척한 것은 그들이 여순반란사건 때 받은 상처 혹은 교회에 대한 두려운 기억 때문이었던 것 같다. 반란은 불과 7일 만에 진압됐지만 그 과정의 혼란은 극심했다. 반란군과 진압군이 같은 군복 차림이기도 해서 경찰이 반란군을 환영하는 웃지 못할 일도 일어났으니 그 혼란은 차마 상상하기 어렵다.

　무고한 민간인의 피해는 더욱 컸다. 반란군에게 음식이라도 바친 사람은 부역자로 낙인 찍혀 처형을 당하기도 했다. 문제는 그것을 판단하는 사람이 여수 기독청년회(YMCA) 회장이자 교회 장로였다는 사실이다. 그래서 "장로와 백두산 호랑이가 여수를 피바다로 만들었다"는 말이 돌았다고 한다. 장로는 기독청년회 회장이었고 백두산 호랑이는 우익군으로서 진압군을 대표하는 장교의 별명이었다.

　반란 중에 좌익 학생이 손양원 목사의 아들 같은 기독교인과 우익 편에 선 자들을 학살했다면, 진압군이 들어온 후 우익 학생과 청년회도 마찬가지로 잔인했다. 칼에는 칼로, 눈에는 눈으로 갚았던 것이다. 조동진은 그렇게 적대감과 분노가 넘실대는 곳에서 1949년 제대로 된 사례비도 받지 못한 상태에서 거지처럼 살았다.

조동진은 그 해 11월이 유난히 추웠다고 기억한다. 지역 교회에서 지원하는 전도비로는 땔감은커녕 먹을 것도 감당할 수 없었다. 김장은 엄두도 낼 수 없었다. 그러던 어느 날, 배추와 무가 배달돼 왔다. 사모의 손가락에 있던 결혼반지와 바꾼 것이었다. 그런 고난 속에서도 조동진은 정치적으로 좌익에 물든 기독청년회를 복음적인 학생들로 바꾸었고, 그해 크리스마스에는 학생들을 동원해 성극도 연출했다. 여수교회의 크리스마스 행사에 여수 시민 1천여 명이 몰려들었다. 그렇게 1949년이 가고 운명의 1950년이 밝아오고 있었다.

목사 안수 열흘 만에 피난길에 서다

|

03

문맹퇴치 사업의 지리산 지역 담당자가 되다

조동진은 1950년 6월 15일에 목사 안수를 받았다. 6·25 발발 열흘 전에 목사가 된 것이다. 그보다 앞선 그해 3월경, 조동진은 한경직 목사와 더불어 일제 때 신의주에서 존경받던 윤하영 목사에 의해 문맹퇴치 사업의 전라남도 지리산 지역 담당자로 임명되었다.

윤하영 목사는 한경직 목사처럼 프린스턴(Princeton)대학교에서 수학한 학식 높은 성직자였다. 조동진의 부친 조상항과도 잘 아는 사이였다. 윤하영 목사가 조동진에게 문맹퇴치 사업을 맡긴 이유는 문맹퇴치와 무교회 지역 전도가 둘이 아니고 하나라는 생각 때문이었다. 당시 문맹퇴치는 민족의 운명을 개척하는 일이기도 했다. 전도가 잘 되려면 문맹부터 퇴치되어야 하는 것이 급선무였다. 글을 읽을 줄 알아야 성경도 볼 것이 아닌가?

　당시 지리산 일대에 거주하는 300만 명 주민을 대상으로 구령 운동이 펼쳐지고 있었다. 남대문교회 김치선 담임목사가 주도한 전도 운동이었는데, 그 교회의 평신도 야간 신학교에서 길러낸 전도인들이 주도하고 있었다. 빨치산이 총을 들고 지리산에 들어간 상황에서 전도인들은 성경과 찬송을 들고 신령한 전투를 하던 참이었다. 그런 전도인들이 무교회 지역에 문맹퇴치 사업이 우선 필요하다는 의견을 전해주고 있었다. 조동진에게 맡겨진 일이 그것이었다.

　윤하영 목사는 조동진에게 6월 15일까지 서울에 올라오도록 요구했다. 3개월가량 교육을 받아야 하고, 교과서도 만든 다음 여수로 다시 내려가 문맹퇴치 일꾼을 양성하라는 것이었다. 넉넉한 월급도 약속 받았다. 웬만한 목사들의 월급보다 3,4배는 되는 큰 돈이었다. 심지어 한경직 목사의 봉급보다 1만 원이 더 많았다. 그러나 그 약속은 지켜지지 못했다.

　목사 안수를 받은 조동진은 1950년 6월 19일 월요일, 아내를 여수에 남겨둔 채 서울행 기차에 홀로 몸을 실었다. 셋집을 마련한 후, 한 달 뒤 다시 내려와 아내를 데려갈 참이었다. 그런데 서울 기독교서회에서 일을 시작한 다음 첫 주일, 영락교회 예배당에서 전쟁 발발 소식을 들었다. 신혼의 신임 목사 부부가 졸지에 이산가족이 된 것이다. 조동진의 아내는 전쟁이 나던 그해 남편과 소식이 끊겨 몇 달간 마음을 졸여야 했다. 아

무런 연락 수단 없이 남편과 떨어져 생사도 몰랐으니, 걱정이
얼마나 많았을 것인가?

잘못된 곳에서 잘못된 전쟁이 일어나다

조동진에게 6·25전쟁은 단순히 한 가족에게 이별의 상처를 안
긴 사건 정도가 아니었다. 그는 6·25를 전쟁이라고 부르기를
싫어한다. 동란(動亂)이기 때문이다. 잘못된 전쟁을 잘못된 곳
에서 잘못된 사람들이 한 일이었기 때문이다. 있어서는 안 될
일이었기에 잘못된 것이고, 따져보면 우리 민족 상호 간의 전
쟁도 아니었다고 생각한다. 소련의 스탈린(Stalin)은 겉으로는
신탁통치를 반대하는 척했지만, 점령지역에 조선 민주주의 인
민공화국을 세우게 했고 총과 탄약과 탱크와 전투기까지 내주
며 남침을 부추겼다. 반면, 미국은 미군을 남쪽에서 철수시키
면서 대한민국 국군을 인형 취급하고 변변한 무기도 남겨주지
않았다고 한다. 사실상 북쪽의 남침을 유도한 셈이었다. 뿐만
아니라 한반도는 미국의 아시아 태평양 지역 방위선 밖이라고
선언했다. 그러니 전쟁이 일어나서도 안 될 땅이었다.

　조동진은 훗날 미국에서 공부하고 미국 시민권자 자격으로
평양 김일성대학 교수로도 활동했지만, 그것은 민족 통일을 위
한 수단에 불과했던 것 같다. 젊은 시절부터 본래 그는 미국을

신뢰하지 않았다. 약소민족을 강대국이 조종하여 전쟁을 일으킨 것은 현대 전쟁사에 흔한 일이라고 조동진은 분석한다. 한국전쟁은 그 중 대표적인 예라는 것이다. 그러니 내용상 남침이 분명하다 해도, 남침이냐 북침이냐 하는 논쟁 자체는 큰 의미가 없다고 본다. 강대국의 음모와 힘겨루기 사이에 끼인 한민족이 대리전쟁을 치른 것이니 잘못된 곳에서 잘못된 사람들이 한 잘못된 전쟁이라는 것이다.

정부와 국군은 무책임했다. 무능했고 무방비 상태였다. 그러나 조동진은 당시 대부분의 서울 사람들이 그랬듯, 정부와 국군이 그렇게 허무하게 서울을 버리고 도망갈 것이라고 상상하지 못했다. 38선이 뚫린 다음날에도 그는 평소처럼 종로2가의 기독교서회 빌딩 4층에 있는 대한계명협회 사무실로 출근했던 것이다. 그러나 문은 잠겨 있었다. 할 수 없이 장모 나창석 권사가 계시는 서대문의 처가로 돌아왔는데, 장모는 그에게 아내가 있는 여수로 피난 갈 것을 권하였다. 여수행 표를 구할 수 있을까 싶어 서울역에 가보았으나 인산인해 북새통이라 포기할 수밖에 없었다. 근처 후암동에 살던 계명협회 회장 윤하영 목사를 찾아갔다. 월급이라도 달라고 해볼 참이었다. 하지만 그의 집은 굳게 닫혀 있었다. 일찌감치 피난을 떠난 것이었다. 라디오는 다음날에도 이승만 대통령이 서울 사수를 약속하는 방송을 내보냈다. 나중에 알고 보니 그것은 녹음 방송이었고, 이 대통령은 일찌감치 피신한 뒤였다. 국민을 기만한 것이었다. 서울 거리에는 포성과 총소리가 가까워지고 있었다.

인민군 탱크가 허문 아버지의 감옥

6월 28일, 한강도하를 위해 마포 강가에 나간 조동진은 사람들의 시체가 강가에 둑을 이룬 것을 보았다. 전날 밤 공병대가 인민군의 한강 도하를 막는다고 한강 인도교를 폭파시켰던 것이다. 그도 전날 밤에 비가 억수처럼 내리는 가운데 마포에서 배를 타려 했으나 포기하고, 다음날 두 번째로 나가본 마포 강변의 풍경이 그러하였다. 만일 전날 배를 탔다면 그 역시 저런 시체 신세가 되었을지도 모를 일이었다.

급기야 인민군 탱크들이 서울에 굴러다니기 시작했다. 청소년으로 보이는 인민군이 거리를 활보하고 있었다. 시민들은 붉은 천으로 허리띠를 하거나 리본을 만들어 가슴에 달고 다니기 시작했다. 인민군의 눈 밖에 나지 않기 위해서였다. 불과 사흘 만에 서울의 풍경은 달라져 있었다.

그런데 조동진의 가정에 전화위복이라 할 만한 기이한 일이 벌어진다. 1949년 4월 1일 미 군사재판에서 사형언도를 받았던 부친은 6·25가 발발했을 때 서대문형무소에 계셨다. 함께 사형 언도를 받은 이들은 그보다 한 달 전에 대전형무소로 이감되었는데, 대전으로 몰래 정부를 이전한 이승만의 한민당 정권은 전쟁이 터진 와중에도 6월 28일 비상 전시령, 즉 이른바 비상사태 하의 범죄처벌 조치령이라는 것을 공포하고 대전형무소의 중형 죄수들을 모두 즉결 처형하고 만 것이다. 조동진의 부친은 서대문형무소에 남아 있었기 때문에 목숨을 건지고 풀려났다. 그것도 인민군 탱크부대 덕분이었다. 인민군 탱크가 서대문형무소 정문을 밀어붙였고, 그 틈에 모든 죄수는 인민군 만세를 외치며 풀려날 수 있었다. 부친은 그 길로 경교장으로 달려가 백범 김구 선생의 자부, 즉 김신 장군의 처와 그 가족을 데리고 경기도 고양군의 한 집에서 9월 28일 서울이 수복될 때까지 숨어 지냈다고 한다. 조동진은 그 사실을 후에야 알게 된다.

더 놀라운 사연이 있었다. 탱크를 몰고 서대문형무소의 문을 부순 인민군 장교, 즉 북한군 탱크부대 부대장이 놀랍게도 조동진의 사촌동생 조덕산이었던 것이다. 그는 큰아버지가 수감돼 있다는 소식을 듣고 구출해내기 위해 형무소 문을 부순 것이었다. 그러나 난리통에 큰아버지, 곧 조동진의 부친이 풀려나갈 때 서로 알아보지 못했다. 그 외에도 북에 있던 사촌 중 일곱 명이 인민군으로 참전해 낙동강까지 내려갔다고 하는데, 놀랍게도 단 한 명도 죽지 않고 살아남았다고 한다. 같은 기간, 셋째삼촌의 둘째아들은 대한민국 국군이었다. 민족상잔이란 그런 것이었나 보다.

만약 인민군 장교 조덕산이 큰아버지를 형무소에서 만났다

면, 오히려 아버지가 북한으로 가게 돼 서울 수복 후에 조동진
이 상봉하지 못했을지도 모른다. 조동진은 이 놀라운 사실을
1989년 처음 북한을 방문했을 때 조덕산과 상봉하여 알게 되
었다. 인민군이 된 사촌들은 백범 김구 선생의 친구였던 큰아
버지가 여전히 남쪽에 남게 되고, 그를 북으로 데려오지 못한
이유로 인민군에서 도태되었다고 한다.

맨발로 걸어 서울에서 여수까지

교회마다 전쟁의 소용돌이에 휩싸이고 있었다. 이북 출신의 목
사들은 일찌감치 짐을 싸고 남쪽으로 피난가고 없었다. 서울을
지킨 목사들은 공산정권을 경험하지 못한 이들이었다. 그들은
기독교의 이름으로 인민군 위원장을 환영하는 행사도 열었지
만 대부분 납북되고 말았다. 조동진은 7월 2일 주일, 그렇게 불
안한 교회의 모습까지 보고 나서 여수로 내려가기로 결심한다.

조동진은 광나루에서 나룻배로 한강을 건넜다. 그리고 몇 명
의 국군 패잔병을 포함한 피난민들 사이에 끼어 대전 방향으
로 마냥 걷기 시작했다. 정부가 대전으로 옮겼으니 일단 대전
으로 가기로 한 것인데, 그가 피난을 가는 사이에 정부는 이미
부산으로 가 있었다.

조동진을 포함한 8명가량의 피난민은 나룻배를 같이 탄 것

을 인연 삼아 무리를 지어 남쪽을 향해 걷고 또 걸었다. 무리에 국군 패잔병이 낀 것도 위험했지만, 하루는 추락한 미군 비행기 조종사 2명도 따라붙어 더 위험한 피난길이 되었다.

조동진은 회고록에서 피난의 여정을 담담하게 그렸지만, 그 길은 현대를 사는 우리가 감히 상상조차 할 수 없을 만큼 고되고 험난했다. 조동진은 그런 피난길에서도 목사답게 인도자 역할을 했다. 많은 사람이 건너다 빠져 죽었다는 강을 건너야 했을 때, 조동진은 일행의 옷을 벗게 하고 혁대를 풀러 서로의 몸에 연결해 '생명선' 삼아 무사히 건너게 했다. 키가 큰 미군 병사는 수심이 깊은 지점을 지날 때 도움이 되었다.

대전으로 가는 길에 일행 대부분은 뿔뿔이 흩어졌다. 미군 조종사들을 끝까지 돌본 사람은 조 목사뿐이었다. 그런데 정작 그들은 대전 부근에서 동료 미군을 만나자마자 길을 안내해준 조동진에게 고맙다는 말도 없이 뒤도 돌아보지 않고 사라지고 말았다. 조동진이 개인적으로 얼마나 섭섭하고 미군에 대한 신뢰를 잃게 되었을지 짐작이 간다.

국군은 언제나 민간인보다 훨씬 앞서 후퇴하고 있었다. 미군도 후퇴를 위한 진지 구축을 하고 있을 뿐이었다.

하루는 충청 전의를 지날 무렵, 예배당이 눈에 띄었다. 타향으로 피난 가는 길에 하룻밤을 지내려는 목사나 장로 같은 사람들이 담소를 나누고 있었다. 조동진은 신발도 해져 없어지고 거지같은 행색이었지만, 신세를 지려니 문안을 하지 않을 수 없었다. 그러나 아무도 그가 목사라고 믿기 어려웠던 모양이다. 조동진은 예배당 마룻바닥에서 이불도 없이 혼자 밤을 새웠다. 다음 날 전의역에 정차 중이던 기차에 간신히 몸을 맡겼다. 한참 뒤 출발한 기차는 얼마 가지도 않고 조치원에서 승객을 모두 내리게 했다. 어디로 가야 할지 막막했다. 피난길은 그랬다. 철도를 따라 걷고 또 걸어 드디어 대전역에 도착했다. 그는 그곳에서 우연히 조선신학교 출신으로 군에 입대한 장 대위라는 군인을 만난다. 그 덕에 찾아가고자 했던 대전 YMCA에 갈 수 있었다. 조동진은 훗날 장 대위가 낙동강 전선에서 전사했다는 소식을 들었다.

조동진은 대전에서 홀로 결혼 1주년을 맞이했다. 7월 7일이었다. 다친 발이 다 아물지 않았지만, 그는 속히 아내가 있는 여수로 가고 싶었다. 대전에 내려와 있던 육군 본부는 이미 대구로 이동한 뒤였다. 경무대(지금의 청와대)도 부산으로 옮겼다는 소문을 들었다. 하지도 못할 북진 통일과 단독 정부를 고집하다 백범 김구 주석까지 희생시킨 이승만 박사와 정부를 생각하니, 조동진은 기가 막힐 뿐이었다.

다음날 대전역에서 기차표를 사려고 줄을 섰지만 대구행 기차표는 구할 수 없었다. 다행히 목포행 기차에 짐짝처럼 몸을 구겨서라도 탈 수 있었다. 기차 안에서 조동진은 해방 후 지난 5년간의 세월을 생각했다.

여수마저 버리고 부산으로 가야 했다

민족의 운명이 외세에 의해 좌우되고 있었다. 남한에서의 해방 5년은 반공 이데올로기를 창출하는 데는 성공했다. 북한은 남쪽에 불안과 혼란을 조성하려는 의도였는지 몰라도, 북한에서 지주들과 상인들과 종교인과 지식인들이 남한으로 내려가는 것을 막지 않았다. 북한에 밀집해 있던 발전소는 남한에 보내는 전기를 결국 끊어버렸다. 미군은 떠나고 사회는 불안했다. 식량도 주택도 모든 것이 부족해서 혼란 그 자체였다. 그런 상황에서 남한 정부는 무능했고 정견도 없었다. 소련과 북한 정권이 그걸 그냥 두고 볼 리 없었다. 그래서 일어난 것이 6·25였다. 그래서 집을 떠난 피난길에서 거지꼴이 된 사람 중에 조동진도 있었다.

조동진은 목포행 열차에 차표도 없이 무단으로 끼어 탔다. 7월 8일, 여수역 개찰구의 역무원은 무임승차한 조동진을 보고 혀를 한 번 찰 뿐, 그냥 내보내 주었다. 여전히 아픈 발을 끌고 사택을 찾아갔다. 아내와 상봉한 건 전쟁이 터진 지 14일 만이었다.

전라도로 내려가는 길에 조동진이 본 노인들은 농사 걱정만 하는 것 같았다고 한다. 그런 혼란 속에서도 지방에서는 세상 물정에 감이 없었나 보다. 얼마 가지 않아 그곳을 공산군이 지배하게 될 거라는 사실을 아무도 예상하지 못하는 것 같았다.

여수의 평안도 오래 가지 못했다. 대전은 7월 20일 인민군에게 넘어갔다. 미군의 잘못된 작전으로, 인민군은 호남지역에서 아무런 저항도 받지 않고 이리, 전주, 남원을 행진하듯이 내려왔다. 국군을 동북지역에 배치하면서 호남지역을 무방비 상태로 방치해둔 탓이었다. 신문도 발행 중지된 상태였으니 전라도 시골 노인들이 이런 상황을 알 턱이 없었을 것이다.

여수의 목회자들은 문맹퇴치 사업을 위해 서울로 교육을 받으러 간 조동진 목사가 전쟁 때문에 돌아온 걸 보고 안타까워했다. 조동진은 다음 날부터 여수교회에서 무기한 철야 금식 기도에 돌입했다. 나라를 위한 기도회를 연 것이다. 그는 7월의 무더위 속에서 먹지도 마시지도 않고 강단을 떠나지도 않았다. 야곱이 얍복 강가에서 기도하는 심정이었다. 간혹 일어나 성경을 읽고 민족의 슬픈 운명과 약소민족의 억울한 심정을 구약의 히브리 민족의 역사와 비교하며 강론하기도 했다. 그러나 기도하는 사람은 하나둘씩 줄어들기 시작했다.

인민군이 전주에 들어섰다는 소문이 들렸다. 여수에서도 피난해야 한다는 생각을 못하고 있는 사람은 조동진뿐이었던 것 같다. 하루는 그 교회 담임목사가 다음날 새벽기도를 인도해달라고 부탁했다. 어디 좀 다녀와야겠다는 말뿐이었다. 다음날 새벽, 교회에는 아무도 없었다. 동네도 텅 비어 있었다. 모두 떠난 것이었다.

조동진 가족도 마침 여수를 떠나 부산으로 가는 군함에 승선할 수 있었다. 여수에서 알게 된, 나신복 사모와 성이 같은 장교 덕에 한 가족으로 인정(!)받은 덕이었다. 7월 28일 군인과 가족들을 태운 배는 부산에 도착했다. 조동진 가족은 군인 가족들 틈에 끼어 며칠 간 군인 가족 수용소 생활을 해야만 했다.

지리산으로 간 목사

지리산에 들어간 화해의 종

|

04

목사들을 군인으로 모집할 때

1950년 8월의 부산은 인산인해였다. 그래서 그런지 그 여름은 너무 더웠다고 조동진은 기억한다. 거리에는 군복을 입은 사람 뿐이었다. 헌병이 군복을 입지 않은 사람은 거리에 나다니지 못하게 했기 때문이다. 군인 가족 수용소인 영도국민학교에서 부산 대청동에 마련된 장로회 총회 사무실로 거처를 옮긴 조동진은 그를 문맹퇴치사업에 초대했던 윤하영 목사를 만날 수 있었다. 윤하영 목사가 주도한 대한계명협회는 전쟁 통에 기능이 마비돼 있었다. 인민군 탱크가 낙동강을 건널 태세라는 소문도 들렸다. 일본으로 밀항하려는 이들도 많았다. 목사들 사이에도 체념하는 이들이 적지 않았다. 그 와중에 목사가 기독교 구국 의용병을 모집하는 일이 있었다. 아무리 난리 통이라 하지만, 길에서 눈에 띄는 젊은이는 무조건 잡아 군대에 집어

넣는 판국이었으므로 목사들도 예외는 아니었을 것이다. 당시 국방부의 모병관들이 인원을 채우기 위해 몇몇 목사들에게 모병을 요청했기 때문 같았다.

조동진은 모병 활동을 하던 서울 성도교회 담임 황은균 목사에게 항의했다. 황 목사는 평양에서 공산당에게 핍박당했던 인물이다. 공산군에게 적의감을 가진 건 당연했다. 그러나 조동진은 기독교의 이름으로 의용병을 모집하는 것에는 반대한다고 주장했다. 그럼에도 불구하고, 다음 날 광복교회에서 잠자고 있던 목사들에게 모병관이 들이닥쳤다. 조동진도 거기 있어 끌려가게 되었다. 그런데 트럭 두 대에 목사들을 모두 태울수 없었다. 모병관이 소리쳤다. "안경쟁이(안경 쓴 사람)는 내려와!" 평생 안경을 쓰고 산 조동진은 트럭에서 내렸다.

국방부 정훈국장 선무대원 자격으로

부산에는 마실 물이 없었다. 그 많은 피난민은 들어갈 집이 부족해 길바닥에 거적을 깔고 잤다. 그나마 여름이었으니 다행이었다. 9월 15일 맥아더 장군의 지휘로 UN군이 인천에 상륙해 서울로 향하고 있다는 소식이 보도되었다. 28일엔 광화문 중앙청에 붉은 기가 내려지고 성조기가 올라갔다. 태극기는 뒤따라 올라갔다고 한다. 인민군이 서울을 해방했다던 6월 28일에서 꼭 석 달이 지난 뒤였다. 역사는 이 날을 서울 수복이라고 말한다. 남은 것은 잿더미뿐이었다.

조동진은 그제야 서대문형무소에 계셨던 아버지의 생사를 찾기 시작할 수 있었다. 어머니와 하나밖에 없는 동생의 생사도 알아보기 시작했다. 피난길에서는 꿈도 꾸지 못했을 일이었다. 어머니와 동생은 전라북도 김제군 봉남면에 살고 있었다. 동생은 봉남국민학교 교사로 일하면서 봉남교회를 섬기고 있었다. 조동진은 가족을 찾기 위해 일단 여수로 돌아가기로 했다. 아내를 여수 사택에 내려준 조동진은 다시 부산으로 갔다. 부산에서 경부선을 이용하는 방법 외엔 길이 없어 보였다. 호남선을 이용해 서울로 가려니 전라 지방엔 아직 인민군이 남아 있어 교전 중이기 때문이었다. 우선 서울로 가서 아버지의 생사부터 확인하기로 했다. 어머니와 동생은 그 다음에 찾아도 될 것 같았다.

조동진은 군복을 구해 입었다. 품에는 국방부 정훈국장이 수복 지역으로 돌아가는 목사들에게 나누어준 '정훈국 선무대원증'이 있었다. 민심을 수습하기 위해 목사들을 일종의 민간 치안 요원처럼 활동하도록 한 조치였던 것 같다. 그런데 그 대원증과 군복이 서울로 돌아가는 길에 요긴하게 쓰인다. 명함도 만들었다. 직함은 '국방부 정훈국 선무대 여수 지역 파견대 대장 조동진'이었다. 서울로 가는 길에 철교가 끊어진 구간도 있었다. 간신히 서울역에 닿은 건 부산을 떠난 다음 날인 10월 18

일이었다.

아버지는 의외로 빨리 재회할 수 있었다. 의사인 셋째 작은 아버지 집이 청진동에 있었는데, 아버지가 사형 언도를 받은 소식을 듣고 1948년 서울로 내려와 옥바라지를 하고 계셨던 것이다. 다행히 청진동 한옥들은 그대로 남아 있었다. 집에는 아버지와 작은 아버지, 그리고 함께 옥고를 치르신 손정수 선생 등이 모여 계셨다. 놀라운 일이었다. 형무소 옥문이 무너지던 날, 아버지는 김구 선생의 자부를 데리고 작은 아버지 가족과 더불어 고양에서 은거하다 수복이 된 후 돌아와 계셨던 것이다. 아들을 다시 만난 아버지는 김구 선생의 아들인 김신 대령이 평양으로 가는 길을 수행하고자 평양으로 올라가시고, 조동진은 어머니를 찾으러 김제로 내려갔다.

동생을 구출하고 다시 남원과 여수를 향해

동생 조동소가 교사로 근무하던 국민학교는 한동안 인민학교로 변해 있었다. 교사들은 갑자기 공산당원이 되어버렸다. 목사의 동생이고 권사의 아들이며 교회 집사이던 조동소는 그 와중에 극적으로 살아 있었다. 인민학교에 온 정치군관 한 사람이 하필이면 이북에서 알고 지내던 교인인 덕분이었다. 크리스마스 때 조동진과 함께 연극을 하던 사이인지라 매우 친했던 것이다. 그가 처음에는 형을 빼닮은 동생을 조동진으로 오인했지만 상관없었다. 기가 막힌 만남이었고 하나님의 섭리였다. 그날부터 동생은 학교에서 일직만 했고, 다른 교사들이 하던 것처럼 동네마다 다니며 인민군의 군가를 가르치는 일에서 열외되었다고 한다. 그 정치군관의 배려였다. 동생은 그 덕에 살아남았지만, 이제는 거꾸로 인민군에 부역한 사람이 돼 공산군 부역자 명단에 올라 있었다. 동생을 찾은 조동진은 면사무소를 찾아가 면장에게 명함을 건넸다. 경찰지서장도 불렀다. 지서장이 조동진 목사에게 거수경례를 붙였다. 그들 앞에서 동생을 가리키며 말했다.

"이 사람이 내 친동생입니다. 억울하게 부역자 취급을 받게 되었다면, 그런 거짓 고발을 한 사람은 용서받기 어려울 것입니다."

조동진이 면사무소를 나오고 나서 부역자 명단에서 동생의 이름이 지워졌다는 소식을 들었다. 아니나 다를까, 정치군관이 하라는 대로 동네마다 다니며 인민군 노래를 가르치던 어떤 교사가 동생을 무고했던 것이었다. 동생은 한 번도 그런 일을 한 적이 없었으므로 부역자 명단에서 바로 빠질 수 있었던 것이다. 그 다음주에는 전라북도 교사 부역 조사위원회의 김제군 담당위원으로 위촉되었다. 본의 아니게 군복 차림과 정훈국 명함으로 동생을 살리는 데 힘을 쓴 것이 조동진은 부끄러웠다.

조동진은 곧 이어 남원으로 갔다. 여수로 돌아가기 위해서였다. 국군의 지리산 토벌 작전이 한창이었을 때였으므로 길은 쉽게 열리지 않았다. 길을 막고 선 군인들과 실랑이를 하던 중에 지프차를 탄 국군 장교가 그를 태워주었다. 장교는 구례를 거쳐 순천으로 가는 길이었다. 가는 길에 구례읍교회 이선용 목사의 부인이 장교와 조동진에게 점심을 대접했다. 그 교회는 1908년 지리산 밑에 처음 세워진 교회라고 했다. 이선용 목사는 그해 겨울, 경찰로 위장한 빨치산이 쏜 총에 죽고 만다. 그리고 조동진은 훗날 그 교회 후임으로 지리산에 들어가게 되었으니, 이 또한 기가 막힐 인연이었다.

1950년 10월 26일 서울을 수복한 국군은 압록강까지 진격했다. 그러나 그 하루 전인 25일 중국의용군은 이미 압록강을 건너고 있었다. 그것도 모르던 대한민국 정부는 27일에 평양을 탈환했다고 승전이나 한 것처럼 들떠 있었다. 압록강을 건넌 중국의용군은 12월초 개성까지 밀고 내려왔다. 정부는 다시 보따리를 싸고 부산으로 도망치면서 서울 시민에게 한강 이남으로 대피하라는 명령을 내렸다. 크리스마스이브인 12월 24일이었다. 1951년 1월 3일에는 중앙청의 깃발이 다시 공화국 국기로 바뀌고 말았다.

조동진은 이런 정황을 여수에서 들었다. 평양에 들어갔던 아버지와 김신 대령의 소식이 궁금해 근심했다. 그 무렵 강대국들은 그쯤에서 전쟁을 끝내자고 물 밑에서 '한국정전위원단'이란 걸 만들어 흥정하고 있었다. 그것이 바로 12월 5일의 UN

결의였다.

아버지와 함께 부산을 떠나 제주도로

전쟁은 해를 넘겨 지루하게 이어지고 있었다. 국군은 서울을
공산군에게 내준 지 열흘 만에 되찾았다. 미국 선교사들은 경
상북도 감포라는 항구에 기독교 지도자들을 모아, 군함을 이용
해 일본이나 하와이로 피난시킬 계획을 진행하고 있었다. 날마
다 수십 대의 폭격기가 평양을 폭격하고 있다는 소식이 들렸
다. 조동진은 아버지가 살아 돌아오기만 고대할 뿐이었다.

  어느 주일, 아버지가 여수로 돌아오셨다. 평양비행장을 떠나
던 전투비행단장 김신 대령이 공군 지프차로 아버지를 서울까
지 후송하도록 조치했다는 것이다. 아버지는 인천에서 부산으
로 가는 짐배를 타고 여수로 오셨는데, 그 배에 발동기가 없어
앞서 가는 큰 배에 밧줄로 예인되는 꼴이었다고 한다. 그 배에
는 피난민이 많이 타서 금방이라도 바다에 빠질 듯했다고 한
다. 앞선 배의 선장이 밧줄을 끊어버려 조난당할 뻔 했지만, 다
행히 군산 앞바다에서 여수로 가는 한 화물선이 구조해주었다.
여수로 온 아버지는 아들이 여수교회에 있을 것이라고 짐작하
고 수소문해 찾아오신 것이었다. 꿈만 같은 일이었다. 비록 비
좁은 방에서였지만, 아버지는 아들이 결혼한 후 처음 본 며느

리의 큰 절을 받으셨다.

그러나 행복도 잠시, 여수교회의 목사는 조동진 가족이 부산으로 떠나기를 권했다. 안전하지 못했기 때문인 듯하다. 그래서 조동진은 아버지의 제자이며 어머니의 보통학교 동창이던 김양선 목사를 부산에서 만나 도움을 받았다. 외국 선교사들이 피난 갈 준비를 하고 있다는 경북 감포로 가려는 목사들도 보았다.

김양선 목사는 조동진의 부친에게 제주도로 갈 것을 권했다. 그러나 상황이 난감해진 것을 뒤늦게 알게 됐다. 조동진의 아내가 임신 3개월에 접어든 것이었다. 입덧이 심했다. 그래도 어쩔 수 없었다. 김양선 목사의 안내로, 제주도로 가는 피난 목사들의 대열에 끼어 회색빛 미국 군함에 승선하기로 했다. 대열 속에는 아버지와 신성학교 동창인 박형룡 박사도 있었고, 가톨릭 신부와 수녀들도 보였다. 그 배에는 종교인뿐이었다. 군함은 일출봉 부근에 일행을 내려주었다. 제주도 동쪽 성산포 바닷가였다. 조동진의 가족은 제주도에서 반년을 지냈다. 조동진은 그 중에 나이가 가장 어린 20대 중반의 새내기 목사여서 그랬는지, 목사들이 모인 피난촌에 형성된 교회에서 목사들의 자녀를 교육하는 책임을 맡았다. 그는 학교 이름을 성산중학원이라고 붙이고 스스로 원장이 되었다.

이듬해 봄이 되었다. 김양선 목사가 성산포를 찾아왔다. 이번에는 다시 육지로 돌아가라고 말했다. 전쟁은 이상하게 돌아가고 있었다. 서울까지 내려온 중공군이 더 이상 내려오지 않았다. 그런 상태에서 맥아더 장군은 UN군에게 북으로 진격하라고 명령했다. 그런데 미국 트루먼 대통령이 맥아더를 해임했다. 소련 외상 말리크는 휴전을 제안했다. 우리나라를 두고 강대국들이 흥정을 한 것이었다. 조동진의 아버지는 분노의 신음을 내뱉었다. 어쨌든 조동진은 다시 여수로 돌아올 수 있었다.

이승만 대통령이 휴전을 반대하고 국회도 휴전 반대를 결의했지만 소용없었다. 나라는 38선을 기준으로, 이른바 휴전선이라는 이름으로 양분될 지경이 됐다. 남한을 돕겠다고 나선 16개 UN 참전국들도 휴전과 평화회담에 찬성하는 공동성명을 냈다. 6·25가 터진 일 년 뒤의 상황이 그랬다. 누구를 위해 시작된 전쟁인지도 모르고 그 고생을 했는데, 이제는 우리도 모르게 전쟁이 중단되는 꼴이었다. 조동진은 그 상황이 국제적 음모로밖에 보이지 않았다.

하늘에서는 폭격, 땅에서는 포격으로 이 나라 도시와 농촌은 모조리 부서졌다. 나이와 성별에 상관없이 닥치는 대로 죽여놓고 이제는 휴전을 하겠다는 저들이 원망스럽기만 했다. 우리를 돕겠다고 참전한 UN 국가들도 결국 궁극적으로 우리 민족의 고통과 운명에 관심을 가질 리가 없었다.

빨치산이 활동할 때 구례읍교회 목사가 되다

조동진은 빨치산이 아직 남아 있던 상황에서 전쟁으로 죽음을 당한 여수와 순천 지역의 교역자와 제직들을 위한 추모식을 준비했다. 지역 전체의 행사로 추진하기를 원했으나 여수교회 당회는 그것을 부담스럽게 여겼던 모양이다. 일단 교회 자체 행사로 추진하기로 했다. 여수교회에는 북강원도 원산여자신학교를 졸업한 여전도사가 학살되고 함경도 출신의 김은기 집사가 인민군에 의해 끌려간 날 바로 죽임당한 일도 있었다.

그런데 이 일이 본의 아니게 화근이 되고 말았다. 여수에서 이 추모식을 마치고 순천을 거쳐 구례로 가던 이선용 목사와 국회의원 이판열 집사가 빨치산에 의해 비참하게 죽임을 당했던 것이다. 당시로선 보안이 허술한 전화선을 빨치산이 도청하고 동선(動線)을 알았기 때문이다. 이판열 집사의 처남이 김은기 집사여서 추도식에 참가했는데, 경찰서끼리 국회의원의 동선을 알리는 통화 내용이 도청당한 것이었다.

지리산 노고단에는 빨치산의 사령부가 있었다. 그곳에는 로동신문을 찍는 인쇄소도 있었다고 한다. 북상(北上) 길이 막힌 인민군은 이현상을 중심으로 제2전선을 구축하고 지리산에 사령부를 마련하고 있었다. 소위 말하는 '남부군'이 그들이다. 지리산 주민들은 산악 전투에 익숙하고 유격 훈련을 받은 빨치산을 두려워하지 않을 수 없었다. 밤에는 산에서 내려온 빨치산에게 양식을 빼앗기며 떨어야 했다. 낮이 되면 그들에게 부역했다는 이유로 경찰이 핍박했으니 그 고통이 과연 어떠했으랴?

구례읍교회 이선용 목사가 국회의원 이판열 집사와 함께 빨치산에게 죽은 뒤 구례에는 목사가 없는 교회가 하나 더 늘어난 셈이 됐다. 구례에는 여덟 개 면이 있었는데, 그때 면마다 하나씩 교회가 있었다고 한다. 그 중 구례읍교회는 1919년 3월 1일 독립만세 운동에 참가한 유서 깊은 교회였다. 일제 말기 담임목사였던 양재순 목사가 신사참배를 거부하다 옥중에서 순교한 교회이기도 했다. 그런데 전쟁 중에 또 목사를 순교로 잃은 것이다. 목사를 또 청빙할 형편이 되지 못했다. 게다가 고인이 된 이선용 목사는 구례군 내의 나머지 일곱 개 교회 당회장을 겸임하고 있었다. 그런 목사가 순교했으니 아무도 그 교회를 맡으려고 하지 않았다.

순천 노회는 비록 전쟁 중이긴 하나, 목사 없이 방치된 여덟 교회를 그냥 둘 수 없었다. 7월 첫 주일이 지나 순천중앙교회에서 임시노회가 열렸다. 아골 골짜기처럼 죽음의 땅으로 변해버린 지역에 부임할 순교적 헌신자를 찾기 위해서였다. 참석한 목사들이 모두 조동진을 쳐다보는 것 같았다. 조동진은 일어나 자원했다. 여수 순천 반란사건 직후 지역민들의 아픔을 돌보기 위해 내려온 목사로서, 자기가 헌신해야 할 자리라고 고백한 것이다. 조동진의 고백에 노회 참석자들은 침묵으로 응답했다.

조동진 목사가 지리산으로 들어가게 된 과정과 사정은 이렇게 복잡하였다.

조동진은 아직 조선 민주주의 인민공화국의 깃발이 나부끼던 땅, 오후 세 시가 넘으면 공직자들은 은신처로 숨어버리고, 경찰은 빨치산의 공격을 막겠다고 어설픈 토담을 쌓고 기관총부리를 내미는 곳, 여전히 전쟁터였던 황량한 구례에 가기로한 것이다. 게다가 아내는 다음 달 출산을 앞두고 있었다. 노회는 그런 조동진을 구례읍교회 담임목사로 위임하고 구례군 내여덟 교회의 당회장에 임명하기로 결의했다.

1951년 7월 마지막 주간 월요일에 조동진은 구례읍교회에 부임했다. 만삭의 아내는 순천역을 지나는 기차 안에서 그동안하고 싶었지만 미처 하지 못했던 어려운 말을 간신히 했다.

"여보, 나 구례에 가면 닭 한 마리 삶아서 당신하고 함께 먹고 싶은데…."

난리통이긴 했지만, 조동진은 임신한 아내에게 변변한 고기 한번 먹인 적이 없었던 것이다. 입덧으로 고생하던 사모가 닭고기가 얼마나 먹고 싶었으면, 사지(死地) 같던 구례로 가는 길에 그런 청원을 했을까? 조동진은 말 못하고 울먹이기만 했다.

경찰 토벌대와 빨치산의 장례식을 모두 치러준 목사

구례읍의 첫날밤은 박격포 소리가 맞아주었다. 빨치산이 토벌
대를 향해 쏜 것이었다. 콩 볶듯 하는 소총 소리도 연거푸 들렸
다. 아내는 물론이고 조 목사도 두려웠다. 조동진도 낮에 총소
리를 들어봤어도 밤에 듣기는 처음이었다.

다음 날 새벽, 두 여집사가 달려와 사모를 껴안고 울었다. 하
필 젊은 목사가 부임한 첫날밤에 총격전이 벌어져 겁이 난 목
사와 사모가 떠날까봐 근심했던 것 같다. 면장인 장로와 집사
들도 아침 식전에 찾아와 조 목사 부부를 안심시키려 애썼다.
구례의 여름은 총소리와 함께 지나가고 있었다.

부임 닷새 만에 순천 노회가 열렸다. 험한 상황이었지만 안
갈 수가 없었다. 그런데 노회 회무가 길어지면서 부득불 순천
에서 하룻밤을 자야 했다. 두고 온 아내와 마을의 안녕이 걱정
됐지만, 밤에는 교통이 마비되니 어쩔 수 없었다. 다음날 아침,
경찰서장으로부터 서둘러 돌아오라는 연락을 받았다.

경찰서 앞에는 아랫도리를 발목까지 내려 하체를 발가벗긴
시체 일곱 구가 표현하기 참혹한 형태로 뉘어 있었다. '산(山)
사람'들인 모양이었다. 그때 구례 사람들은 빨치산을 산 사람
으로 부르기도 했다.

경찰서장은 경찰서 건물 뒤로 조동진 목사를 안내했다. 그곳
에는 널판 위에 뉘어 광목천으로 덮은 시체가 다섯 구 있었다.

경찰 토벌대였음이 분명해 보였다. 경찰서장이 부탁했다.

"목사님이 이들의 장례식을 맡아주십시오."

그 중 셋이 구례읍교회 신도의 자녀들이었다. 당연히 해야 할 일이었다. 조동진은 그 부탁에 답하는 대신, 먼저 경찰서 앞의 산 사람들에게 거적이라도 덮어달라고 간청했다. 그리고 부탁을 하나 더했다. 자신이 왜 구례까지 오게 됐는지 설명한 다음, 경찰 토벌대와 빨치산 희생자를 위한 장례식을 함께 치르자고 제안한 것이다. 경찰서장은 인격적인 사람이었지만 고개를 돌렸다. 원수의 생명이라도 긍휼히 여겨야 하는 목사로서 드리는 부탁이라고 사정했지만, 당시 경찰서장으로서는 받아들이기 곤란한 요청이었다. 경찰서장은 타협안을 제시했다. 공동 장례식은 곤란하니 오전에 경찰들의 합동 장례식을 먼저 하고, 오후에 산 사람들의 장례식을 따로 하는 건 상관하지 않겠다는 것이었다.

죽은 토벌대 경관은 모두 의경(義警)으로서 정식 경관이 아니었다. 조동진은 먼저 경관의 부모들을 위로하고, 목사가 산 사람들의 장례식도 치러주어야 할 이유를 설명했다. 그들은 관대했다.

목사가 경찰뿐 아니라 산 사람의 장례도 치러준다는 소문은 삽시간에 지리산 전역에 퍼졌다. 그날 밤 한 노인이 조동진을 찾아왔다. 전도사도 없는 깊은 산 속의 토지교회 신도이며, 산 사람의 시체 중 하나가 자기의 둘째아들이라고 했다. 산 사람

시체와 관련된 일곱 가족 중 다섯 가족이 모두 장례식에 왔다. 빨치산의 부모들은 산에 살면서 양쪽 눈치를 모두 보고 살아야 했다. 죽은 사람들은 어쩔 수 없이 산에서 생활하던 젊은이들이었다. 토벌대의 가족도 목사의 손을 잡고 울었고, 빨치산의 가족도 같은 손을 잡고 울었다. 조동진은 화해를 위한 목사 노릇을 한 셈이었다.

조동진은 그 날 두 번의 장례식을 따로 치르면서 자신이 서야 할 자리와 할 일을 생각했다고 한다. 무엇보다 곁에서 지켜보았던 손양원 목사의 사랑의 원자탄 신앙을 전수했다는 것이 보람이었고 큰 자부심을 느꼈다고 한다. 그것은 조동진의 민족관과 인간관의 바탕이 되는 일이 되기도 했다.

1988년 10월 핀란드 헬싱키에서 남과 북과 해외 기독교 지도자들의 통일 대화가 열린 자리에 조동진 목사가 초대받은 일이 있었다. 북한 대사와 북쪽 대표 앞에서 조동진은 전쟁 중에 구례에서 했던 장례식 경험을 들려주었다. 빨치산의 죽음도 슬퍼하고 토벌대의 죽음도 애도하는 것이 '화해의 종'으로서 목사가 보여야 할 모습이라는 말도 덧붙일 수 있었다.

총성이 잦아든 섬진강의 부활절

|

05

총소리를 멈추게 한 교회 종소리

트루먼 대통령이 미군 사령관 리지웨이에게 정전 교섭 명령을
내린 7월이 지나 8월에 들어서면서 지리산의 공세는 더욱 격
렬해졌다. 조동진은 그때 유격전이 가장 격렬하게 벌어진 구례
땅에 있었다. 미군이 비밀리에 세균전을 벌인다는 소문이 돌았
다. 실제로 교회 장로의 아들이 경영하는 작은 병원에 열병 환
자가 밀려들었다. 공중에서 열병 균을 살포하는 걸 보았다는
사람도 있었다. 미군이 실제로 세균전을 했는지는 알 수 없으
나, 이름 모를 열병이 번진 것은 사실이었다.

이런 상황에서 조동진은 총소리에 익숙해졌다. 새벽예배를
인도하러 가는 길에 시체를 보는 일은 흔했다. 본의 아니게 시
체를 밟은 일도 있었다.

새벽예배를 알릴 때는 교회 종을 울렸다. 아이러니한 일은

빨치산이 교회 종소리를 좋아했다는 것이다. 토벌대도 좋아하기는 마찬가지였다. 왜 그랬을까? 한밤중에 총을 마주하고 대치할 때 긴장하기는 토벌대나 빨치산이나 마찬가지였을 것이다. 그런데 교회 종소리가 울리는 시간은 새벽 4시 반 경, 그게 서로 퇴각해도 된다는 신호가 된 것이다. 교회 종소리가 들리면 빨치산은 호루라기를 불며 서로 퇴각 신호를 보냈다. 교회 종소리가 토벌대와 빨치산의 총소리를 멈춘 것이었다.

새벽마다 종을 친 구례읍교회의 사찰은 귀가 먹은 할머니였다. 종소리가 들리지 않았다. 총소리도 포격 소리도 들리지 않았다. 그러니 두려울 것이 없었고, 오직 제 시간에 맞춰 종을 쳐야 한다는 사명에만 충실할 수 있었을 것이다.

총알이 날아드는 상황에서 태어난 아들

1951년 8월 11일, 구례에서 조동진의 아들이 태어났다. 총소리가 요란한 밤이었다. 사모의 산통이 시작됐다. 도움을 구할 사람이라곤 사택 대문 옆에 사는 나이 많은 여전도사뿐이었다. 총탄이 허공을 날아다녔다. 조동진은 고양이처럼 마당을 기어가 여전도사를 깨웠다. 급히 깬 여전도사가 조동진보다 앞서 안방에 들어섰다. 순간 총소리가 나면서 유리창이 깨졌다. 문짝에 순식간에 세 발의 총알 구멍이 났다. 조동진은 그런 상황에서 출산하는 아내와 전도사가 몸을 피할 곳을 찾아야 했다. 안방도 총알이 날아드니 안전하지 않았기 때문이다. 부엌 바닥이 깊이 파여 있어 안전해 보였다. 산모를 부엌 아궁이 옆에 옮겨 뉘었다. 첫아들이 부엌 아궁이 앞에서 태어날 위기에 처한 것이다. 그러나 아기는 좀체 모습을 드러내지 않았다. 산모는 물론 여전도사도 지쳐 쓰러졌다.

산통을 겪은 지 몇 시간이 지나고 교회 종소리가 울렸다. 여전도사가 벌떡 일어났다. 습관처럼 새벽기도회에 가겠다고 일어선 모양이었다. 여전도사는 교회 집사이자 의사인 이형근 집사에게 사모의 출산 소식을 전하러 뛰어갔다. 새벽에 달려온 의사가 아내를 안방으로 옮겼다. 의사는 집게 같은 기계로 태아를 꺼냈다. 아기는 울지 않았다. 어느 사이에 권사들과 여집사들이 모여 있었다. 의사는 아기 엉덩이를 두세 번 쳤다. 그제야 우렁찬 울음소리를 냈다. 주일 아침이 밝고 있었다.

조동진은 그 아들이 목사가 되기를 바랐다. 하지만 바람과 달리 서울대학교 문리과대학에서 수학을 전공하고 미국에서 박사 학위를 받은 아들은 훗날 켄터키 주 주립대학교(Kentucky State University) 수학 교수가 되었고, 200년 역사가 넘는 미국 장로교회의 장로가 되었다.

새 예배당을 건축하다

1952년 총소리가 잦아들기 시작하자 조동진은 교인들과 더불어 구례읍교회 예배당을 새로 건축하기로 했다. 그 무렵 순천 노회에는 미국인 선교사가 한 명 있었다. 미국을 싫어하던 부친의 영향을 받은 조동진은 그 미국 선교사가 그냥 탐탁치 않았다. 그런 차에, 하루는 그가 건축 중인 구례읍교회 앞을 그냥 지나친 것을 알게 되었다. 구례지역 담당 선교사가 그런 행동을 하니 조동진은 불쾌하기 짝이 없었다. 미국인 선교사 역시 조동진이 예배당을 건축하는 것이 마음에 들지 않았다고 한다. 지금은 예배당을 지을 때가 아니라는 것이 그 선교사의 생각이었다. 그래서 공사 현장을 지나쳤던 것이다. 조동진과 미국인 선교사는 그 일을 시비 삼아 잠시 말다툼을 하기도 했다. 그런데 하루도 지나지 않아 그가 조동진의 사택을 찾아왔다. 지나는 길에 박아둔 차량 통제용 못에 바퀴가 찔려 펑크가 난 것이었다. 해가 지면 운행할 수 없다는 경찰을 이길 수 없어 할수 없이 하룻밤 신세를 지러 온 것이었다.

조동진의 모친과 아내는 평소보다 푸짐하게 저녁을 차렸다. 그 선교사는 돌아가면서 "사례를 할 테니 언젠가 순천으로 찾아오라"고 말하면서 앞서 다툰 일에 대해 섭섭해 하지 말라는 말도 덧붙였다. 조동진은 그 말을 귀에 담지 않았다. 순천에 갈 일이 있어도 미국인 선교관은 찾아가지 않았다. 그리고 몇 달

후, 순천의 한 목사가 조동진을 달래 선교관으로 데려갔다. 선교사와 그의 아내가 기다렸다는 듯 상자 세 개를 내놓았다. 상자 안에는 조동진의 양복과 아내의 옷 한 벌, 아이들의 옷이 각각 들어 있었다. 구제품이라고 오해한 조동진은 거절했지만 선교사는 사랑의 선물이라고 받아주기를 청했다. 그러면서 모아둔 십일조라며 당시로서는 거금인 40만 원을 건넸다. 예배당 건축에 보태라는 뜻이었다.

조동진은 건축헌금은 받았지만 새 옷은 거절했다. 구례의 주민들이 입을 것도 먹을 것도 없이 빨치산에 빼앗기며 살고 있는데, 목사가 새 옷을 받아 입을 수 없다는 생각 때문이었다. 그러자 선교사는 고개를 숙이더니 구례의 구제 대상이 얼마나 되는지를 물었다. 조동진은 군청을 통해 조사해봐야 한다고 대답했다. 돌아오자마자 군수를 찾아갔다. 마침 군수는 여수교회 집사였다. 군수는 일주일 뒤, 공무원에게 지시해 조사한 2천 세대 이상의 이름이 적힌 구호대상 명부를 건네주었다. 조동진은 그것을 선교사에게 전달했다. 선교사는 생각보다 많은 명부에 근심하는 듯했다. 조동진은 '일단 전달한 것이니 알아서 하겠지' 하는 생각으로 잊고 지냈다. 교회 건축에 몰두하기도 바빴기 때문이다.

어느 날, 트럭 네 대가 교회 사택 앞에 나타났다. 2천 세대를 위한 엄청난 물량의 구호품이었다. 그 선교사가 보낸 것이었다. 조동진은 구호 대상을 군에서 조사했으니 나눠주는 것도

군에서 할 일이라고 생각해 트럭을 군청으로 보냈다. 그 많은 구호물자를 공관이 아닌 교회의 젊은 목사가 섭외해 받게 됐다는 소문이 자자해졌다. 선교사는 훗날 새 예배당에 쓸 유리도 보내주었다.

부활절 새벽에 부활한 아들

이듬해, 지리산 섬진강에 봄이 오고 있었다. 총성이 가신 구례에 부활절이 찾아왔다. 그 부활절 전날 밤에 사건이 발생했다. 생후 7개월 된 아들이 갑자기 경기를 일으키더니 숨이 끊긴 것이었다. 부활절 설교를 준비하던 조동진은 조부모와 아내의 통곡 소리를 듣고 뒤늦게 달려갔다. 아들 웅천은 이미 숨이 끊긴 뒤였다. 조동진은 부활절에 '사망을 이기신 예수'를 설교할 참이었다.

부친에게서 아들을 넘겨받은 조동진은 "오늘만은 안 됩니다!"라고 오열하며 울부짖었다. "부활절 아침만은 살려 주셨다가 다시 데려가실지언정, 지금은 살려주세요!"라고 부르짖었다. 그러다 조동진마저 맥이 풀려 아들을 방바닥에 내려놓고 쓰러지고 말았다. 그런데 놀라운 일이 일어났다. 아기가 움직이기 시작한 것이다. 큰소리로 울기도 했다. 맥이 풀렸던 조동진은 기운을 내 아기를 다시 안았다. 온 가족은 한 몸처럼 부둥

켜안고 감사의 기도를 드리기 시작했다. 그 집의 부활절 새벽은 그렇게 밝아오고 있었다.

예배 시간이 되자 정미소를 예배당으로 쓰던 임시 예배 처소에 조동진이 흰 명주 두루마기 차림으로 나타났다. 구례읍교회 성도들이 훗날 말하기를, 그날 부활절 아침에 조동진 목사는 세상사람 같지 않았다고 한다. 아무도 그와 그의 아들에게 전날 밤 무슨 일이 일어났는지 알지 못했기 때문이다. 분명한 것은 그날 그의 부활절 설교에 특별한 힘이 있었다는 사실이다. 그날 조동진이 강단에 오를 때, 그의 손에는 예배 순서지도 며칠 동안 준비한 설교문도 들려 있지 않았다. 정신이 없었던 것이다. 그럼에도 불구하고 그날의 부활 설교는 큰 은혜를 끼친 것이 분명하다.

알고 보니 의사인 이 장로의 병원 조수가 토요일에 약을 조제할 때 실수를 한 것이었다. 디프테리아(Diphtheria) 약을 아기에게 4분의 1 크기로 넣어야 하는 건데 한 알을 통째로 넣었던 것이었다. 이 장로는 아기가 죽지 않고 살아난 것이 하나님의 은혜요 기적이라고 말했다.

은총문화협회출판사 대표가 되다

예배당이 건축되는 가운데 그 해 크리스마스가 다가오고 있었다. 조동진 목사는 그 무렵 인생을 바꾸는 편지 한 통을 받는다. 서울에서 대구로 피난한 총회신학교 교장 박형룡 박사의 편지였다. 기독교서회가 자유주의 신학자들의 손에 들어가 정통주의 보수신학도서 출판의 길이 막혔으니, 어서 속히 부산으로 와서 자기를 도와 기독교 도서 출판을 위한 조직을 만들어 달라는 부탁이었다.

1953년 새해가 밝았다. 원래는 창경호라는 배를 타고 부산으로 가기로 했으나 그 배에는 쌀이 가득 실려 있었다. 조동진은 다른 배를 타고 갔다. 정월의 남해 바람은 차고 사나웠다. 부두에 내려서야 창경호가 침몰했다는 소식을 알게 되었다. 구사일생이었다. 그는 바로 대구로 올라갔다. 총회신학교 부근에 선교사들이 쓰다 남긴 벽돌집이 은사 박형룡 박사의 사택이었다. 그곳에서 출판사의 이름을 정했다. 은총문화협회(Grace Literature Society). 영어 약자는 GLS였다.

출판사를 차릴 준비를 하느라 예정보다 늦은 1월 20일 구례에 돌아갔다. 창경호 침몰 소식을 들은 가족과 교인들은 조동진이 그 배를 타기로 했으므로 죽은 줄로 알고 있었다. 그런데 살아 돌아오니 반가웠는지 아버지는 그를 한참 동안 끌어 안으셨다고 한다. 그날은 아이젠하워(Eisenhower)가 미국 대통령으로 취임한 날이기도 했다. 아버지의 그 날 일기는 이러했다.

"오늘은 아이젠하워가 대통령에 취임하는 날이다. 세계 평화와 우리나라의 평화에 기여됨이 있기를 기도한다. 아들 조동진

무사 귀가하였다. 모든 근심 회고하니 불신의 죄, 죄송할 뿐이었다. 감사의 기도와 찬송을 드리다."

조동진의 지리산 사역은 1951년 8월부터 1953년 1월까지였다. 18개월이었지만, 그에게는 18년과 같았다.

조동진은 출판사를 위해 부산으로 돌아가고, 부친은 그 뒤 순천 노회의 요청으로 구례 곡성 지역의 전도사 사역을 하게 되었다. 부친은 1962년 12월 어머니가 심장병으로 세상을 떠나신 이듬해인 1963년 서울로 올라오실 때까지 10년 동안, 지리산 일대와 구례, 곡성, 순천 등의 연약한 교회들을 찾아다니며 헌신하셨다. 아들 조동진이 다하지 못한 지리산 사역을 대신 이은 것이다. 부친이 처음 사역을 시작한 곡성의 오지리교회는 장년 20명도 안 되던 교회였지만 한 해 만에 100명이 되기도 했다. 그 뒤 순천 바닷가의 대대교회가 부친을 담임 전도사로 청빙했다. 그 후 부친은 순천 노회 직영 고등성경학교를 설립하고 이사장이 되셨다. 학생들을 양성하기 시작하신 것이다. 그 덕에 대대교회에서는 여러 명의 목사가 태어났다. 우리가 지금 이름만 들어도 알 수 있는 인물들이었다. 김양수, 박종구(월간 목회 발행인), 서철원(총신대 교수) 등이었다.

기독공보사 편집국장이 되다

조동진은 1953년 2월 부산으로 갔다. 변변한 퇴직금도 전별
금도 없이 구례를 떠났다. 두 돌도 안 된 아들과 아내는 구례
의 사택에 비하면 턱없이 작고 불편한 생활을 시작해야 했다.
출판사 은총문화협회의 대표가 된 조동진은 첫 책으로 박형룡
박사의 설교집을 냈다. 애초 《표준성경주석》을 낼 계획이었으
나, 알고 보니 북장로교회 선교부가 약속한 주석 출판비가 총
회 종교교육부로 전해져 사용할 수 없었기 때문이었다. 박형룡
박사는 선교부의 처사가 못마땅했고, 조동진은 은총문화협회
의 앞날이 염려되었다.

박형룡은 조동진에게 또 다른 일을 맡겼다. 공석이 된 기독
공보사 편집국장 자리를 맡으라는 것이었다. 〈기독공보〉는 당
시 대한예수교장로회의 공식 기관지였고 국내 유일의 기독교
신문이었다. 작은 신문에 불과했지만 지리산에서 목회하던 28
세의 젊은 목사에겐 큰 직분이었다. 신학교 시절 학생회 문예
부장을 맡았고 평양신학교의 〈신학지남〉을 이은 〈신학정론〉을
남산 장로회신학교 학술기관지로서 창간할 때 편집장을 맡은
적이 있었다. 조동진은 신학교 시절 3년 동안 51인의 신앙동
지회 기관지 〈불기둥〉의 편집장이기도 했다. 이런 문필 활동을
눈여겨본 박형룡 박사가 그를 지리산에서 불러낸 것이었다.

조동진은 편집국장으로 부임하면서 과감히 지면을 쇄신했

다. 교회와 사회, 신앙과 신학, 세계 속의 기독교를 다루기도
했다. 당시 중앙일보(지금의 중앙일보가 아니다) 김경래 기자를 편집
부 기자로 채용했다. 그는 훗날 경향신문 편집국장을 지내고
기독 언론계의 주요 인물이 됐다. 조동진이 부산 대청동에서
기독공보를 편집하는 사이, 이승만 대통령은 1953년 6월 18일
2만 5천 명의 인민군 포로를 일방적으로 석방했다. 반공포로
라는 이유였다. 7월 27일 미국은 UN의 이름으로 휴전 협정에
서명했다. 김일성 주석은 인민군 최고사령관 이름으로 '정전
명령'을 내렸다. 휴전이 시작된 것이다.

지리산으로 간 목사

Mr. Mission, David Cho

평양으로 간 목사

2부

이 민족의 영혼들에게 봉사하리라

|

06

통일과 선교의 사명을 조화시킨 사람

조동진은 1991년과 1992년에 아내와 함께 평양과 신의주를 두 번 찾아갔다. 평양은 아내의 고향이었고 신의주는 부부가 성장한 동네였다. 그리고 1992년 5월, 두 번째 방문한 평양에서 눈물을 흘리던 아내는 미국으로 돌아간 지 다섯 달 만에 캘리포니아의 병원에서 숨을 거두었다. 직장암으로 몇 년을 시달리던 터였다. 사모는 조동진 목사가 선교훈련센터로 쓰려고 마련했던 경기도 화성 '바울의 집' 언덕에 안장되었다.

조동진은 아내 사후에도 여섯 번 더 북녘 땅을 찾았다. 그가 북한을 드나든 횟수는 상당히 많은 편이다. 1946년 2월 북한을 떠난 지 44년 만인 1989년 1월에 처음 북한을 방문한 것을 시작으로, 그가 기억하는 북한 방문 횟수는 24회에 달한다. 그것은 1978년 가을, 통일의 길을 이어 가기 위해 사역하던 후암교회 담임목사 직을 내려놓고 교회 밖으로 나선 결과이기도 했다. 그것은 또한, 북한에서 태어나 해방과 통일을 위해 사시다 먼저 가신 부친의 유업을 잇는 일이기도 했다.

필자는 조동진 목사만큼 '통일과 선교의 꿈과 사명을 조화시킨 분이 또 있을까?' 하는 생각을 종종 한다. 그것은 중앙아시아 땅에서 20년 동안 만났던 농아들과의 첫사랑을 뒤로하고 북한 사역으로 이어진 필자의 사역 여정으로 볼 때 결코 흘려보낼 수 없는 모험이기 때문이다. 조동진의 삶을 정리하고 반추하는 것은 크게 보면 이 땅의 통일을 위한 것이지만, 개인적으로는 하나님이 필자를 부르신 삶에 충성하기 위해 조동진이 걸어온 길에서 배울 것이 많기 때문이라고 생각한다.

조동진의 부친, 조상항 선생의 독립운동

이 책에서 조동진의 부친을 먼저 설명하지 않고 조동진의 사상적 배경을 말하기는 불가능하다. 1892년 평북 의주에서 태어난 부친 조상항 선생은 생후 2년 반 만에 청나라와 일본이 조선 땅에서 싸움을 하는 상황에서 어머니 품에 안겨 피난을 다녀야 했다. 그 피난의 삶은 일제시대와 6·25전쟁을 전후하기까지 이어졌다.

부친은 열두 살이던 1904년에 러시아와 일본이 전쟁을 벌이는 것을 목도하면서, 타국 군대가 이 땅을 유린하는 걸 못 본 척하며 구차하게 살아갈 수는 없다고 생각했다. 그래서 이듬해 신학문을 가르치는 학교에 스스로 입학했고, 그것이 교회로 인도받아 예수를 믿는 계기가 되었다.

부친은 14세이던 양실학교 학생 시절, 태극기와 일장기를 동시에 들고 평안도를 순례하던 이등박문과 대한제국 황제 융희를 환영하라는 명령을 거부하여 구타와 퇴학 처분을 당했다. 당시 양실학교 교감 최광옥이 새로 설립한 대성학교에 그를 입학시켰는데, 대성학교는 최광옥과 이승훈과 더불어 신민회를 조직한 안창호가 세운 학교였다. 부친은 훗날 신민회 사건과 105인 사건의 학생 주모자 중 한 사람으로 지목돼 체포되었다. 1910년에는 데라우찌 총독 암살 음모 혐의로 또 다시 체포돼 서대문 감옥에서 8개월간 고문과 심문을 당했다.

훗날 부친에게 정부는 훈장 수여를 제안했으나, 통일을 이루지 못한 비민주적 정권으로부터 상과 보상금을 받기를 거부했다고 한다. 박정희 군사정권이 정통성을 강조하기 위한 정략으로 독립운동 공로자에게 수훈 등록을 시도했을 때, 엉터리 독립운동꾼들이 등록되는 것을 개탄하기도 하셨다. 그러면서 정작 본인은 "대한민국 임시정부 김구 주석이 시해된 나라에서 나에게 수훈이 웬말이냐"라며 거절하신 것이다. 조동진의 부친은 1907년 14세 소년 시절부터 말년에 이르기까지, 언제나 민족 해방과 독립운동의 최전선에 서 있었던 것이다.

부친의 사상은 첫째, 도산 안창호 선생의 무실(務實), 역행(力行), 충의(忠義), 용감(勇敢), 네 가지 인격 덕목에서 출발했다. 그 사상은 아들 조동진에게 그대로 이어졌을 것이다. 둘째는 단재 신채호 선생의 무력투쟁 독립운동 이론이었다. 셋째는 윤산온이라는 우리말 이름을 가진 장로교 선교사 조지 매큔(George McCune)에게 받은 기독교 신앙이었다. 매큔은 애국심과 신앙, 민족애와 인류애가 상반되지 않는다고 가르쳤다. 부친은 그런 점에서 언더우드(H. G. Underwood) 선교사를 비판하였는데, 부친에게 인종차별주의자로 비친 탓이었다. 그것은 대면하여 경험한 데서 나온 것이었다. 하루는 수업 중에 걸려온 전화를 부친이 받게 됐는데, 언더우드가 부친이 건네준 수화기를 손수건으로 닦은 후 오만한 태도로 받더라는 것이다. 부친은 그 자리에서 "조선인의 손에는 똥이 묻었느냐?"며 전화통을 빼앗아 집어던졌다고 한다. 부친은 이외에도 다양한 삶의 기록을 회고록에 많이 남겼고, 아들 조동진에게 종종 들려주셨다고 한다.

부친은 1907년 14세 소년 시절부터 1922년 29세에 풀려나기까지 약 15년 동안 구금과 고문을 수없이 받았다. 1919년에는 나가사키의 한 형무소에서 열병에 걸려 죽은 것으로 간주돼 시체실에 버려졌다가 극적으로 살아나기도 하였다. 부친은 성경에서 중요한 장과 절을 거의 암송하고 계셨다. 6년 간 나가사키 옥중에 있는 동안 성경을 수없이 읽었기 때문이었다. 훗날 손주들은 잠들기 전에 할아버지 앞에서 무릎을 꿇고 로

마서의 한 장을 암송해야 했다고 한다. 조동진은 이러한 부친에게서 민족과 신앙에 대해 배운 것이다. 민족의 교회가 애국심과 민족의식의 토대 위에 세워진 것이라는 말씀을 수도 없이 들어야 했다. 부친의 친구들은 모두 한국 기독교의 초대 지도자들이었다. 백낙준 박사는 선천 신성중학교 동기였고, 박형룡 박사는 그 학교의 2년 후배였다.

부친은 교육을 통한 독립운동을 꿈꾸셨다. 출옥 후 교회 중심으로 민족 학교를 설립하기를 바랐다. 그러나 일제가 그것을 쉽게 허락할 리 없었다. 1924년 일제가 설립한 양광 공립 보통학교로 유배나 다름없는 발령을 내린다. 압록강변의 독립군과 만나지도 못하게 한 것이다. 조동진은 그 무렵에 태어났다. 그리고 100일도 채 지나지 않아 전북 부안으로 다시 유배 같은 발령을 받았다. 어처구니없게도 과수원 지배인 자리였다.

해방이 될 때까지 아버지는 뜨내기처럼 전국을 떠돌았다고 한다. 조동진은 보통학교를 네 번이나 옮겨 다녔다. 명문 고등학교로 진학하고 싶었으나 독립운동 전력이 있는 사람의 아들에게는 길이 열리지 않았다. 결국 일본인 학교인 광주상업학교를 졸업하고 한때 은행원으로 일했다. 그의 성장기는 자연스럽게 실향민 신세로 보내야 했다. 박탈감 속에서 미래가 없는 나날의 연속이었다.

미완의 해방과 목사 후보생

1943년부터 일제가 칡즙으로 비행기 연료를 삼겠다고 어린이에게까지 통학 길에 하루 한 짐씩 칡넝쿨을 지고 오게끔 했다. 이른바 칡넝쿨 공출이라는 것이었다. 그때 조동진은 평북 의주군 고관국민학교 훈도(교사)였다. 그는 자기 반 학생에게는 칡넝쿨도 솔깡(송진이 많이 엉긴 소나무의 가지나 옹이의 평북 방언)도 따지못하게 했다. 일본 교장이 그를 부정한 조선인이라며 힐난하자 "천황 폐하의 부르심을 입어 곧 충성스런 황군이 될 나에게 부정선인(不淨鮮人)이라니!"라며 대들기도 했다. 그는 곧 군대에 끌려갈 1924년 갑자생이었다. 강제로 징용당하는 최초의 연령대였던 것이다. 학교 훈도로 일하고 있었으나 언제 징병될지 모르는 신세였다. 그러니 두려울 것이 없었는지도 모른다.

하루는 교장이 "일요일은 없어진다"고 선언했다. 그를 교회에 가지 못하게 하려는 훼방이었다. 당시 일제는 어떻게든 조선 민족의 사상 통제를 강화해 일본의 전쟁 배후에서 민족 봉기를 원천 봉쇄하려 힘쓰고 있었다. 사상적으로 의심되는 사람들이 교회에 모이는 걸 방해했던 것이다. 동방요배, 창씨개명 등 각종 탄압이 이어졌다. 이럴 때 일제에 굴복한 교회 지도자도 많았지만 죽음으로 신앙을 지킨 이도 있었다.

이런 와중에 해방의 기운이 무르익고 있었다. 1941년 일제가 미국에 선전포고를 하고 1943년 3월에는 징병제를 공포했지만, 부친은 철저한 민족주의 기독교 신봉자로서 조국 광복과 민족의 해방을 확신하며 암암리에 해방을 준비하고 있었다. 1910년 신민회를 조직한 동지들과 추종자들을 규합하여 비밀리에 임시정부 환국을 위한 건국준비위원회를 조직하셨다고 한다. 그러나 부친이 중심이 된 평안북도 건국준비위원회는 1945년 8월 소련군이 대일 선전포고를 한 뒤, 훗날 소련군에 의해 해산되고 만다.

해방 후 부친이 더욱 낙담한 것은 남한의 국군이 일본군과 일제의 앞잡이였던 관동군 출신 고급 장교를 중심으로 창설된 일이었다. 광복군 출신은 수적으로 열세였다. 그 꼴을 본 부친은 아들 조동진이 국방 경비대에 들어가 장교가 되기를 바랐다. 그러나 국방 경비대가 어떻게 창설되고 있는지 부친에게 들었던 조동진으로서는 합류하기 싫었다.

조동진이 맞이한 해방은 결과적으로 미완의 해방일 수밖에 없었다. 전쟁에 진 일본은 독일처럼 두 동강이 날 수 없다며, 오히려 조선 반도를 소련과 미국이 갈라 먹도록 한 것이다. 나라는 망했지만 피해는 조선이 당하도록 한 셈이었다. 소련으로서는 한반도의 북반부를 가지는 것이 일본 섬의 북반부를 가지는 것보다 훨씬 유리했다. 미국은 일본의 간계에 넘어갔고 전쟁 마지막 순간에 뛰어든 소련에게 속았다. 40년이나 주권을 빼앗겼던 조선을 분단 점령하는 데 동의한 것이다.

미 군정청은 일본의 건의대로 해방된 조선을 조선 총독부의 연장선상에서 운영하기로 했다. 부친은 이것이 안타까웠으나 어찌할 힘도 방도도 없었다. 일제는 비록 우리 땅에서 물러갔지만, 군과 경찰과 관료와 정당들 속에서 우익이라는 미명하에, 친일 세력이 둥지를 트도록 하는 데 성공한 것이었다. 조동진은 이에 대해, 일제는 그들의 주구들을 조선 민족 분열의 하수인 집단으로 만들어놓고, 말하자면 다시 이 땅을 넘나들 거점을 확보해놓고 잠시 돌아갔을 뿐이라고 인식한다.

반면, 북한을 점령한 소련군은 친일파를 철저히 제거했다. 그 빈 자리를 공산당이 차지했다. 그러나 항일 유격대 활동으로 영웅시 되던 김일성 장군이 정통성을 확립하기까지 국내파 공산당과 소련파 공산당과 김일성의 갑산파 사이의 정치적 분열은 남한의 그것과 별반 다르지 않았다. 조동진은 그 상황에서 숙청 대상이 됐다. 해방 이듬해 2월, 학교 선생 직을 그만두고 목사 후보생이 될 준비를 하던 조동진은 교회 지도자들로부터 서울의 조선신학교로 갈 것을 권유받는다.

김구의 질문에 답한 조동진의 꿈

해방 후 서울에는 미 군정의 수하 노릇을 하는 목사들이 많았다. 부친 조상항 선생은 그들이 민족 교회 재건과 나라의 독립과 통일에 힘쓰기보다 미 군정의 앞잡이 노릇이나 하는 것이 안타까웠다. 목사들이 독립군 사냥꾼들로 구성된 경찰과 국방경비대와 나란히 앉아 관리 노릇을 하는 것에 분통을 터뜨리기도 하셨다. 미 군정은 민족 반역자들을 조선 사람을 잘 다룰 줄 아는 유능한 관리라고 인식했다. 하지만 그들은 일본말 밖에 할 줄 몰랐다. 영어를 잘하는 이들은 주로 미국에서 공부한 목사들이었고 미국 출신 지식인들이었다. 그들이 미군과 일본 관리 출신 사이에서 통역관 역할을 한 셈이었다. 그러니 그 중에는 민족 반역의 길을 걸어왔을 뿐 아니라 민족 교회 말살의 도구가 된 일제 말기의 친일 목사들이 끼어들 수밖에 없었다. 그들의 변신은 그렇게 이뤄졌고, 조동진 가문의 눈으로는 차마 볼 수 없는 꼴이었다. 친일하던 자들이 해방 후에는 친미로 바뀐 것뿐이었다.

사실 미국 정부는 전쟁이 끝난 후에도 조선 반도에 대한 특별한 정책이 없었다고 조동진은 보고 있었다. 이승만이 40년간 미국에 망명해 있었지만 미국은 그에 대해 아는 바가 별로 없었다. 그렇다고 중국에 망명해 있던 대한민국 임시정부에 대해서도 아는 바가 적었다.

서울에 진주한 하지 중장(General J. R. Hodge)은 시민들이 임시정부에 대한 민족적 지지를 하고 있다고 느꼈으나, 미국 정부는 인지하지 못했다. 하지 중장도 "조선 사람들이 만든 정부가 들어와야 한다"고 미 정부에 건의할 용기는 없었다. 1945년 10월 귀국한 이승만이 '대동단결'을 외쳤으나, 원칙 없는 단결이라는 비난을 미국과 국내 좌익 세력에게서 함께 받았다. 이는 오히려 친일 세력과 봉건 잔재가 단결하는 근거가 됐고, 좌익 세력과 항일 투쟁 세력이 제외되는 결과를 낳는다.

이승만은 귀국하면서 자신의 신분이 대한민국 임시정부 주미 전권 특명 수석대표라고 했으나, 한국 안에 아는 사람도 없었고 누가 친일 부역을 했는지도 알지 못했다. 그러자 민족주의 애국자로 위장한 친일 부역자들이 주축이 된 한국민주당(한민당)이 이승만을 옹립하려 하였다. 김구 선생이 이런 와중에 귀국하게 되는데, 김구의 세력을 막으려던 한민당은 임시정부 각료들이 개인 자격으로 환국하도록 하고, 진보적인 인사들은 뒤늦게 들어오도록 했던 것이다.

조동진은 이때 28세의 젊은 나이로 김구 주석을 만나게 된다. 당시 은행에서 근무 중이던 조동진을 부친이 불러내 성모병원에 입원 중이던 김구 선생을 만나게 했다. 그때 만난 김구 주석이 큰 사자 같았다고 조동진은 기억한다. 김구는 조동진에게 이름과 나이를 먼저 묻더니 장래의 계획을 물었다. 조동진은 대답했다.

"목사가 되어 이 민족의 영혼들을 위하여 봉사하려고 신학교에 가겠습니다."

조동진은 그때 자신의 손을 꽉 잡아 주시던 김구 주석의 모습과 체온을 잊지 못한다. 고개를 끄덕이며 장한 결심을 했다고 격려하셨다고 한다. 그리고 엽서만한 자신의 사진을 선물하였다.

부친은 김구 주석을 만나고 나오는 길에, 아들에게 이렇게 말씀하셨다고 한다.

"네가 신학교에 가겠다는 것을 이제는 반대하지 않는다. 부귀나 공명을 탐하는 소인이 되겠다는 것도 아닌데 내가 굳이 반대한 것은, 잃었던 나라를 찾아서 다시 세우는 일을 위해, 네가 내 뒤를 따라 주길 바래서였다. 이 나라에 할 일이 아무리 많아도 너는 '그의 나라'를 준비하는 것이 좋겠다."

성벽을 재건하는 느헤미야의 심정으로

|

07

해방된 조국에서 사형수가 된 아버지

1946년이 되자 미국과 소련의 한반도에서의 정치 경쟁은 더 치열해졌다. 북에서는 북조선 인민위원회가 발족하고, 서울의 미 군정청에서는 남조선(대한민국대표) 민주의원을 구성했다. 의장에 이승만, 부의장에 김구 주석을 선출하면서 임시정부 세력을 포용하는 듯했다. 그런데 소련이 서둘러 시작한 미소공동위원회는 신탁통치 결의를 기정사실화하려 했다. 미국은 먼저 제안한 신탁통치를 철회하지 못하고 한민당 같은 신탁통치 지지 세력을 미소공동위원회에 참석시키려 했다. 반대했던 세력은 공동위원회에 참석하지 못했다. 부친은 이때 '대한독립 촉성국민회' 활동을 하고 계셨다. 김구 주석과 이승만 등이 전국을 돌며 정치 활동을 하기 위해 만든 조직이었다.

해방 후 미 군정 치하의 혼란기를 더 자세히 쓰기에는 한계가 있다. 다만 김구 주석이 암살되기까지, 조동진의 부친이 이 와중에 억울하게 감옥에 가게 된 사연까지는 설명할 필요가 있겠다.

한민당의 정치부장 장덕수는 백범 김구 주석의 고향 제자이다. 그는 한민당이 미소공동위원회에 참가하는 것을 반대했다. 신탁통치를 반대하는 입장이었다. 당내에서 그의 정적은 같은 동아일보 편집 간부 출신인 김준연이었다. 장덕수는 수시로 경교장을 방문해 김구 주석에게 한민당의 속사정을 알려주곤 했다. 말하자면 김구의 한독당과 내통하는 셈이었다. 경무부장 조병옥은 수도경찰청장 장택상을 통해 이 움직임을 잘 알고 있었다. 김준연과 장택상은 이승만과 장덕수가 밀접한 관계이므로 당장은 어찌하지 못하고 있었다. 김준연은 김구 주석과 대한독립 촉성국민회의 조직부장, 곧 조동진의 부친인 조상항 선생 등을 제거하면 이승만의 단독 선거 주장을 반대하는 세력을 궤멸시킬 수 있을 것이라고 믿었던 것이다. 장덕수는 김준연의 속셈을 잘 알고 있었다.

1947년 12월 2일, 그 전날 김구를 만나고 온 장덕수의 집에 종로경찰서 정복을 입은 경관이 찾아왔다. 그 경관이 장덕수를 쏴 죽였다. 책임은 수도 경찰청장 장택상에게 물어야 할 일이었다. 그런데 도리어 장택상이 수사를 지휘하더니 엉뚱하게도 "이번 범행은 임시정부 한독당 계열 김구 주석 추종 세력인 대한독립 촉성국민회 본부 간부들이 사주한 것"이라고 발표하면서 총무부장 김석황과 조상항 등을 체포한 것이다. 언론은 장덕수 살해의 배후가 한독당 계열이라고 발표했다. 황당한 조작이었다. 한민당 계열의 민족 분열 계략의 결과, 1910년 일제에 나라를 빼앗기고 패망하던 날까지 옥살이와 유배의 삶을 살아온 조동진의 부친은 해방된 조국에서도 친일파와 반민족 세력의 음모에 걸려 1948년 4월에 사형수가 되고 말았다. 조동진은 죄 없는 사형수의 아들이 되고 만 것이다. 조동진이 부친의 사형 언도를 받는 모습을 지켜본 때는 23세의 신학생 신분이었다. 그 후 부친은 6·25의 혼란중에 출옥하셨고, 1951년부터 1979년 12월 8일 소천하기까지 조동진이 모시고 살았다.

바벨론 포로에서 돌아온 이스라엘 상황을 닮은 한민족

조동진은 해방된 조국을 바벨론 포로에서 돌아와 무너진 성벽을 재건하고 성전을 회복하던 이스라엘의 상황과 절묘하게 비교했다. 해방된 대한 조국에는 산발랏과 도비야만 있고, 에스라와 느헤미냐는 없었다고 지적한다. 스가랴도 스룹바벨도 없었다고 했다.

그의 부친 조상항 선생을 비롯해 김구 주석과 같은 순수한 민족애국주의자는 있었으나, 이승만 같은 무리는 삼일운동에 참가하지도 않고 오히려 진정한 독립운동가를 배반하기를 일

삼았으며, 해방된 조국에서 통일 정권을 이루려고 노력하기는 커녕 반쪽이 된 남한에서라도 정권을 잡으려 혈안이 된 사람들이라고 꼬집었다. 그런 사람들이 정략적으로 미국을 사주하여, 급기야 백범 김구를 지지하는 세력을 없애기 위해 부친에게 사형 언도를 받도록 한 것이었다. 깨어 있어야 할 목사들은 오히려 그런 정권과 미 군정 아래에서 부역한 꼴이 되고 말았다. 그들은 사실상 일제시대에 일본에 부역하며 신사 참배도 마다 않던 이들이었고, 그 계보(!)를 잇는 이들이기도 했을 것이다. 그런 마당에 에스라와 느헤미야, 스가랴와 스룹바벨과 같은 이들이 있었다 해도 해방된 조국에서는 아무런 힘을 쓸 수 없었을 것이다. 실로 안타까운 일이다.

조동진은 회고록에서 이승만과 장택상 같은 이들이 어떻게 김구 주석을 몰아내려 힘썼으며, 그 결과 그의 아버지가 억울하게 미 군정 재판부에 의해 사형을 받게 된 과정을 구체적으로 서술하고 있다. 부친이 미 군정 형무소에서 받은 고문과 폭력은 일제 때 받은 것보다 더 심했다고 한다. 일본은 결정적인 상황이 아니면 고문할 때도 급소는 먼저 가격하지 않았지만, 미군은 "한민당 정권이 그래도 된다고 했다"며 부친을 비롯한 사형수들을 무자비하게 구타하며 고문했다.

해방 후 이승만이 정권을 잡고 김구 주석과 그를 추종한 이들이 죽음을 당하거나 고초를 겪고 밀려난 과정을 여기서 더 구체적으로 기술하지는 않으려 한다. 이승만이 결국 김구 주석을 배반했다는 것, 오직 정권만 탐했다는 것, 그 결과 전쟁이 일어나도 녹음된 방송으로 시민을 우롱하고 가장 먼저 남쪽으로 피난을 가버렸다는 것은 그와 그 일당의 속성일 뿐이었다.

서울은 결국 산발랏과 도비야의 활동 무대로 전락했다고 조동진은 통탄했다. 해방 후의 남쪽 교회는 대한민국 임시정부 주석을 시해한 배후로 지탄받는 이승만을 건국의 국부로 치켜올렸고 정동교회의 장로로 임직시켰다. 이 땅의 군대는 도비야의 파당 같았고 경찰은 산발랏 같았다. 멀쩡한 사람이라도 자기 말을 안 들으면 공산당으로 몰았다. 그러면 모든 것이 그만이었다.

느헤미야는 낮에는 성벽을 재건하고 밤에는 보초를 서며 성벽을 재건했다. 그러나 이 조국에서는 그런 일조차 할 수 없었다. 산발랏과 도비야 같은 이들에 의해 유린당하고 더욱 처참해질 뿐이었다. 무책임한 자들이 통치한 조국은 무방비 상태에서 북의 침략에 저항하지 못했고, 남북 분단의 고통은 반세기 넘게 지속되어버린 것이다.

이 땅에는 스룹바벨과 느헤미야처럼 무너져버린 국가를 재건하고 기독교를 민족의 종교로 다시 세울 뛰어난 민족 지도자가 없었다. 아니, 있을 수가 없었다. 민족 반역자들이 그런 애국지사들을 모두 투옥하고 학대하고 멸시하고 제거해버렸기 때문이다. 그것이 조동진이 본 한국의 격변기 근대사였다.

조동진은 평생 목회와 선교를 하면서 55세가 된 1978년에는 후암교회를 완전히 떠나기도 했다. 제도로서의 울타리 안에 가두는 전통적 교회 구조에서 일찌감치 탈출한 것이다. 그리고 민족을 위한 교회, 세계를 위한 교회를 외쳤다. 민족의 고난에 동참하는 교회, 잘못된 역사에 짓밟힌 피지배 민족에게 자유에 이르는 진리를 선포하는 평화 선교 운동을 제창했다. 왜 그랬을까? 그가 눈으로 보고 몸으로 체험한 이 땅의 현실 때문이었을 것이다. 정치에 환멸을 느꼈기 때문이기도 했겠지만, 그 보다 큰 가치와 진정으로 민족과 조국을 위하는 길을 복음적 평화 선교 운동에서 찾았기 때문이라고 생각한다. 그로 하여금 평생 우리 민족과 이방 민족의 해방을 위해 살게 한 힘은 다름 아니라 그의 부친의 영성과 주님께 받은 성령이었다.

주의 영은 그로 하여금 세계적 평화의 가치, 곧 복음을 세상에 전하도록 하셨다. 특히 산발랏과 도비야 같은 이들이 남과 북으로 갈라놓은 이 땅을 다시 살리고, 통일을 모색하고자 북한에 복음을 심고 화해의 길을 모색하도록 쓰임 받은 것이다.

서대문교회 설립에 참여하다

조동진은 해방 후 서울 중심부에 서대문교회와 옥인교회를 설립하는 일에 직간접으로 관련이 깊다. 서대문교회 설립은 부친이 수감돼 있던 서대문형무소에 자주 출입한 일이 계기가 됐다. 그는 1948년 5월에서 1949년 7월까지 부친이 수감되어 계시던 서대문형무소로 면회를 다니는 일과, 남산에 평양신학원을 대신할 장로회신학교를 설립하는 장로교 지도자들을 돕는 일을 하고 있었다. 서대문형무소에는 박창건 목사가 형무소 목사로 봉사하고 있었는데, 부친을 면회할 때 박창건 목사가 도움을 주었다. 그는 마침 교무과장이기도 했고 직원들도 대부분 기독교인이었다. 부친과 비슷한 연배인 박창건 목사는 부친과 더불어 건국과 민족의 운명에 대한 대화를 나누곤 했다. 그가 조동진에게 서대문형무소 부근에 교회가 없다는 사실을 말하면서, 교회를 개척하려 하니 함께할 것을 제안한 것이다.

형무소 인근의 문 장로 집에서 시작한 서대문교회에는 얼마 안 가 수십 명의 교인이 모여들었다. 조동진은 새문안교회의 박 장로에게 가서, 그가 운영하는 인근의 학원 건물을 주일에 교회가 사용할 수 있도록 요청했다. 서대문형무소에서 500미터 밖에 안 되는 곳이었다. 형무소의 박창건 목사가 담임이 되고 조동진은 전도사로서 목회를 도왔다. 그는 지리산으로 갈 때까지 서대문교회를 섬겼다.

당시 정부는 이승만이 타고 앉아 있었다. 그러나 임시정부 국무위원이었던 신익희를 의장으로 하는 국회는 여전히 김구주석의 영향 아래 있었다. 국회는 이승만 수하에 모인 친일 반민족 무리를 처단하려는 '민족 반역자 처단 특별위원회'를 설치했다. 이승만으로서는 불안하고 초조할 수밖에 없었다. 김구 주석은 1948년 5월 10일 남조선 단독 선거가 있기 나흘 전에 이미 단독 선거, 미소 양군 철수, 전 민족 단결 등을 주장하는 성명서를 발표한 바 있었다. 그리고 9월 9일, 북한의 김일성은 조선 민주주의 인민공화국 수립을 선포했다. 김구 주석은 그런 마당에서도 서울에서 10월 17일에 통일을 위한 남북 협상을 하자고 다시 성명서를 발표했다. 김구 주석은 끝까지 통일을 향한 노력을 멈추지 않은 것이다. 그리고 3일 만에 여수 순천 반란사건이 일어났다.

이승만은 김구 선생의 잇따른 성명서 발표가 불편했다. 국회가 반민족 처단을 위한 위원회의 반민족 행위 처벌 법안과 특별위원회 개설안을 가결했음에도 불구하고, 반민족 행위의 처단은 시기상조라는 어이없는 말을 하며 국무회의에서 국회 결의를 거부했다. 반민족 행위 처단 법안이 삼권 분립에 배치되는 사법권 침해라는 억지 주장을 펴기도 했다. 그런 와중에도 특별위원회 검찰부는 반민족 행위자들을 체포하기 시작했다. 특히 조상항 선생을 포함한 김구 주석의 임시정부 추대 세력을 체포하고 고문으로 허위 진술서를 쓰도록 하여 사형을 받게 만든 노덕술이 1949년 1월에 체포되었다. 그러자 이승만은 반민특위 의장을 경무대로 불러 노덕술을 석방하라고 명령하기도 했다.

이승만은 노덕술을 미 군정 경찰에서 치안 확보에 공을 세운 애국자로 추켜세웠다. 그러나 반민특위는 이승만의 명령을 거부했다. 그러자 그해 6월 6일 반민족 경찰의 두목인 장경근 내무차관이 직접 무술 경관들을 동원하여 반민특위 본부를 습격하게 했다. 이승만은 급기야 김구 주석을 따르는 세력을 모두 축출하기 위해 공산당 국회 첩자 사건을 조작하게 했다. 그 결과 국회 부의장 김약수를 비롯한 반민특위 위원 일곱 명이 체포되었다. 노덕술을 비롯한 그 일당은 반민특위 간부들과 국회의장 신익희 등을 암살하려다 발각돼 체포되었음에도 불구하고 풀려났다. 이제 이승만이 제거할 대상은 김구 주석만 남은 것이었다. 반민특위가 해체된 지 20일 만에, 이승만이 국회를 위협하는 특별 담화가 발표된 지 15일 만에, 그리고 소장파 국회의원들이 공산당 국회 첩자라는 누명을 쓰고 체포된 지 4일 만에, 육군 소위 안두희는 김구 주석에게 총을 쏘았다.

조동진은 증거한다. 해방 후 오늘까지의 모든 분단 논리는 친일파들의 기득권과 잔재 유지를 위한 허구적 논리라고!

김구 주석이 친일 민족 분열주의 세력의 앞잡이 손에 시해된 다음날, 조동진은 서대문형무소에 부친의 면회를 신청했다. 부친과 조동진과 박창건 목사는 함께 손과 머리를 맞대고 대성통곡을 했다고 한다. 아침 열 시에 형무소를 찾은 조동진은 오후 다섯 시를 넘겨 형무소를 나왔다. 그리고 곧바로 아침 저녁으로 엎드려 기도하던 서대문교회의 강대상 앞으로 갔다. 그 날 밤새 울며 조선 한반도 땅에 하나님의 나라가 세워지기를 간절히 기도했다.

기독교 방송국 설립을 위해 이승만을 만나다

1953년 7월 27일 휴전(정전) 협정으로 국토 분단과 민족 분열이 고착되고 만다. 다음 달 8월 15일 부산에 있던 정부는 서울로 환도했고 국회는 그보다 한 달 후인 9월 17일에 서울로 갔다. 그 무렵 조동진이 이승만을 만날 일이 생겼다. 대한민국 정부나 국회의 운명이 사실상 주한 미국 대사관과 미군 사령관에게 달려 있던 때였다.

당시 28세였던 조동진은 당시 한국 유일의 기독교 신문이었던 기독공보의 편집국장이었다. 그 덕에 여러 가지 외신 보도를 직접 접할 수 있었다. 부산 수영 비행장을 드나드는 세계 각국의 지도자들을 취재하면서 한반도 바깥의 세계가 어떻게 움직이는지 조금 먼저 알 수 있었다. 그러면서 미국과 영국 같은 나라가 우리나라를 어떻게 생각하는지도 알게 된다. 미국이 전쟁 전후로 이승만 대통령을 귀찮게 여기고 있다는 사실도 알게 되었다. 이승만이 측은하게 여겨질 정도였다. 아니, 대통령조차 하찮게 취급 받는 우리나라 현실이 측은했다.

당시 이승만은 대통령 자리에 앉아 있었으나, 원래부터 미군의 장교 신분으로 귀국했던 이승만은 미군의 감시 아래 있었다. 그런 판국에 휴전 반대, 북진 통일, 반공포로 석방 같은 주장을 했으니 미국 입장에서는 반란으로 비쳤을 것이다. 민족입장에서나 미국 입장에서나 이승만은 실패한 대통령이었다.

더구나 나라는 전쟁으로 말미암아 해방 후보다 더 피폐해지고 있었다.

조동진은 하지 장군이 "조선 사람은 일본 사람과 똑같은 도둑 고양이로 길들여졌기 때문에 조선 사람을 패전국의 원수로 취급해야 한다"고 미 국방성에 비밀 보고서를 보낸 사실도 알게 되었다. 억울하기 짝이 없는 보고였다. 이래 저래, 조동진은 근본적으로 미국을 신뢰하지 못하게 되었다.

미국은 이미 전쟁이 일어나기 1년 전에, 여차하면 미군을 통해 한국 정부를 접수할 계획을 세우고 있었다. 한국군이 UN군 사령관의 지휘권을 거부할 경우, 독자적인 행동을 취할 경우, 그리고 한국군과 민간인이 UN군에 대적할 경우에는 미군이 한국 정부를 접수할 뿐 아니라 이승만 대통령과 정치 지도자를 모두 축출하고, 정일권을 포함해 미국의 봉급을 받는 한국군의 지휘관들에게 군사정권을 맡긴다는 비밀 계획 문서를 본 것이다. 사실상 이승만은 미국의 눈에 허수아비 같은 존재로 전락하고 있었던 것이다. 나라꼴도 사실 그랬다. 그런 와중에 조동진이 이승만을 만나게 된 계기는 특별했다.

휴전 협정이 체결될 무렵, 부산을 통해 미국의 여러 선교 단체들이 찾아오기 시작했다. 그들 대부분을 기자 자격으로 인터뷰했던 조동진은 어느 날 새문안교회 허봉학 장로 집에서 미국 복음주의 동맹선교회(TEAM)에서 온 두 선교사를 인터뷰했다. 그 중 발 갈필드(William Garfield)는 지금의 '생명의말씀사'가

된 기독 출판사를 설립했다. 그리고 톰 왓슨(Tom Watson)은 복음 방송국을 설립하려고 했다. 지금의 극동방송이다. 조동진은 문화 선교 사업이라 할 출판사와 방송국 설립을 돕기로 마음먹었다.

톰 왓슨은 처음엔 밥 존스 대학(Bob Jones University) 동창인 강태국 목사의 도움을 받으려 했다. 강 목사는 같은 대학 출신인 임영신을 통해 그의 지인인 윤치영을 내세워 방송국 허가를 받으려 했다. 그러나 그들의 계획은 쉽게 이뤄지지 않았다. 전쟁이 일어나기 전에 한국 기독교 협의회가 신청한 기독교 방송국(지금의 CBS)도 허가를 받지 못한 상태였기 때문이다.

조동진이 이들을 도와 방송국 설립 허가를 위해 힘쓰기로 마음먹은 이유는 복음 방송 설립이라는 큰 뜻 말고도 더 있었다. 그것은 복음 방송이 미국 국방성과 국무성이 주한 미군과 함께 꾸미고 있는 국제적 음모에 찬물을 끼얹을 수단이 될 거라고 본 것이었다. 조동진은 국회 외무 분과 위원장으로 있던 기독공보사 부사장 황성수 씨를 통해 이승만 대통령을 직접 설득하기로 했다. 마침 황성수 외무위원장은 '미국의 소리' 방송의 일본어 아나운서 출신이었다. 미국에 있을 때 그의 꿈은 한국에 돌아가 민간 복음 방송국을 세우는 것이었다.

조동진은 이승만을 인정할 수 없었지만, 대통령으로 재임하고 있는 그를 통해 복음 방송을 세워야 하므로 어쩔 수 없이 지혜를 짜냈다. 이승만조차 동의할 수밖에 없는 이유가 있어야 했기 때문이다. 조동진은 황성수 외무위원장과 톰 왓슨이 함께 만나 머리를 맞대고 의논했다. 조동진은 황성수와 톰 왓슨과 더불어 경무대를 찾아가 이런 말을 전했다.

"한반도에 대한 미국의 음모는 미군이 아무리 많이 주둔해 있어도 우리나라에 안전을 약속하는 것은 아니다. 강력한 출력을 가진 복음 방송이 한반도의 제주도 남쪽 오키나와와 대만까지 퍼지고, 북으로는 대동강 저편 압록강과 두만강을 넘어 중국의 만주 땅과 소련의 시베리아까지 퍼져 나갈 수 있다는 것은, 사고뭉이 미군 몇 만 명이 이 땅에 남아 대통령에게만 아니라 모든 시민을 불안하게 하는 것보다 몇 배 강한 하나님 나라 군대가 될 것이라고 생각한다."

복음 방송이 주한 미군 몇 사단보다 나라를 지킬 수 있는 훨씬 강한 영적 무기라는 취지였다. 이 방송은 한국 기독교 연합회가 추진하는 기독교방송 설립 계획과 근본적으로 다르다고 차별성을 주장했다.

일은 생각보다 훨씬 쉽게 일사천리로 진행되었다. 마침내 중파(AM) 방송 호출 부호 HLKX 설립 허가를 받았다. 오늘날의 극동방송이 시작된 것이었다. 방송국 재단 이사장으로 황성수 외무위원장이 취임했다. 조동진은 이사로 추대됐지만 사양했다. 그 때문인지 조동진을 극동방송 설립 공로자로 기억하는 사람은 많지 않은 것 같다.

효자동 옥인교회의 수습전권위원장이 되다

그 무렵, 교회도 어수선했다. 부산에서는 6·25 때 서울에 버리고 온 교회를 다시 찾기 위한 조직이 생기고 있었다. 그런데 그일을 담당한 목사들, 곧 수복 지구에 파송된 수습 목사들이 미국 선교사들에게서 따낸 선교비와 구호 물자를 우선 배정받게 되면서 인기와 지위가 높아지기 시작했다. 그런 목사들은 대부분 이남(以南) 출신이었다. 그들은 구제품을 미끼로 신도를 끌어 모았다. 전도와 구제가 혼동될 수밖에 없었다.

그런 와중에, 이완용의 생가 터에 교회를 세우겠다는 목회자가 나타났다. 중국 심양에서 피난 온 중년의 전도사는 효자동에 교회를 세우겠다며 신학교 학생회 임원을 맡고 있던 조동진에게 협조를 구했다. 효자동은 지금의 청와대 부근을 말한다. 조동진은 그에게 교회를 세울 땅을 구했느냐고 물었다. 뜻밖의 답이 왔다.

"역적 이완용의 집입니다. 옥인동 15번지 효자동 대로변에 있지요."

그렇게 세워진 교회가 지금의 옥인교회다. 매국노의 소굴이던 동네에 교회가 세워진 것이다. 신학교 학생회 전도부는 약간의 전도비를 지출하기로 결의하고 이무호 전도사를 개척 전도사로 파송했다. 이무호 전도사는 1952년에 50평 가까운 예배당을 지었다. 그리고 김학철이라는 신학생이 그를 이어 담임 목회자가 되었다. 그런데 그가 부임한 후 이상하게도 교회에 내분이 끊이지 않았다. 급기야 교회가 양분되기까지 했다. 1954년 어느 날, 이 교회를 설립하는 데 관심을 가지고 지원한 학교장 김양선 목사가 조동진을 찾았다. 그에게 이 교회를 수습할 것을 요청했다. '옥인교회의 원조(元朝)는 조동진'이라는 말까지 했다. 노회는 이미 조동진을 옥인교회 수습전권위원장 자격으로 담임목사로 임명해버린 상황이었다. 그렇게 부임한 옥인교회에서 조동진은 미국 유학을 떠날 때까지 담임목사로 봉사했다.

교회는 그가 부임하자마자 놀랍게도 빠른 속도로 수습되었다. 그는 그곳에서 효자동 일대에 얽힌 해방 전후의 온갖 정치적 음모의 주역들에 대한 이야기를 들었다. 매국노 윤덕영과 여운형의 인민공화국 정부 이야기 같은 것이었다. 몽양 여운형이 친일 매국노였던 윤덕영의 집을 건국준비위원회와 인민공화국 청사로 사용하게 된 사연도 그때 들었다.

윤덕영은 대한제국 마지막 황제 순종의 처삼촌으로 황후의 태부가 되어 궁중을 좌지우지했던 사람이다. 이토 히로부미(伊藤博文)와 데라우치 마사다케는 궁궐에서 외척 세도를 부리던 그를 이용했다. 뇌물을 받고 일본에 부역한 그는 일본 귀족이 되고 중추원 부의장까지 된다. 그런 매국노가 고대 유럽의 성을 모방해 지은 집이 옥인동에 있었다. 그 집은 옥인교회와 가까웠고 이완용의 99칸짜리 기와집과 붙어 있었다. 옥인교회

터는 그 사이, 이완용의 집 한 구석에 지은 2층 양옥과 인접해 있었다. 그 양옥에는 당시 이중 간첩으로 유명한 김수임이 살고 있었는데, 옥인교회는 그 여간첩의 집과 같은 마당에 세워진 셈이었다. 역사의 아이러니가 아닐 수 없었다.

군사정권 시대 전국복음화운동의 주역
|
08

유학 시절의 4·19혁명과 '벙어리 개' 비판

1956년 8월 조동진은 드디어 미국 유학길에 오른다. 그해 대
한민국 국군 수뇌부는 미국 정부에 휴전협정 폐기요청 성명을
냈다. 신익희 민주당 대통령 후보는 이승만의 북진통일론을 헛
소리라고 일축하고, 진보당 당수 조봉암도 북진통일론을 반대
하고 평화통일안을 제시하고 있었다. 나라가 정치 소용돌이에
휘말리고 있었다.

　김포공항을 떠난 그는 동경 하네다 공항을 경유해 태평양
한 가운데 섬인 웨이크 공군기지와 하와이 호놀룰루, 샌프란시
스코 등을 거쳐 며칠 후에야 뉴욕에 도착했다.

　당시 조동진은 한국복음주의협의회(National Association of
Evangelicals, Korea) 총무로 일하고 있었다. 그 덕분에 세계복음
주의협의회(WEF: World Evangelical Fellowship, 나중에 세계 복음주의 연

맹WEA로 명칭 변경)로부터 한국 교회 지도력 개발을 위한 장학금을 일부 지원받고 있었다. 그러나 한국 NCC와 세계교회협의회의 핵심 세력인 미국장로교회는 한국 교회를 반(反) 에큐메니컬(Ecumenical: 교회 일치주의) 복음주의 세력으로 결속시켜온 조동진이 미국에 유학함으로써 한국 내의 영향력이 강화되는 것을 탐탁치 않게 생각했던 모양이다. 그래서 펜실베니아주 필라델피아 제10 장로교회에서 약속한 장학금을 중단시켰다. 필라델피아 교회는 미국에서도 유명한 보수적 교회로서 미국 장로교 총회의 진보적이고 자유주의적인 입장을 거부하는 입장이었다. 미국 안에서는 그런 식으로 복음주의 세력과 자유주의 세력의 입장 차가 일찍이 존재하고 있었다. 이것은 훗날 한국 교회의 신학적 분열에까지 영향을 끼쳤다. 조동진은 그 갈등 사이에서 장학금이 끊기는 곤란에 처한 것이다.

훗날 1957년 한국복음주의협의회는 총회에서 조동진의 총무직을 성결교회 총무에게 계승케 하고 회장에는 감리교신학교 교장을 지낸 변홍규 목사를 선출하였다.

조동진이 유학하고 있는 동안 조국에서는 4·19혁명이 일어났다. 3·15부정선거 소식을 한 달이 지난 뒤에 도착한 한국 신문을 통해 볼 수밖에 없었다. 조동진은 학위 논문을 제출해둔 상태에서 교회 기도실에 엎드려 조국과 교회를 위해 눈물로 기도했다. 부정선거에도 불구하고 교회는 입을 벌리지 않고 있었다. 그는 이때 미국에서 '벙어리 개'라는 글을 써 국내의 교회 신문에 보냈지만 게재되지 않았다. 불의를 보고도 입을 열지 않는 교회는 강도가 들어와 온 집안을 도륙해도 도둑이 던져준 고깃덩어리를 입에 물고 짖지 않는 개와 같다고 썼던 것이다. 이 판국에 한국 장로교회는 합동총회와 통합총회로 갈라지고 말았다. 혼란과 분열을 만든 데는 미국 교회의 신학적 갈등과 선교사들의 책임도 있었지만, 한국 교회 지도자들의 고질적인 교권주의와 지역 파벌주의가 근본 원인이었다고 조동진은 분석한다.

조동진은 그 무렵 귀국을 준비하고 있었다. 유학을 떠나기 전 그가 속했던 장로교 총회는 하나였는데 이제는 둘로 갈라져 어느 쪽으로 돌아갈지 판단하기 어려워졌다. 그래서 귀국해 봉사할 교회를 선택하기가 곤란했다. 유학 가기 전에 봉사하던 옥인교회로 돌아갈 수도 없었다. 그때 서울 용산구 후암동에 있는 후암교회가 그를 담임목사로 청빙한다는 서신이 왔다. 청빙 조건은 두 가지였다. 하나는 총회와 노회가 갈라졌지만 후암교회는 어느 쪽에도 속하지 않는다는 정치적 중립을 선언해달라는 것이었다. 둘째는 교회 건물이 적산(敵産)으로 낡았으므로 부임하는 대로 교회 건축에 주력해달라는 것이었다. 조동진은 하나님이 주신 새 일터라고 생각해 부임하기로 했다. 그가 고심한 교파 소속 문제가 해결되고, 평소 관심을 가진 실용적인 현대적 교회 건축도 시도해볼 기회였기 때문이다. 1960년 9월 19일 조동진은 미국 유학을 마치고 김포공항에 돌아왔다.

공항에는 유학길에 함께 가지 못한 가족이 후암교회 교인들과 함께 그를 기다리고 있었다.

후암교회 부임과 군사 쿠데타, 그리고 전국복음화운동

조동진이 서울로 돌아온 지 여덟 달 만인 1961년 5월 16일 육군소장 박정희가 이끄는 군사 쿠데타가 일어났다. 1960년 4·19 민주 혁명이 일어난 지 꼭 1년 1개월 만의 일이었다.

이승만이 미국 하와이로 망명을 갔고 윤보선이 제2공화국 대통령에 선출됐다. 장면이 국무총리가 됐는데, 당시 정부는 내각책임제로서 이원제(二院制)였다. 이승만이 떠났다고 하지만 제2공화국의 뿌리인 자유당이 해방 후에도 기득권을 유지한 일제 지주 출신과 친일파인 것을 조동진은 간파하고 있었다. 한국민주당(한민당)은 이승만을 등에 업고 해방 후 민족의 역사를 오도한 세력이었는데, 이승만이 자유당을 만들기 위해 벗어버린 옷 같은 것이었다. 한민당은 헌 옷이고, 자유당은 이승만의 새 옷에 불과했던 것이다.

제2공화국으로 정권을 잡은 민주당도 마찬가지였다. 민주당에도 친일파가 수두룩했다. 그 정권의 법무장관이 김구 주석과 조동진의 부친을 혹독하게 괴롭히던 김준연이었는데, 그는 취임하자마자 또 다시 부친을 체포하여 형무소에 수감하려 했다.

다행히 미 군사재판 기록이 한국 정부에 넘겨지지 않았고, 한국 법원의 판결과 상관없는 일에 현 법무장관은 아무런 집행권이 없다는 변호사의 법률적 해석이 있었다. 그러나 제2공화국이 수립되고 몇 달 동안 그의 가족은 끈질기게 괴롭힘을 당해야 했다. 장면도 윤보선도 국정을 장악하지 못하기는 마찬가지면서 서로 으르렁대기만 했다. 그런 꼴을 군대라고 해서 가만히 보고만 있을 수 없었다는 것이 쿠데타를 일으킨 박정희 무리의 주장이었다.

군사 쿠데타가 일어나던 5월 16일, 조동진은 종로예식장에서 결혼식 주례를 하기 위해 신랑과 함께 차를 타고 광화문 앞을 달리고 있었다. 군인 지프차가 여러 대 지나다니고 있었다. 그때 신랑이 갑자기 소리를 쳤다. 국방장관 현석호가 잡혀가는 꼴을 본 것이었다. 현석호는 매국 친일 관리 출신이었다. 장면이 친일파였으니 국방장관도 마찬가지였던 것이다. 그 광경을 본 조동진은 쓴 웃음을 지었다고 한다.

1965년 1월 8일 월남에 한국 군대를 파견하는 파병안이 국회를 통과했다. 박정희 군사정권에 살 길이 생긴 것이다. 박정희 정권의 욕심은 거기에서 그치지 않았다. 적당한 액수의 식민지 배상금을 받고 일본과 국교를 회복함으로써 한반도 내 일본의 경제권을 허용해야 박정희 정권이 살아남을 수 있다고 본 것이다.

그 해 초부터 조동진은 민족의 위기를 복음으로 극복하기 위해 전국복음화운동을 조직하는 책임자가 되었다. 복음화운동의 표어는 '삼천만을 그리스도에게로'였다. 그는 그때 민족의 현실을 '길을 잃어버린 미아(迷兒) 같다'고 생각했다. 대한민국이라는 배가 선장을 잃은 난파선 같아 보였다. 그래서 민족의 살 길을 복음화운동에서 찾고자 한 것이다. 이 운동을 통해 50만 부의 성경이 배포되었고 400만 부의 전도 문서가 배부되었다. 서울에서만 500회 이상 전도집회가 열렸다. 각 도와 시에서 매달 연합전도집회가 열렸다. 조동진은 조직위원장 자격으로 이 모든 일을 앞장서 지휘했다.

한일 협상에서 살 길을 찾고 있던 박정희 정권은 명목이 복음화운동이라지만 군중이 구름 떼처럼 모이는 집회를 주관하는 이들을 신경 쓰지 않을 수 없었다. 서울운동장의 집회와 배재고등학교 교정의 군중집회는 그들을 더욱 놀라게 했다. 결국 박정희는 조동진을 비롯한 복음화운동 관계자를 불러모았다. 조동진이 박정희를 만나게 된 것이다. 박정희는 복음화운동보다 나라 주변의 위기를 설명하는 쪽으로 대화를 이어갔다. 만남을 마치자 박정희는 조동진의 손을 꼭 잡고 이렇게 말했다고 한다. "큰 일 하시기에 수고가 많습니다." 조동진은 아무 말도 않고 박정희의 얼굴만 살폈다고 한다. 박정희의 마음이 흔들리고 있다는 것을 그 눈초리에서 느꼈다고 한다.

어느 사이에 조동진은 전국복음화운동의 주역으로서 전국 교회의 주목을 받는 입장이 됐다. 5월 들어 한일협정 반대 기독교 구국대책위원회가 조직되었다. 영락교회에서는 한일 굴욕외교 반대 기독교 구국대회가 열렸다. 이 대회에 조동진은 강사로 지명받았다. 반일이라면 누구에게도 지고 싶지 않았던 그는 강사 지명을 사양하지 않았다.

조동진의 반대 강연은 매서웠다. 강연 중이라 조동진은 알지 못했지만, 영락교회 안팎과 바로 옆의 중부경찰서에서 을지로 2가까지 거리를 가득 메운 인파가 옥외 확성기로 그의 강연을 들었다고 한다. 방송은 조동진의 강연 중에서 군사정권에 반대하는 부분을 긴급 보도로 내보냈다. 박정희 정권이 그를 가만둘 리 없었다. 박정희는 내무장관에게 조동진의 구속을 지시했다고 한다. 그러나 그것이 말처럼 쉽지는 않았다. 구속 대상에 당시 한국 교회에서 유명한 영락교회 한경직 목사와 새문안교회 강신명 목사까지 포함되어 있었기 때문이었다. 그러나 정보부의 압력 때문인지 한경직, 강신명, 강원용 등은 대회가 끝나자 한 걸음 뒤로 물러서는 입장이 됐다고 한다. 정보부가 기독교 한일협정 반대운동에 북한 간첩이 스며들었다고 말했기 때문이었다. 결국 대회 간부로는 조동진만 남게 되었다.

당시 내무차관은 부친의 광복군 부하였던 김득황 장로였다. 그가 조동진을 찾아가 "위험하니 뒤로 물러서라"고 사정했다. 그는 조동진을 데리고 중앙청 총리실로 갔다. 그때 총리는 정일권이었다. 조동진은 총리에게 거침없이 말했다. 을사년 국치조약보다 더 수치스러운 것이 군사정권의 한일조약이라고. 정총리는 엉뚱한 말로 조동진을 설득했다.

"이 일만 끝나면 저도 총리직에서 물러 나렵니다. 그러니 목사님이 좀 도와주십시오."

내무차관 김득황 장로는 구속 직전의 조동진을 구하려고 극약 처방 같은 하소연을 했다.

"조 목사님을 체포하려거든 내 사표부터 받고 하십시오."

덕분에 체포는 면했지만, 정보부는 법무부를 통해 조동진의 출국 금지를 내렸다. 정보 기관의 감시가 시작됐다.

유신 치하에 여의도광장을 서울 시민으로 채우다

1972년이 됐다. 그 해는 여러모로 혼란스럽기 짝이 없었다. 7·4 공동성명으로 남북의 정권은 민족이 갈망하는 통일을 이룰 것을 기대하게 만들었다. 그러나 박정희 군사정권이 사채 동결 긴급 명령을 내려 경제 혼란이 일어났다. 10월에는 국회를 해산하고 전국에 비상 계엄령을 선포했다. 대학에는 휴교령이 내려지고 신문과 통신은 모두 사전 검열을 받아야 했다. 11월에는 유신헌법을 만들기 위한 국민투표가 실시돼 박정희의 영구 집권을 보장하는 유신헌법이 확정되었다.

유신헌법은 사실상 박정희가 국민을 속인 것이었다. 남북 적십자 회담을 서울과 평양에서 번갈아 여는 모습을 보여주면서 통일을 위해 유신헌법을 만드는 것이라고 했기 때문이다. 그 말에 많은 국민이 속았다. 세상의 어용 지식인이 그 말에 동조하고 교회에도 어용 지도자들이 판을 쳤다. 진보적 교회 지도자들은 유신헌법 철폐운동을 펼치기 시작했다.

1972년은 크리스마스 이틀 뒤 유신헌법이 공포되면서 저물었다. 이듬해, 미국은 월남전쟁을 포기하고 철수했다. 박정희 정권은 이를 계기로 유신헌법을 통한 철권(鐵拳) 정치를 강화하였다. 부활절 새벽 남산에서 열린 연합예배에서는 박형규 목사를 비롯한 진보적 지도자들이 유신헌법 철폐를 요구하는 모임을 가졌다는 이유로 대거 구속당했다.

조동진은 1965년의 전국복음화운동이 박정희 군사정권에게 위협이 되었던 사실을 기억하고 있다. 교회의 반일 세력이 군사정권에 반대하는 세력이기도 하다는 사실을 보여줄 수 있다고 생각한 것이다. 그래서 1972년 7·4 공동성명 직후부터 준비하던 '빌리 그래함 서울 전도대회'가 박정희 유신정권에 대한 응전의 기회가 될 수 있다고 믿었다.

나이 든 교회 지도자들은 그 전도대회를 성동구에 있는 서울운동장에서 조촐하게 치를 생각이었다. 그러나 처음부터 이 대회에 깊이 관여하고 있던 조동진은 생각이 달랐다. 군사정권의 상징이 되고 있는 여의도 5·16광장을 전도대회 장소로 삼자고 주장한 것이다. 위원장인 한경직 목사부터 반대했다. 그러나 조동진은 재차 주장했다. 한국에서 기독교 세력이 군사

반란 세력보다 크다는 것을 저들이 만든 여의도광장에 서울 시민이 모여서 보여 주어야 한다고 주장한 것이다. 그 주장에 한국 지도자들은 할 말을 잃었고, 선발대로 와 있던 헨리 할리(Henry Holley)라는 미국인은 놀랐다고 한다. 헨리를 통해 긴급히 빌리 그래함 전도협회 본부와 국제전화로 협의를 진행하도록 했다. 빌리 그래함은 여의도에서 당시로선 역사상 가장 큰 대회를 열자는 조동진의 주장에 찬성했다. 한국의 나이 든 목사와 장로들의 반대는 수그러들 수밖에 없었을 것이다.

조동진이 여의도에 군사정권이 조성한 광장을 집회 장소로 제안한 구체적인 이유는 이것이었다. 총칼로 이루어진 군사혁명을 기념하는 광장에서 신앙으로 민족 혁명을 이룰 수 있는 계기를 만들자는 것이었다. 그리고 서울의 지도와 거주 지역별 인구 분석표를 토대로 여의도가 서울의 중심지라는 것이 이유라고 강조했다. 그때는 여의도에 국회의사당도 없을 때였다. 터만 닦아두고 있었고 아파트도 동쪽에만 몇 채 지어진 허허벌판이나 다름없었다. 조용기 목사의 여의도순복음교회도 골조공사만 마친 상태였다.

그 넓은 땅에 조성된 광장은 비행장의 활주로처럼 넓고 길었다. 한강의 마포와 영등포를 잇는 다리에서 다리까지가 5·16 광장이었다. 대형집회를 열기엔 딱이었다. 조동진은 한경직 목사와 당시 서울시 부시장 차일석 집사, 문화공보부의 기감 한기선 장로, 그리고 상공부장관을 지낸 김일환 장로, YMCA 전

택부 총무와 함께 여의도광장으로 갔다. 마포 쪽 다리 앞에서 영등포 쪽 다리 입구까지 2.5킬로미터를 함께 걸으며 이렇게 말했다.

"이 광장에 서울 시민을 꽉 채웁시다."

그리고 함께 이렇게 기도하자고 제안했다. 여호수아가 밟은 모든 땅을 여호와께서 그에게 모두 주셨듯이 우리가 밟은 이 광장을 우리에게 달라고! 한경직 목사는 간단했지만 간곡하게 "이 여의도가 복음의 섬이 되게 해달라"고 기도했다고 한다. 준비위원회는 조동진을 기획위원장으로 임명했다.

청와대는 이 계획에 심히 놀랐다. 국무총리였던 김종필이 특히 놀랐다고 한다. 조동진은 빌리 그래함 전도협회 관계자에게 부탁해 미국 대사를 설득하고 미8군 사령관도 만나게 했다. 광장을 사용할 수 있도록 청와대와 총리실과 각 부처 장관실에도 미국 측 관계자를 보내 예비 교섭을 시켰다. 대사관과 미8군도 협조를 약속했다.

연인원 400만 명이 모인 집회를 준비하고 진행하다

100만 명이 모일 것으로 예상되는 집회의 준비 계획은 엄청났다. 서울시에는 가로등 시설을 요청했다. 연합성가단으로 무려 1만 명이 올라갈 단을 만들기로 했다. 당시로서는 그런 시설을 임시로 만들려면 공병대를 동원해야 했다. 한국동란 전시에 사용하던 도강시설인 임시철교용 철제와 장비를 사용해야 했다. 그러나 연동교회 집사였던 당시 국방장관 유재홍은 국군에게 그것을 사용할 권한이 없다고 답했다. 미8군 사령관에게 권한이 있기 때문이었다. 한심한 노릇이었지만 다행히 미8군 사령관은 이를 허락했다. 그런데 정작 육군참모총장이 공병대 동원을 거부했다. 할 수 없이 행사 후 헌금으로 공사 대금을 지불하기로 하고, 국내 건설회사 중 하나가 입찰을 통해 공사를 진행하도록 했다. 일을 추진하는 데 있어 조동진은 불도저나 다름없었다.

어느 날 밤, 공병대 동원을 거부했던 참모총장이 잠들어 있던 조동진을 전화로 깨웠다. 여의도 성가대 계단석을 공병대가 맡아 건설하겠다는 것이었다. '각하'의 지시라는 것이 이유였다. 아마도 박정희 대통령은 여의도의 전국전도대회가 정부의 협력없이 진행될 경우 그 후의 복잡한 상황과 여론을 의식한 것 같았다.

대회를 준비하는 과정에서 에피소드는 넘쳐났다. 그때까지 수도 시설이 없던 여의도에 서울시의 모든 급수 차량을 동원해달라고 서울시에 요청했다. 서울시는 거부했지만, 조동진은 전도대회에 모이는 사람들이 서울 시민이니 시민이 낸 세금으로 운영하는 급수차를 시민을 위해 동원하는 것은 당연하다고 주장했다. 서울시는 매일 100대 이상의 급수차를 엿새 동안 여의도의 전도대회 장소에 공급했다.

공중 화장실도 문제였다. 날마다 최소 50만 명이 모여 몇 시간씩 집회를 가지기 위해 100개의 임시 대중 화장실을 200미터 간격으로 설치했다. 불의의 사고와 질병에 대처하기 위해 임시 의료시설을 마련하고 기독교인 의사와 간호사 500명을 동원했다. 서울시 경찰국에는 한 주간 동안 교통 정리와 경비를 위해 연 인원 1,500명의 경찰을 동원하도록 요청했다.

1만 명의 성가대원을 연습시키기 위해 50개 교회를 지정해 200명씩 모여 연습하게 했고 악보는 넉넉하게 3만 부를 인쇄했다. 250명당 한 사람 꼴로 2천 명의 안내위원을 확보하고 결신자 상담위원으로 3천 명을 훈련시켰다. 그야말로 전국의 교회가 단결해서 그 거대한 기독교 전도축제를 위해 봉사한 것이었다.

조동진은 전도대회를 철저하게 준비한 이유를 이렇게 설명한다. 종교가 정권을 이기는 길은 정치의 힘이 아니라 신앙의 힘이라는 것을 말하고 싶었기 때문이라고. 그럼에도 불구하고 진보적 교회 지도자들은 여의도 전도집회를 비난했다고 한다. 유신 철폐 운동을 해야 할 판에 전도대회나 하고 있어야 되겠느냐는 주장이었다. 유신 반대를 하다 감옥에 간 목사와 지식인이 한 둘이 아닌 상황에서, 그들의 눈에는 전도집회가 한가해 보였을 수도 있었겠다. 그러나 조동진의 생각은 달랐다. "종교의 무기는 신앙밖에 없고 가진 힘은 성령의 권능밖에 없는 데, 서울 시민을 여의도로 모아놓고 신앙운동을 하는 것보다 더 힘 있게 유신정권을 대항할 일이 어디 있겠는가"를 말하고 싶었던 것이다.

박정희 정권은 결국 여의도광장 사용을 허락했다. 서울시는 전도대회에 맞춰 가로등을 세워주었다. 엿새 동안 서울 시민 거의 전부가 여의도에 모인 것 같았다고 전한다. 연 인원 400 만 명이었다.

두 번째 만난 박정희 대통령에게

전도대회가 끝난 후 당시 국회 내무위원장이던 차지철이 조선호텔에서 조동진을 만나자고 연락해왔다. 조동진은 그가 자기에게 무슨 할 말이 있을 것이라고 기대했으나 기대와 다른 말을 했다. 그 길로 바로 각하를 만나러 가자는 것이었다. 여의도 집회의 성과를 치하하겠다는 것이었다. 그러면서 정부를 도와달라는 말도 잊지 않았다. 조 목사가 빌리 그래함 전도대회를 추진한 것을 보고 미국의 힘 있는 사람들과 친분이 있을 것이라고 짐작했기 때문이었다. 그날 밤 조동진은 박정희와 육영수를 만났다. 1965년에 이어 박정희를 두 번째로 만난 자리였다.

박정희는 미국과 유신정권의 관계가 극도로 나쁘다고 말하면서 미국과 관계가 정상화되도록 도와달라고 말했다. 조동진은 유신 철폐 운동을 벌이다 구속된 목사들부터 풀어달라고 요구했다. 목사들이 감옥에 가 있는데, 어떻게 목사가 미국 지도자들에게 유신정권을 지지해달라고 말할 수 있겠느냐는 이유도 덧붙였다. 박정희 정권은 얼마 후 구속했던 목사들을 석방했다. 하지만 해가 바뀌자 긴급조치 1호에서 4호까지 연거푸 선포하면서 장준하, 백기완 등 민주 항쟁 지도자를 비롯한 청년 학생들을 다시 잡아들였다. 박정희는 결국 조동진까지 체포하고 만다.

1976년 미국 민주당 대통령 후보 지미 카터는 주한 미군 철수를 공약으로 내세웠다. 카터 대통령 당선자는 이 해 크리스마스 메시지로 주한 지상군 철수를 공식 발표했다. 그 무렵 조동진은 기독교 민족 통일 운동을 시작하기로 마음먹었다. 유신정권은 안으로는 독재정치를 강화하면서 겉으로는 남북관계 정상화를 제안하고 국회는 평화통일협의회를 설치하고 있었다. 그러나 그때까지 기독교계에서는 아무도 민족 통일 문제에 앞장서는 사람은 없었다. 조동진은 장로교 합동 측과 통합 측의 40대 젊은 지도자들과 기업인들을 모아 '북한 해방(민족 해방) 기도운동'을 벌이기로 했다. 처음 용어는 민족 해방이었는데 정부가 민족 해방이라는 용어에 신경을 곤두세웠다. 그래서 북한 해방으로 바꾼 것이라고 한다. 이때 조동진은 '민족 해방의 노래'를 공모해 만들기도 했다. 그 가사는 이랬다.

우리 조국은 하나, 우리 겨레도 하나
우리 서로가 외면해도 너와 나는 한 핏줄
맺힌 마음을 풀어놓고 남과 북으로 오가며
오직 한 소망 조국 통일 우리 대에 이루리

조동진은 이 운동의 대북활동위원장을 맡았고 제2세계(공산권) 연구소 소장을 겸직했다. 이때 통일원 장관이던 이용희 박사는 이 운동에 관심을 가지는 한편, 조동진의 신변을 염려했다고 한다. 통일원조차 북한 문헌과 정보에 깊이 관여하지 못할 때인데 중앙정보부가 가만둘 리 없다는 것이었다. 이용희 장관은 기미년 독립선언에 서명한 민족 대표 33인 중 한 분인 이갑성 씨의 아들이다. 그의 우려는 단순한 우려에 끝나지 않았다. 지미 카터가 북한과 외교 수립을 희망하면서 남북 삼자회담을 제의하고 나서자 유신정권이 극도로 긴장하게 된 것이다. 이런 상황에서 조동진은 국회의 평화통일위원회 관계자들과 개별 접촉을 가지고, 기독교계 원로들의 동의를 얻어 민족 통일을 위한 기독교 선언문을 작성하기 시작했다. 이런 그의 활동이 박정희 대통령의 비위를 거스른 것 같다. 그의 국제통신이 정보당국에 의해 일일이 감시되고 있다는 암시를 국제통신 관계를 담당하고 있는 한 고위관리로부터 듣기도 했다. 그 말은 조동진이 정보 당국의 으뜸 감시 대상이라는 말이었다.

중앙 정보부에서 비밀리에 조사를 받고

1975년 조동진은 아시아선교협의회 사무총장으로 피선된다. 그 일을 계기로 국제 관계 문헌과 외교 문서와 국가 수반들의 강연과 뉴스 브리핑 자료들을 조직적으로 수집하고 있었다. 그러니 국제 우편물이 많을 수밖에 없었고, 정보부는 그런 그의 활동을 감시하고 있던 것이다.

1978년 5월 어느 날이었다. 아시아방송 창립이사장이었던 김형근 회장을 만나 지미 카터 대통령의 한반도 정책에 대해 이야기하고 미국 정치권의 정보를 보여주었다. 김형근 회장이 그 정보가 적힌 종이에 관심을 보여 무심코 건네주었다. 그런데 그것이 화근이 될 줄은 몰랐다. 그날 오후 집에 돌아오니 건장한 두 사람이 집을 온통 뒤지고 있었다. 남산에서 왔다고 자기를 소개했다. 그러더니 다짜고짜 그를 남산의 중앙정보부 취조실로 끌고 갔다.

취조실에는 조동진의 후암동 사무실에서 가지고 온 국제통신 문서가 있었다. 주로 워싱턴에서 온 서신과 문서들이었다. 후암동에는 조동진이 세운 동서선교연구개발원이 있었는데, 그곳의 문서들을 전부 압수했던 것이다.

우습게도 정보부 취조실에 영어를 아는 사람이 없었다. 그들은 조동진에게 문서를 일일이 읽고 번역하라고 요구했다. 조동진에게는 익숙하고 아무 것도 아닌 문서였지만, 그들은 큰 정보를 발견한 것처럼 느꼈던 것 같다. 집에서도 몇 백 불 안 되는 미화(美貨)와 여권과 엽서까지 압수해왔다. 그들은 며칠 간 집요하게 그가 국내외에서 만난 사람들이 누구였는지 취조했다. 조동진이 그나마 안심한 것은 자기에게 북한 간첩 혐의가 아닌 미국 간첩 혐의를 씌우려 했다는 점이었다. 마침 그때 세계 선교계의 거장인 미국 윌리엄캐리대학교(William Carey University) 총장 랄프 윈터(Ralph D. Winter)가 그를 찾아 서울에 왔다가 결국 만나지 못하고 돌아가기도 했다. 정보부원은 그에게도 따라붙었다고 한다. 훗날 랄프 윈터 박사는 이 일을 계기로 조동진의 대북 활동에 적극 가담했다.

정보부는 조동진을 미국에 정보를 밀고하는 간첩으로 몰고 갔다. 알고 봤더니, 정보부에서는 그가 설립 이사였던 아시아방송국이 설립된 이후 정보부의 중간 간부 한 사람을 방송국에 심어두고 있었다.

일주일 뒤 조동진은 지하 독방에 감금되었다. 그 방에서 놀라운 사실을 보게 되었다. 그가 얼마 전 김형근 회장에게 전달한 미국 정부 인사들 명단이 적힌 종이를 기관원이 보여주는 것이었다. 그런 종이를 왜 국회의원에게 보여주었느냐는 취지로 따지는 것이었다. 그러면서 "오늘 풀려날 수도 있었는데 감옥에 가게 생겼다"고 협박했다.

알고 보니 김형근 회장이 조동진에게 받은 쪽지를 국회의원들에게 전달했던 것이다. 그 쪽지를 본 국회의원들도 정보부에 불려왔다. 박정희는 아무도 믿지 못했던 것이다. 취조는 사흘이나 더 계속되었다. 그런 다음 조동진은 구금된 지 11일 만에야 풀려났다. 조동진을 체포한 핵심 지휘자는 정보부장 김재규였다.

조동진과 김재규는 구면이었다. 전군 복음화를 위한 정신 강연 강사로 고위 장성들과 만난 후 여러 차례 더 만났는데, 김재규는 조동진의 통일 이론을 이해하지 못했다고 한다. 남북관계에서 미국을 중심으로 한 주변 환경이 더 중요하다는 조동진의 말을 수긍하지 못했던 것이다. 더구나 김재규가 우상처럼 떠받드는 박 대통령과 조동진이 돈독한 관계라고 생각하여, 자기 자리를 보전하는 데 거침돌로 본 것 같았다. 그러다 미국이 한국의 정보부장을 교체하도록 대통령에게 압력을 넣고 있다는 정보를 조동진의 주변에 붙여 둔 첩보원으로부터 입수했는데, 그 진원지를 캐고 싶었던 것이다. 김재규는 박 대통령에게 조동진이 미국 스파이 혐의가 있다고 보고하고 구속한 것이다.

이 일은 조동진이 1960년부터 18년 동안 시무한 후암교회를 떠나기로 결심하는 계기가 되었다. 첫째 이유는 조동진을 교회 밖에서 일하게 하시려는 성령의 강권(强勸) 때문이었고, 둘째는 교회 밖 사역이 후암교회에 폐를 끼치지 않아야 한다는 인식 때문이었다. 셋째는 유신정권의 손이 미치지 못하는 나라 밖에서 평화 선교 운동을 펴기 위함이었다.

교회를 나와 바울의 집을 세우다

조동진은 장로들과 모인 사석에서 사임 의사를 밝혔다. 후암교
회의 보냄을 받아 세상으로 나간다는 말도 남겼다. 바울 사도
가 에베소 교회 장로들에게 부탁한 것처럼, 그 앞에 어떤 일이
기다리고 있는지 알지는 못하지만, 교회 밖으로 나가서 모든
민족에게 평화와 화해와 사랑의 복음을 전하기 위해 후암교회
의 보냄을 받겠다는 뜻도 밝혔다. 그렇게 교회 밖으로 나온 조
동진은 1979년 8월 27일 경기도 화성군 팔탄면 월문리 산 24
번지에 모든 민족을 위한 평화 선교의 요람이 될 '바울의 집'을
세운다.

그 무렵 유신정권은 통일주체국민회의라는 이상한 조직을
만들어 명목상 국민 대표들의 투표로 박정희를 유신 대통령으
로 재차 선출했다. 1978년 7월 2일의 일이었다. 지미 카터 대
통령은 오산 기지에서 미군 부대를 철수시키고 있었다.

이듬해는 박정희 유신 대통령과 김영삼 신민당 총재 사이의
정치적 대결로 시끄러웠다. 1979년 2월 17일에는 남북 조절
위원회가 단절되면서 남과 북의 관계는 끊어지고 말았다. 5월
30일 신민당 전당 대회는 이철승을 총재로 당선시키려는 차지
철의 공작에도 불구하고 김영삼을 총재로 선출했다. 수백 명
의 폭력배가 각목을 들고 대회장을 급습했지만 결국 김영삼이
선출된 것이었다. 그 뒤 한 달 만인 6월 30일에 지미 카터 미국

대통령이 서울에 왔다. 지미 카터 대통령의 일로 박해를 받았던 조동진은 그로부터 13년이 지난 1991년 6월 6일 미국의 땅 콩 농장에서 카터를 만났다. 카터는 월남전쟁에서 패망하고 실정을 거듭한 미국 정부에 불신을 품고 있던 미국인이 대안으로 뽑은 대통령이었다. 주한 미군을 철수시키겠다는 선거 공약을 지키기 위해, 미군 철수를 선언하러 서울로 왔던 것이다.

카터는 연차적인 미군 철수 계획을 유신 대통령에게 선언했다. 남한과 북한, 미국 간의 3자 회담을 통해 한반도 문제를 해결하겠다는 정책도 전달했다. 조동진이 1991년에 다시 만난 카터는 대통령 재임 당시 내세웠던 그 정책이 그때까지도 변함없는 미국의 대한(對韓) 정책이라고 말했다고 한다.

미국과의 긴장 관계는 박정희 정권으로 하여금 이성을 잃은 마지막 승부수를 걸게 만들었다. 카터가 돌아가고 얼마 되지 않은 8월 11일, 김영삼 신민당 총재의 가처분 신청을 하고 총재 직무를 정지시킨 것이다. 10월 4일에는 국회를 시켜 김영삼 의원 제명 결의안까지 통과하게 만들었다. 박정희가 비참한 최후를 맞이하기 22일 전의 일이었다. 조동진을 견제해 체포했던 김재규의 권총이 박정희 유신정권을 끝낸 것이 기묘했다. 조동진은 이때 민족의 운명에 대해 불길한 예감이 들었다고 한다.

민족 화해와 평화 선교 위해 교회 밖으로

|

09

탈서구 선교와 평화 선교 운동을 시작하다

1979년 늦가을, 조동진은 30년을 지켜온 교회 안의 목회 생활을 청산하고 교회 밖 세상으로 나섰다. 그리고 서해안의 거친 산등성이를 헐어내고 1만여 평의 대지에 바울의 집을 세웠다. 바울 사도처럼 나라와 국경과 민족과 문화와 언어의 장벽을 넘어 일하기 시작한 것이다.

조동진은 1978년부터 새 시대의 새로운 선교 이론을 만들고 있던 랄프 윈터(Dr. Ralph D. Winter) 박사와 함께 그가 새로 구상하는 윌리엄캐리대학교(William Carey University) 설립에 동참하고 있었다. 윈터 박사의 간청에 따라 1979년 12월부터 대학 안에 고려연구소(Institute of Korean Studies)를 설치하고 그 대학교의 교수가 되었다. 윌리엄캐리대학교는 그때까지의 서구의 전통적 선교 개념 이론을 파괴하고 새로운 선교 이론을 창출하는 연구 중심의 특수 대학원이다. 이 대학교에서 그가 한 일은 지구상에서 다시는 전쟁을 연습하지 않게 하기 위해 평화선교의 이론적 근거를 성서에서 찾아내는 연구와 운동이었다. 기독교가 더 이상 서구 문명의 틀 속에 매이지 않게 하기 위한 기독교의 탈서구 운동도 전개하기 시작했다.

그러나 그가 그런 운동을 전개하던 시기의 대한민국은 정치적으로 가장 치욕적인 시기였다. 계엄사령관인 육군참모총장이 보안사령관에게 체포되었다. 대통령이 신군부 세력에 의해 강제로 하야당했다. 국회가 해산되고 군인들이 지명한 입법회의를 통해 민주정의당이라는 정당이 탄생했다. 보안사령관이 대통령이 됐다. 서울에서 미국문화원이 학생들에게 점령되고 부산의 미국문화원은 파괴되었다. 광주에서는 민주항쟁운동이 일어났고, 신군부는 수백 명이 넘는 광주 시민을 학살하며 민주화운동을 진압했다.

1983년 9월 소련은 269명의 승객을 싣고 미국에서 서울로 오던 대한항공 여객기를 격추했다. 10월에는 버마(미얀마)를 방문 중이던 전두환 당시 대통령을 제거하려던 랑군 아웅산 국립묘지 폭파 사건으로 17명의 고위 각료가 참사를 당했다. 이런 와중에도 쿠데타 대통령은 다음해 9월에 일본 동경의 일본 천황 궁성을 찾아가 일왕에게 머리를 숙이는 굴욕적 외교를 일삼았다. 미국은 쿠데타의 두목을 머리로 하는 신군부의 배후 조종을 일삼고 있었다. 카터에 이어 대통령이 된 레이건은 취임 후 가장 먼저 한국의 대통령을 워싱턴으로 불러들였다.

이런 마당에 조동진이 추진한 기독교 탈서구 운동의 의미는 무엇이었을까? 그것은 한마디로 말하면 평화 선교 운동이었다. 마침 UN이 1985년 10월 24일, 1986년을 국제 평화의 해로 선포한 때를 맞추어 시작한 운동이기도 했다.

조동진은 그보다 앞선 1982년 8월 16일부터 22일까지 서울에서 기독교 선교의 탈서구를 위한 아시아선교 지도자대회를 소집했다. 그리고 기독교 선교 탈서구를 위한 아시아인의 언약을 채택했다. 아직도 서구 식민 통치하의 심리적 노예 근성을 버리지 못하고 있던 동남아 국가와 남미와 아프리카 대표들이 우려를 나타냈지만, 그는 이 선언의 채택을 강행하였다. 그때부터 조동진은 국내의 친 서구 세력과 사대주의 신학자들의 경계의 대상이 됐다. 서구의 패권주의 선교 세력의 최우선 공격 목표가 되고 만 것이었다.

한국에서 그의 주장에 동조하는 학자들은 거의 없었다. 윌리엄캐리대학교 총장 랄프 윈터와 동 대학 수석 부총장 데일 키츠맨(Dale Kitsman), 휘튼대학교(Wheaton College)의 역사학 교수 얼 케인(Earle Cairns), 그리고 영국성서공회 총무였던 톰 휴스턴(Tom Houston) 등이 그의 역사관과 세계관을 뒷받침해주었을 뿐이다.

탈서구(De-Westernization) 선교 운동의 새로운 패러다임

조동진의 탈서구 선교 운동이란 간단히 말해 미국과 영국 같은 서구 중심의 패권주의적 선교에서 탈피해, 동남아를 비롯한 기타 국가에서 스스로 선교의 주체가 되자는 것이었다. 그의 탈서구 선교 운동은 자연스레 제3세계 선교 지도자들의 단결 운동으로 발전했다. 하지만 서구 선교 전문가들은 이를 경계하고 올무를 놓기까지 했다.

조동진은 모든 난관을 무시하고 1986년 10월 5일에서 11일까지 미국 캘리포니아 주 파사데나(Pasadena) 시에 있는 윌리엄 캐리대학교에서 세계 평화와 세계 선교를 주제로 삼은 선교대회를 개최했다. 그리고 세계 선교와 세계 평화를 위한 제3세계 선언을 채택하는 데 성공한다. 그 자리에서 그는 평화를 위한 세계 그리스도인 연대위원회 의장으로 선출된다.

그의 탈서구 선교 운동과 평화 선교 운동은 자연스럽게 반전쟁과 반핵운동과 연계되었다. 그러나 그의 운동은 반서구운동은 아니었다. 평화 선교 운동은 서구 선교가 식민주의적 정복 선교의 방법을 택했던 것을 거부하는 성서적 평화 선교로서 정치적 행동주의 신학과 거리를 둔 것이었다. 그는 그런 운동이 20세기 서구 열강들의 전쟁 역사에서 최대 피해를 입은 한민족의 분단을 극복하고, 민족과 교회의 관계를 성서적 근거 위에서 회복하기 위한 민족 통일신학을 정립하는 것으로 발전

되기를 바랐다.

조동진은 윌리엄캐리대학교에서 학문 활동을 하면서 1980년대 초까지는 친북 단체들과 거리를 두고 있었다. 그러나 1981년 숭실대학교 전 총장인 김성락 박사가 성경과 찬송을 가지고 평양을 방문하자 그를 꼭 만나야 한다고 생각하게 된다. 김성락 박사는 장모 나창석 권사와 가까운 사이였다. 서울에서 한 달에 몇 번씩 조동진의 집을 방문할 정도였다. 그를 비롯해 미국 연합 장로교회 선교부의 중동과 아시아 지역 담당 총무 자격으로 평양을 방문했던 이승만 목사와, 조동진의 고향 사람으로 평양을 방문했던 전 대광학교 교목이자 동신교회 목사였던 홍동근 목사도 만나기를 바랐다.

조동진은 바라던 대로 홍동근 목사와 김성락 박사를 로스엔젤레스에서 만났다. 다음 날엔 이승만 목사를 뉴욕에서 만났다. 조동진은 홍동근 목사를 윌리엄캐리대학교 고려연구소 북한연구실장으로 초청했다. 홍동근 목사는 이미 풀러신학교(Fuller Theological Seminary) 선교대학원에서 선교학 박사학위를 받은 사람이었다. 그를 통해 조동진은 통일신학동지회에 참가하게 된다. 그 동지회의 기관지인 〈통일신학〉의 편집인이 돼 서구 선교가 민족의 자주와 번영을 갈망하는 피선교지 민족의 욕구를 짓밟는 식민 통치 세력에 어떻게 이용되었는지를 보여주는 논문을 게재하기도 했다.

헬싱키에서 만난 북한 사람들에게

조동진은 통일신학 동지회 임원 자격으로 1988년 7월에 핀란드 헬싱키에서 개최된 북한과 해외 동포 기독학자 간의 대화에 초대되었다. 그 자리에서 북한 사람들을 만나게 된다.

조동진은 이때 헬싱키 공항에서 만난 북한 사람들의 몸가짐이 인상적이었다고 회고한다. 그들에게서는 지난 40년간 일제의 고압적 관료주의를 그대로 닮은 남쪽 정부 관료들에게 항상 느꼈던 불쾌한 감정과 어색함을 느낄 수 없었다고 한다. 북녘 사람들이 뿔이 달린 붉은 귀신이라고 알고 있던 남녘 사람들에게는 그의 소회가 친북으로 오해될 수도 있을 것이다. 그러나 그것은 솔직히 필자가 지금 북한 관계자들을 종종 만날 때 느끼는 것과 비슷하다. 조동진은 분명한 반공주의자다. 목사로서 해방 후 6개월 간, 그리고 한국동란 전후 5년을 지리산에서 산 사람이다. 그 말은 공산당과 빨치산의 소굴에서 살면서 민족주의자로서 반공 이념을 지켜왔다는 뜻이다.

조 목사가 헬싱키 주재 북한 대사관 소유의 차를 타고 회의 장소에 가니 북한 대사관 직원이 숙박 수속을 한다는 명목으로 여권을 맡기라고 했다. 조동진은 그것을 회의 기간에는 국적 같은 것을 접어두자는 뜻으로 느꼈다고 회고했다. 미국 시민권도 대한민국 국적도 조선 민주주의 인민공화국 외교관의 신분도 다 묻어둔 채 조국의 앞날을 생각하는 만남 같았다는 것이다.

그런 자리가 쉽게 마련된 것은 아니었다. 1970년대에는 미국과 캐나다의 진보적 기독학자들이 유신정권의 타도를 외치다 반정부 인사로 몰렸는데, 그들이 1980년대에는 민족 통일 운동으로 방향을 바꾸었다. 그리고 1981년부터 북미주와 유럽의 학자들과 목사와 실업인들이 북한의 통일 관련 전문가와 함께 오스트리아 수도 비엔나에 모여 통일 대화를 하기 시작했다. 그 대화는 1986년까지 네 번이나 이어졌고, 1988년 헬싱키에서 모인 회의에 조동진이 참석하게 된 것이었다. 복음주의 진영의 성직자이자 보수적인 학자로서 진보적 학자들의 대화 모임에 참여한 자체가 다른 참석자 모두를 놀라게 한 일이었다. 그는 모임에서 그의 정치적, 신학적 입장을 다음과 같이 분명히 밝혔다.

"통일운동은 민족운동이어야 합니다. 남북대화와 좌우합작을 외치던 해방 초기 민족운동 주체들의 뒤를 따라야 합니다."

"나는 이승만의 반쪽 대한민국이 아닌 김구 주석의 대한민국 임시정부의 통일정부 수립정책의 뒤를 따르렵니다."

"나는 친북도 친남도 아닙니다. 다만 자주적이며 평화적인 민족 통일과 민족 교회 형성만이 나의 소원입니다."

참석자들은 그의 주장을 거부하지 않았다. 회의 중에 조동진은 북한의 서기국장에게 이런 말도 했다.

"북쪽에서는 항상 미국의 진보적 학자와 진보적 정치인들만 초청하는데, 그래 가지고서 미국과 관계가 잘 되겠습니까? 미국을 움직이는 것은 보수주의 세력입니다."

서기국장은 그의 말에 동의했다.

"미국이라는 나라는 민간의 여론에 의해 정부의 정책이 좌우됩니다. 교회도 마찬가지예요. (북한 정부가) 항상 WCC와 NCC 사람들만 평양에 불러들이는데, 그 사람들은 정치권에는 힘이 있어도 교회를 움직이는 힘은 없어요. 나는 북에서 미국과의 관계 개선을 진정으로 원한다면, 미국의 보수 진영과의 접촉 창구 노릇을 할 용의가 있습니다."

조동진은 단도직입적으로 하고 싶은 말을 이어갔다.

"빌리 그래함을 압니까?"

서기국장은 모른다고 했다.

"그 분을 평양으로 초대하십시오. 그가 평양을 방문하면 미국 정치계에 충격을 줄 것이며, 미국 기독교인의 대다수 지지를 받고 있는 그의 방북은 미국 전체의 기독교 세력이 평양에 대해 호의를 가지게 할 것입니다."

관심을 보이는 서기국장에게 조동진은 과거 자신이 빌리 그래함 전도대회를 진행한 이력을 설명했다. 중국의 등소평도 빌리 그래함을 초청했다고 알려주었다. 북한 대표들은 조동진의 말에 흥미를 보였다. 그날 저녁, 그들은 조동진 일행을 찾아와 기쁜 소식을 전한다고 말했다. 평양에 교회가 세워진다는 소식이었다. 어디에 세워지느냐고 물으니 "그건 모른다"며, 조 목

사에게 "직접 와서 새로 지은 교회를 보라"고 말했다. 조동진은
옆에 있던 홍동근 목사의 손을 잡고 눈물을 지었다.

독수리는 두 날개로 난다

다음 날부터 진행된 토론에서 조동진은 갈등을 중재하거나 평
소 소신을 밝히기도 했다. 일본 선교사였던 강 모 목사가 "평
양의 교회가 믿는 하나님은 어떤 하나님인가?"를 따져 물어 공
방이 벌어지자 "하나님을 믿지 않는 조선 로동당 간부에게 민
족의 교회가 믿는 하나님에 대한 정의를 묻는 것은 잘못"이라
고 중재했다. 신학적인 문제는 기독교 지도자들의 몫이지 교회
의 설립을 허락한 공산당의 몫이 아니라는 지적이었다. 그의
주장에 양쪽 모두 박수를 치며 찬성했다고 한다. 때를 맞춰 조
동진은 자신의 입장을 밝혔다.

"나는 죽었다 다시 살아나도 공산당 될 자신은 없습니다만
반일 반미하는 데는 공산당에 지고 싶지 않습니다. 여러분이
우리 집안의 항일 운동 역사와 내 부친께서 미 점령군 군사재
판에서 사형 언도를 받은 것을 안다면 나의 이 말을 반박할 수
없을 것입니다. 그러나 나는 성직자로서 우리 민족의 생명 구
원을 위한 민족 통일과 민족 교회 회복을 위하여 여러분을 돕
기 원합니다."

역시 박수를 받은 말이었다.

사흘 간의 만남을 끝내고 조동진 일행은 헬싱키 주재 북한 대사관저의 초청을 받았다. 친교의 자리였다. 조동진은 그 자리에서 모란봉과 금강산, 명사십리와 압록강을 노래하는 옛날 가요를 불러 그들을 놀라게 했다. 그리고 지리산 밑에서 목회하던 때 토벌대와 빨치산의 장례식을 아침과 오후에 나눠 치른 사연을 들려주었다. 다시는 그런 전쟁이 있어서는 안 된다고 호소했다. 북에서 온 사람이나 미국에서 온 교포 학자들 모두 숙연해질 수밖에 없었다. 조동진이 아니면 그 누구도 할 수 없는 증언이었다.

1988년 헬싱키에서의 모임은 조동진으로 하여금 민족 화해와 평화 선교 운동이 남과 북으로 확대되는 계기가 되었다. 그보다 앞선 1986년 미국에서 통일신학동지회에 참여했던 홍근수 목사가 향린교회 담임목사가 되어 서울에 와 있었다. 조동진은 그를 전도사 시절부터 알고 있었고, 그 역시 민족 교회 형성을 위한 조동진의 신학적 이론에 동조하는 사이였다. 그와 더불어 이 이론에 동조하는 또 다른 홍 목사도 있었다. 새문안교회 부목사 출신으로 미국 프린스턴신학교(Princeton Theological Seminary)와 휘튼대학(Wheaton College)에서 철학을 연구한 홍동근 목사였다. 그들은 조동진과 달리 진보적이었다.

조동진은 헬싱키에서 돌아온 즉시 서울로 돌아가 두 홍 목사를 만났다. 그리고 민족 화해와 평화 통일의 신학 정립을 위한 학술회의를 가지기로 뜻을 모았다. 보수 진영의 기수를 자처하는 조동진이 진보적 정치 신학을 지향하는 세력의 중심 인물들과 손을 잡는 것은 쉬운 일이 아니었다. 보수 진영은 조동진을 친북 세력으로 전향한 배신자로 매도했다고 한다. 진보 진영도 곱게 보지 않은 건 마찬가지였다. 양측 모두 경계한 것이다. 그러나 조동진은 민족 통일에 대한 이론의 틀은 진보와 보수 양 세력이 손을 잡아야만 진행될 수 있다고 확신했다.

"독수리는 두 날개로만 창공을 날 수 있습니다. 오른쪽 날개만으로도 안 되고 왼쪽 날개만으로도 안 됩니다. 이것은 대한민국 임시정부 김구 주석의 뜻이기도 했습니다."

조동진은 제3세계 선교 단체 협의회 의장 자격으로 통일신학 동지회와 제3세계 신학연구소 두 단체와 손을 잡고 민족 화해와 평화 통일의 신학 정립을 위한 학술회의를 1988년 12월 19일부터 21일까지 수원 아카데미하우스에서 소집했다. 조동진은 해외 학자 초청 계획과 재정을 책임지는 요직을 맡았다. 미국에서는 아이오와신학교(University of Iowa Theology) 교수 가우이조, 윌리엄캐리대학교 북한연구실장 홍동근, 노폭대학교(Norfolk State University) 사회학과 김동수 교수를, 독일에서는 이영빈 목사와 김순한 목사를 참석시켰다. 또한 국내 보수 진영 학자로 정성구 총신대학장, 한명수 기독신보 주필, 이만열 한국기독교역사연구소 소장을 참석시키는 데도 성공했다. 운동권 교역자로서는 문익환, 박형규, 조용술, 이해학 등 대표적 인

물들이 참석했다. 참석자는 총 100명에 달했다. 이 모임은 분
단 44년 만에 처음으로 국내와 국외에서 진보와 보수 진영 성
직자와 신학자들이 자리를 함께한 일대 거사였다. 그들은 민족
통일과 민족 교회 형성을 위한 신학 정립이 교회의 책임인 것
을 깨우치기로 뜻을 모았다.

평양으로부터 초청장을 받다

헬싱키에서 돌아간 북한 대표들은 약속한 대로 평양에 오라는
초청장을 조동진에게 보냈다. 그 초청장은 원래 1988년 8월에
보낸 것이었으나 넉 달이 지난 11월에야 조동진에게 전달되었
다. 진보 진영의 조국 통일 북미주 협의회 의장 앞으로 온 것이
었는데, 그가 보수주의자인 조동진에게 그런 초청장이 온 것이
마땅치 않아 전달하기를 미룬 것이었다. 조동진은 그 사실을
12월 서울에 와서야 듣게 되었다.

북한에 들어가려면 우선 중국영사관의 사증이 필요했다. 중
국을 반드시 거쳐 가야 했기 때문이다. 그런데 중국영사관은
중국의 공식 초청이 없는 사람에게 입국 사증을 발급하지 않
는다고 했다. 조동진은 마침 미국에 가 있던 맏딸 조응순에게
중국 입국 사증 수속을 부탁했다. 친화 능력이 뛰어난 딸은 영
사관 직원을 설득해 하루 만에 초청장을 받아내고 호텔 예약

과 항공편 예약까지 해주었다.

조동진은 1989년 1월 18일 북경에 도착했다. 어린 시절 신의주에서 압록강 철교를 건너 만주 땅을 밟은 일은 몇 번 있었지만 중국의 수도 북경에 간 것은 난생 처음이었다. 감회가 깊었다. 1월 20일 중국 민항기로 평양에 들어갔다. 평양의 국제공항인 순안비행장에는 헬싱키에서 만났던 참사관과 서기장 등이 기다리고 있었다. 조동진과 동행한 홍동근 목사는 곧바로 귀빈실로 안내되었다. 입국 수속과 짐 검사는 방문 내내 조동진 일행을 안내할 참사관이 대신해주었다.

조동진 일행을 태운 승용차는 고려호텔로 향했다. 안내자는 한국전쟁 때 평양 인구수의 3배나 되는 폭탄이 평양시를 폐허로 만들었다는 설명을 했다. 평양의 옛 모습을 볼 수 있는 곳은 모란봉과 대동강뿐이라고 했다.

조동진은 공식 환영만찬회를 마친 다음 날부터, 원하는 스케줄을 묻는 서기장에게 새로 지은 봉수교회와 천주교 장충성당을 방문하는 일과 기독교도연맹 간부들과 대화할 기회를 마련해줄 것을 요청했다. 그리고 고향인 평안북도 피현군을 방문해 3박4일 정도 그곳에 남아 있는 가족 친지들과 함께 지내기를 바란다고 말했다. 그외 일정은 북한 당국에 맡겼다.

그가 기억하는 평양에서의 일정 가운데 하이라이트는 1월 22일과 29일 두 번에 걸친 봉수교회의 주일예배였다고 한다. 해외 기독학자들과 통일신학동지회가 여러 해 동안 간청해온 교회 설립 요청을 조선 로동당이 공식으로 수락해 세워진 역사적인 교회였기 때문이다. 그는 그 교회의 예배에서 생애를 민족 교회 운동에 바치겠다고 새삼 다짐했다고 한다.

조선 로동당은 1980년대에 들어서면서 종교 활동의 부분적 개방 정책을 논의했다고 한다. 그래서 그 후 해외 종교 지도자의 평양 초청이 꾸준히 진행됐다. 1983년부터 성경과 찬송가가 출판됐고 1988년에는 개신교 교회와 천주교 성당 건물이 세워졌던 것이다. 1989년에는 김일성종합대학에 종교학과가 설치됐다. 1992년 4월에는 헌법에서 종교에 관한 조항을 개방적 방향으로 개정했다. 그해 가을에 발행된 조선말대사전에서는 1980년대까지의 사전에서 종교를 비난하고 적대시하던 부분이 모두 삭제되고 객관적이고 긍정적인 내용으로 개정됐다. 조동진은 그때 북녘 땅에서 역사적 변화와 종교정책의 변화에 대해 확인할 기회를 가진 것이다.

봉수교회와 고향 땅을 방문하고

1월 22일 주일 조동진은 봉수교회 주일예배에 참석했다. 예배 전에 기독교도 연맹의 고기준 목사를 만나 자신의 저서《교회행정학》과《현대교회 건축계획》을 증정하고 봉수교회 봉헌을 축하했다.

예배의 성가대원들은 중년의 여자뿐이었고 피아노를 치는 부인은 서툴렀다. 음악 전공자 같지 않아 보였다고 한다. 그런데 이듬해 다시 방문했을 때, 그때 피아노를 치던 부인이 놀랍게도 조동진의 친척 중에 몇 안 되는 목사의 딸이라는 사실을 알게 되었다. 신도 가운데에는 미국에 있는 이승만 목사의 누이동생도 있고 청파동 삼일교회 김영규 목사의 누이동생도 있었다.

예배는 리성봉 담임목사가 인도했다. 리성봉 목사는 이사야서 1장 18절 말씀을 본문으로 공의와 공평에 대해 설교했다. 조동진은 그의 설교에서 1930년대 고향 교회에서 느꼈던 것과 유사한 기분이 들었다고 한다. 조동진은 그 후 1991년 6월에 리성봉 목사를 미국으로 초청했다. 리성봉 목사는 1923년생으로 1930년대 만주 길림에서 살면서, 독립운동가로 대한민국 임시정부 의정원 의원이었던 도인권 목사에게 세례를 받은 전형적인 민족주의 신앙의 소유자라고 조동진은 전했다.

조동진은 이때 고향 피현 땅도 밟았다. 1946년 2월 15일 고향을 떠난 지 44년 만이었다. 고향에는 동생들, 조카들, 손자 손녀 50여 명이 줄을 지어 그를 맞이하고 있었다. 조동진의 할아버지 할머니께서는 아들만 여섯을 두셨다고 한다. 그들 가운데 북에 남아 있던 이들이 일가를 이루고 있던 것이다. 할아버지의 자손으로 고향 땅에 살고 있는 가족의 수는 무려 150명이 넘었다. 더 놀라운 사실은, 전쟁을 겪고도 전쟁 중에 희생된 사람은 평양 폭격 때 파편에 맞아 돌아가신 막내삼촌 한 분뿐이었다. 조동진은 그날 한 할아버지의 자손이 북과 남과 미국에 흩어져 서로가 서로를 알지 못하고 살아가야 하는 민족의 아픔과 분단의 슬픔을 목도하며 밤이 새도록 가슴이 찢어지는 듯했다.

조동진은 오랜 만에 고향을 방문했을 때 특별히 기억에 남는 일이 두 가지였다고 했다. 첫째는 할아버지와 할머니의 산소를 찾아가 온 가족이 함께 찬송을 부르고 기도를 드린 일이다. 조동진은 할아버지, 할머니 무덤 앞에서 식구들에게 창세기에 나오는 말씀 중 상수리나무 아래 장사 지낸 아브라함과 사라의 무덤에 관한 말씀을 전했다고 한다. 둘째는 얼굴도 생소한 친척 가족들과 둘러앉아 함께 밥을 먹을 때 모두 머리를 숙이고 간절히 기도를 드린 일이다. 1950년 이후 처음 드린 가족의 기도였다.

평양으로 돌아가기 전날 밤, 사촌동생 중 한 사람이 가족과 친척을 모두 모아놓고 "형님이 돌아가시니 오늘은 모두 모여 형님의 말씀을 듣자"고 제안했다. 조동진은 "통일의 날은 멀지 않다. 국제 환경이 그렇고 민족의 소원이 그렇다. 이 단절의 아픔이 더 오래 가지 않도록 기도하고 기다리자"고 위로했다고 한다. 그리고 다 같이 노래를 불렀다.

"나의 살던 고향은 꽃 피는 산골…."

"우리의 소원은 통일 꿈에도 소원은 통일…."

미스터 미션, 조동진

그런 노래를 부르는 중에 동생 중 하나가 갑자기 어릴 때 어머니와 함께 부르던 찬송을 부르겠다고 했다.

"예수 사랑하심은 거룩하신 말일세…."

모두가 눈을 반짝이며 함께 불렀다. 그러자 나이 40이 갓 넘어 보이는 먼 친척 조카라는 사람이 일어나더니 다른 찬송을 불렀다.

"저 좋은 낙원 이르니 그 쾌락 내 쾌락일세. 이 세상 추운 일기가 화창한 춘일 되도다"(새찬송가 245장의 옛 가사).

그는 3절까지 가사 하나도 틀리지 않고 불렀다. 요즘은 자주 부르지 않는 옛날 찬송가였다. 조동진은 놀라며 "젊은 조카가 어떻게 그 찬송을 아는가?" 하고 물었다.

"어머니가 날마다 나를 품에 안고 젖을 먹이시면서 부르시던 찬송입니다."

조동진은 그 조카의 손을 잡고 한참을 울었다고 한다. 북녘 땅에 눈에 보이는 교회는 없어도 믿음의 뿌리는 그렇게 살아 있는 것을 본 순간이었다.

평양으로 간 목사

평양 김일성대학에서 강연한 목사
|
10

김일성종합대학에 종교학과 설치되고

1989년 그가 북한을 방문할 때 현대그룹 설립자 고 정주영 회장이 평양을 방문하고 있었다. 함경북도 출신 재미교포 사업가 황규빈도 평양에 와 있었는데, 그는 후암교회 대학부 학생 시절 조동진의 주선으로 미국 유학을 가 세계적 수준의 사업가가 된 사람이라고 한다.

그 해 김일성은 신년사에서 당시 남한의 민주당 총재 김대중, 천주교 김수환 추기경, 그리고 통일운동과 재야 단체를 대표하는 문익환 목사와 백기완을 초대하겠다고 밝혔다. 그 해 부활절에 문익환 목사가 평양을 방문했고, 전국 대학생 총연합회의 임수경 학생이 평양에서 열린 국제청년학생체육축전에 참가했다. 그리고 김일성종합대학에는 종교학과가 설치되었다. 로동당 중앙위원회 결정으로 이루어진 종교정책의 전환이었다.

　김일성대학은 조동진과 함께 일하던 홍동근 목사를 방문교
수로 초청했다. 월리엄캐리대학교 고려연구소장이던 조동진
은 홍동근 목사를 고려연구소 북한연구실장으로 임명하도록
월리엄캐리대학교 측과 협의한 바 있었다. 그래서 월리엄캐리
대학교 교수 자격으로 김일성대학교 방문교수가 되게 한 것이
다. 이런 일 덕분에 조동진은 월리엄캐리대학교 총장단과 함께
북한을 다시 방문하게 된다. 1990년 11월이었다.

　미국의 대표적 선교대학교의 총장단을 이끌고 평양을 방문
한 일은 사실 쉽게 이뤄진 일이 아니었다. 재미교포는 동포이
므로 비교적 쉽게 초청받을 수 있었지만 미국인으로서 대학
총장이 초청되는 것은 당의 정책 변화 없이는 불가능했기 때
문이다. 조동진은 그런 불가능에 도전하는 사람이었다. 도전이
성서적인 신앙의 자세라고 믿는 사람이기 때문이다.

　이때 월리엄캐리대학교의 부총장 키츠맨 박사는 북한의 한
시해 부위원장에게 미국으로 초청하겠다고 제안했다. 지미 카
터 대통령까지 만날 수 있도록 주선해보겠다고 했다. 그들은
그 제안을 기쁘게 받아들였다.

　일찍이 북미 기독학자회는 두 번에 걸쳐 북한의 주체 사상
학자 초청에 실패한 상태였다. 이승만 목사가 주도하는 미국
장로교 총회가 북한 기독교 연맹 목사들을 초청하려는 계획도
있었다. 그러나 미 국무성이 승인하지 않았던 것이다. 그런데

이번에는 윌리엄캐리대학교가 북한의 초청에 대한 응답으로 UN 대사직을 맡았던 한시해 부부장 등을 초청하겠다는 제안에는 거부할 구실을 찾지 못했다. 총장 랄프 윈터 박사는 직접 워싱턴으로 가서 국무성을 방문하는 등 초청 승인을 위해 힘썼다.

그런데 일은 뜻밖의 방향에서 풀리기 시작했다. 국무성의 한국과 북한 담당관이 조동진에게 직접 연락을 해온 것이다. 미정부가 윌리엄캐리대학교와 북미 기독학자회와 미국 장로교 총회의 초청 일자가 모두 5월과 6월 두 달에 걸쳐 열리니 그것을 하나로 묶어 일괄 승인하겠다는 것이었다. 그러자면 세 단체가 합의를 해야 하는데, 국무성이 그 조정 역할을 조동진에게 맡긴 것이다. 조동진은 윌리엄캐리대학교를 대표하는 입장이 아니므로 불가능하다고 했지만 다른 단체의 대표가 한국인이니 역시 한국인이 나서면 조정하기 쉽지 않겠느냐는 것이 담당관의 의견이었다.

합의는 순탄하게 진행되었다. 북한 일행은 5월 25일 뉴욕 케네디 공항에 도착했다. 북미 기독학자회가 주최하는 학술회의에는 남한의 학자들도 초청되었다. 한완상, 이만열, 이삼열, 변홍규, 박순경 등이 북한의 주체 철학자들과 자리를 같이했다.

북한 대표를 미국에 오게 하다

6월 6일, 한시해 대사 일행은 카터 전 대통령을 그의 집까지 찾아가 만났다. 북녘 일행은 미국 대통령의 집이 작고 검소하다는 사실에 충격을 받은 것 같았다고 한다.

북한 대표는 방문 목적대로 지미 카터에게 김일성을 만나러 평양에 와줄 것을 요청했다. 카터는 그러겠다고 답하면서 조건을 제시했다. 북한이 자기에게 어떤 역할을 기대하는지 분명히 말해줄 것, 그리고 서울을 거쳐 휴전선을 넘어 평양에 갈 것이라고 말했다. 모두 깜짝 놀랐다. 휴전선은 군사 경계선이지 국경선이 아니었기 때문이다. 카터는 이런 놀라운 말을 했다.

"당신들(북한과 남한)은 항상 하나의 조국(One Korea)을 강조하지 않습니까? 나는 국경을 넘으려는 것이 아니라 전 미국 대통령으로서 남쪽 서울에서 휴전선을 넘어 북쪽 평양에 감으로써 한반도가 한 나라임을 증언하고자 하는 것입니다."

카터는 서울에서 당시 노태우 대통령을 만나 남한의 메시지를 들고 가겠다고 했으며, 미국 대통령 조지 부시(George H.W. Bush)에게도 보고하고 그의 허락 하에 서울과 평양으로 갈 것이라고 했다. 놀랍게도 조동진에게는 남한 대통령에게 자신의 뜻을 전할 수 있느냐고도 물었다. 가능한 일이었기에 조동진은 그러겠노라 답했다. 카터는 모든 이야기를 마무리하면서 이렇게 기도했다.

"하나님 아버지, 휴전선을 넘어 평양에 갔다 올 때는 한반도의 긴장과 미국과 북한의 적대 관계가 풀릴 수 있는 큰 선물이 서로에게 주어지기를 간절히 기도합니다."

1983년 이후 기독교도 연맹의 성경 찬송 출판, 1988년 평양 봉수교회 건축, 1989년 김일성대학교 종교학과 설치, 1990년 김일성종합대학과 김형직사범대학의 초청으로 미국의 대표적 선교대학인 윌리엄캐리대학교 총장단의 방북, 1991년 윌리엄캐리대학교 초청에 의해 한시해 전 북한 유엔 대사를 단장으로 하는 북한 고위 대표단의 미국 방문, 1992년 북한의 〈조선말대사전〉에서 종교에 관한 부정적 내용의 전면 수정, 1992년 북한의 반종교운동 자유조항을 삭제하는 헌법 수정에 이르기까지, 이 엄청난 변화의 소용돌이 속에서 조동진의 역할이 적지 않았다. 김일성 주석 시대 말기에 하나님은 그를 민족의 운명을 바꾸어놓는 데 필요한 그릇으로 쓰고 계셨던 것이다.

조동진은 민족 화해와 평화 선교 운동을 함에 있어 일정한 틀이 있는 사람이다. 스스로 말하기를, 어떤 구상이나 계획을 하여 행동을 옮기기 전에 반드시 이론과 행동의 틀을 만들어놓고 거기에 맞추어 행동하는 버릇이 있다고 한다. 그렇다면 그의 민족 화해와 평화 선교 운동에는 어떤 틀이 있을까?

그는 하나님과의 화해가 인간 세계에 평화를 잉태하게 한다고 믿는다. 그리스도를 화해의 종으로 인식하기 때문에 그분을 믿는다고까지 말한다. 그래서 민족 분단의 극복을 화해의 진리에서 찾는다는 것이다. 화해한다는 것은 죄나 불의와 타협하는 것이 아니다. 그것은 하나님의 사랑의 기초이며 우리와 같은 죄인까지 용서하신 그 용서의 진리를 통한 화해이다. 그것은 하나님의 지성소와 인간 사이에 있는 분단의 휘장을 위로부터 찢어 하나님의 거룩한 것이 저주받은 인간에게 임하게 하시는 화해의 종, 곧 그리스도께서 이루신 십자가의 진리인 것이다. 조동진의 민족 화해를 위한 대북 활동은 그런 믿음의 틀 안에서 실천된 일이었다.

2,517권의 기독교 서적을 김일성대학교 도서관에 기증하다

1992년 4월 조동진은 또 다시 평양을 방문한다. 이번은 김일성종합대학교의 종교학과 발전을 위한 학사 교류라는 명분이었다. 그 명분을 위해 종교학과 교재의 출판과 도서 기증을 약속했다. 그래서 이번에는 평양으로 가기 전에 2천 권 이상의 기독교 신앙 도서를 준비해야만 했다. 조동진은 그 일을 당시 한국기독교출판협회 회장이던 〈월간 목회〉(月刊牧會) 발행인 박종구 목사에게 부탁했다. 박 목사는 김일성종합대학교에 책을 기증한다는 말에 반신반의하는 출판사들을 설득해 2천 권이 넘는 책을 모아주었다. 정리하려고 헤아려보니 무려 2,517권이었다. 그것을 출판학을 공부한 둘째 딸 조응옥이 분류해주었다. 책은 4톤 트럭에 가득찼다. 배송비는 거의 책값을 방불케 했다. 조동진은 이번에는 미국으로 돌아가 아내와 함께 홍콩행 비행기에 올랐다. 홍콩에서는 중국 입국 사증을 당일에 받을 수 있기 때문이었다.

책은 5월 14일 평양에 도착한 조동진보다 늦은 5월 21일에야 도착해 애를 태우기도 했다. 23일에 도서 기증식이 예정돼 있었다. 도서 기증 기념 특강도 해야 했다. 더 놀라운 일정이 준비돼 있었다. '김일성 수령님'을 기증식 전에 만나야 한다는 것이었다. 2,517권의 성경과 신학 도서와 성경 주석과 각종 신앙 도서가 공식적으로 김일성종합대학교 도서관에 진열되는 날이었다. 그날에 대학교 간부 교수들과 기독교 연맹 간부 150여 명 앞에서 기독교 특별 강연까지 할 뿐 아니라 김일성 주석까지 만나게 된 것이었다. 이 모든 일이 단 하루에 일사천리로 진행되고 있었다.

도서 기증식의 공식 명칭은 '김일성 주석 배려 기독교 도서 기증식'이었으며 기증자는 '윌리엄캐리대학교 고려연구소 소장 조덕천(조동진의 본명)'이라고 책마다 인쇄되었다. 게다가 다음 주일에는 봉수교회에서 도서 기증 축하예배를 드리면서 설교를 해달라는 부탁까지 받았다. 그날 오후 조동진은 아내와 함께 김일성 주석을 만났다. 접견은 한 시간 이상 계속됐다.

김일성 주석은 이미 조동진의 가정 배경과 미국에서의 북미 화해와 관계 정상화를 위한 활동을 소상히 알고 있었다. 1910

년경에 독립운동을 하던 가정 이야기, 1920년대 조선국민회 이야기, 1930년대 만주 동북부 독립운동 이야기, 그리고 서간도와 북간도 지역의 민족 교회 역사에 관한 이야기, 김일성 주석 부모의 신앙생활과 교회 봉사 이야기까지 이어졌다.

김일성 주석은 조동진의 대미 활동에 대해 고맙다는 말을 반복했다. 미국에 대한 생각도 소탈하게 밝혔다고 한다. "40년 전 전쟁의 적국이 지금도 적국은 아니다"라는 말까지 했다고 한다. "아시아의 평화를 위하여 미군이 조선 반도에 남아 있을 필요가 있다"고도 했다. "미국과 우리의 공동의 적은 일본"이라는 말도 했다. "지미 카터 대통령과 빌리 그래함 목사의 평양 방문을 환영한다"고 했다. 조동진의 교회관에 대해서도 견해를 밝혔다. 조동진의 민족 교회 사관에 대한 글을 읽었으며, 그 역사관과 교회관에 동조한다고 말했다. 그러면서 조동진 목사가 김일성대학교 종교학과의 발전에 크게 이바지해줄 것을 기대한다고도 말했다. 열띤 대화는 만찬 시간에도 계속되었다.

김일성 주석을 만난 사진이 로동신문 1면에

김일성 주석을 만나고 나서 오후 2시 50분 김일성종합대학에서 도서 기증을 기념한 특강이 이어졌다. 조동진은 그 자리에서 이렇게 말했다고 한다.

"이데올로기는 한 시대를 지배하지만 민족은 역사 속에 영원히 존재한다고 합니다. 민족의 운명을 같이 하는 것은 종교와 문화라고 합니다. 국가는 종교를 제약하기도 하고 종교가 문화를 제약하기도 하지만, 정반대로 종교가 국가를 제약하기도 하고 문화가 종교를 제약하기도 합니다. 이데올로기 블록 시대가 끝나면 남는 것은 민족과 종교뿐입니다."

그리고 민족과 종교의 관계를 역사적으로 설명했다. 그날 그의 강의 핵심은 민족 근대사와 기독교의 관계를 설명하는 데 모아졌다. 기독교가 나라 없는 우리 민족의 보호자 역할을 했다고 강조했다. 일본 제국주의가 우리 민족을 강압 지배하고 있을 때 가장 미워하고 핍박한 것이 기독교였다고 말했다. 그러면서 세계 역사상 종교가 민족에게 과오를 범한 사실도 지적했다. 그러나 종교가 인민의 아편이라고 주장한 마르크스와 엥겔스의 사상은 잘못된 것이라고 주장했다. 기독교는 박해로 사라지는 것이 아니라는 말도 했다.

그는 기독교가 우리 민족 근대사의 횃불이었고 희망이었음을 강조했다. 그리고 오늘의 민족 통일 운동의 주체는 기독교라고 했다. 결론으로 통일 조국의 기독교는 외래 종교가 아닌 민족 교회여야 한다고 주장했다. 민족 교회가 민족이 유리 방황하고 나라가 망했을 때 민족을 보호하는 주체였고 독립운동의 선봉이었던 것처럼, 21세기 통일 조국의 교회 사명은 50년 전 사라졌던 민족 교회를 소생시키는 것이라고 말했다.

강의 후 교수들의 열띤 질문이 30분 이상 이어졌다. 질문의 대부분은 서양사를 전공한 역사학부 교수들과 우리 민족의 근대사를 연구한 역사학 교수들의 입에서 나왔다. 1992년 5월 23일 오후 3시부터 4시 30분까지 1시간 반은 그에게 잊을 수 없는 역사적인 시간이었다. 그를 흥분시킨 시간은 다음 주일 아침 봉수교회의 특별 설교까지 이어졌다. 보통 때보다 훨씬 많은 신도들이 교회 아래 위층을 가득 채우고 있었다. 주일 아침 〈로동신문〉에 조동진 목사가 김일성 주석을 만난 기사가 커다란 사진과 함께 1면을 가득 채우고 있었다. 많은 신도들이 그 기사를 읽고 교회에 나온 것이었다.

사회를 맡은 리성봉 목사는 어제 있었던 도서 기증식과 기념 특강에 대하여 설명하고 조동진을 강대상 앞으로 인도했다. 조동진은 훗날 이날의 특강 내용과 설교 내용 전문을 복사해서 미국과 국내의 여러 성직자들과 학자들에게 나누어 주었다. 그날의 특강과 예배를 찍은 비디오 테이프도 여러 차례 공개하였다.

청와대와 주석궁의 가교 역할을 하다

|

11

사모의 소천 후에도 평화의 가교 역할은 계속되고

조동진의 아내 나신복은 평양을 다녀온 지 얼마 되지 않은 1992년 10월 8일 오후 여섯 시(미국 시간), 미국 로스앤젤레스의 선한 사마리아 병원 수술실에서 숨을 거두었다.

나신복 사모는 1991년 10월 외금강의 만물상을 따라 비로봉 정상에 오를 만큼 건강을 유지하는 것처럼 보였다. 1990년 직장암 수술을 받고 고된 방사선 치료까지도 견뎌냈기 때문에 결혼 50주년을 넘겨서도 살기를 바랐던 조동진의 바람을 저버린 셈이었다.

1949년 4월 26일 정혼한 날부터 그날까지 나신복 사모는 평안이나 풍요를 맛본 일이 없었다고 조동진은 회고한다. 민족과 함께 풍운을 헤쳐 나가는 불우한 독립운동가의 며느리로서 살았다. 교회 울타리 속의 안전하고 고요한 목회의 길을 걷기보다 거친 세파 속에서 광야의 목자처럼 살아가는 목사의 아내로서 모든 것을 희생했다.

1992년은 공화당 부시 정권이 아리조나 주지사 출신 클린턴(Bill Clinton)을 내세운 민주당 대통령 후보에게 정권을 내준 해였다. 미국의 세계 정책이 진보적으로 바뀐 것이었다. 한반도에서는 30년을 버텨오던 장성(將星) 출신 대통령의 군사정권이 무너지고 문민정권이 창출된 해였다.

조동진은 나신복 사모가 숨을 거두기 보름 전에도 평양을 방문하고 있었다. 그때 조동진 일행은 황해도 신천에 '화해의 예배당'을, 판문점과 개성 사이에는 '평화의 예배당'을 세워야 한다고 북한에 제안했다. 그 제안은 아직 이뤄지지 못하고 있지만 조동진은 언젠가 이뤄질 거라고, 이뤄져야 할 일이라고 여전히 꿈을 꾸고 있다.

조동진은 문민정부의 새 통일원 장관이 된 한완상을 만났다. 둘은 이미 구면이었다. 윌리엄캐리대학교가 한시해 등 북측 대표를 미국으로 초청했을 때, 한완상은 이만열, 이삼열 등과 함께 초청돼 뉴저지에서 북한의 학자들과 대면한 일이 있었다. 조동진은 한완상에게 김일성 주석의 생일에 앞서 평양을 다시 방문해달라는 초청을 받은 사실을 설명했다. 두 사람은 이 기회에 김영삼 대통령이 취임사에서 밝힌 두 가지를 김일성 주석에게 전달하기로 합의했다. 취임사에서 밝힌 두 가지란 "남북 정상 간의 통일을 위한 만남에 때와 장소를 가리지 않겠다"

는 것과 "어떤 동맹국도 결코 민족보다 우선하지 않는다"는 제 안이었다. 제3세력을 배제하고 남과 북이 직접 통일을 의논하 자는 뜻이었다.

그는 한완상 부총리와 나눈 내용을 김영삼 대통령 취임에 맞춰 출옥한 문익환 목사에게 전하고 함께 기쁨을 나눴다. 문 익환 목사는 김영삼 대통령에 대해 어느 정도 신뢰하는 눈치 였다. 김영삼이 서울대학교 다닐 때 그의 아버지에게 세례를 받았다고 증언했다. 반면, 다음 날 만난 향린교회 홍근수 목사 는 문익환 목사나 한완상 부총리와 달리 문민정부에 대해 부 정적이었다. 대통령이 된 김영삼 장로가 세계관과 국제 관계에 대한 인식이 부족하다는 불신이 많았다. 김영삼이 야당 총재 시절 미국 동부를 여행할 때 홍근수 목사가 통역을 맡아 수행 한 일이 있었는데, 그때 부정적인 인상을 품게 된 것이었다. 김 영삼 정권이 전두환, 노태우 정권의 수구 세력의 그물에 걸려 있었기 때문에 민족 주체적 정권으로서 통일의 소임을 맡기에 는 지나치게 부자유스러운 정권으로 출발했다는 것이 홍근수 목사의 판단이기도 했다. 조동진은 김영삼 정권에 대한 견해가 상반된 것에 혼란스러웠지만, 그래도 취임사를 문자 그대로 믿 어야 한다고 생각했다. 그리고 서울의 청와대와 평양의 주석궁 사이에 가교 역할을 하기로 마음먹었다.

두 번째 만난 김일성 주석이 한 말

1993년 3월 조동진이 내린 평양 순안비행장에서 그를 맞이한
이는 초청자인 한시해 부위원장이 아니라 강주일 부장이었다.
부위원장의 신상에 이상이 생긴 눈치였으나 내색은 하지 않았
다. 이번에는 숙소도 고려호텔이 아닌 보통강역 맞은편에 있는
낙원 거리의 서젯골 초대소였다. 그곳은 국가 귀빈을 위한 고
급 숙소다. 그동안 방문할 때와 대우가 다르다는 것을 느낄 수
있었다. 한완상 부총리와의 약속이 성사될 것 같다는 기대감이
들었다.

조동진은 강주일 부장에게 한완상의 자필 서명이 담긴 명함
과 자료들을 전했고 강주일 부장 일행은 헤어질 때 다음날 일
정을 귀띔해주었다. "내일 아침 최고인민회의 대회장에 가야
하며 그곳에 조동진 목사 선생을 위한 자리도 마련되어 있다"
는 것이었다. 그 자리에서 강성산 총리가 "위대한 수령 김일성
주석이 친히 작성하신 민족 대단결 10대 강령을 발표한다"는
것이었다. 더욱 놀라운 사실은, 그 강령에 김영삼 대통령의 취
임사 내용이 반영된다는 것이었다. 그러면서 미리 원문을 보여
주었다.

1993년 4월 10일 아침, 조동진은 금수산 의사당 주석궁을
두 번째 방문했다. 김일성 주석을 두 번째 만난 것이다. 김일성
주석은 구면이 된 그를 허물없이 맞아주었다고 한다. 김일성

주석은 조동진 목사가 아내를 잃은 사실을 들어 알고 있었다. 아내의 죽음을 애도하는 인사부터 건넸다.

"애석합니다. 부인의 손을 잡고 인사를 나눈 지 1년도 채 안 되었는데…. 건강에 유의하십시오."

그날의 대화는 김영삼 대통령의 취임사 내용에 집중되었다. 노태우 대통령이 김일성 주석을 만나려고 했지만 '문익환 목사를 감옥으로 보내는 것을 보고 잔인한 사람이라고 생각'해서 노태우를 만날 마음이 없었다고 했다. 김일성 주석은 반면 김영삼에 대해서는 "김영삼 대통령께서"라며 깍듯이 예절을 갖추고 높여 말했다. "어떤 동맹국보다 민족이 우선한다"는 김영삼 대통령의 취임사는 우리 민족이 높이 사야 할 훌륭한 선언이라고 말하면서 이런 말도 덧붙였다.

"백두산에서 만나자는 것은 나더러 김영삼 대통령을 초청하라는 뜻이 아니겠습니까? 그리고 한라산에서 보자는 말은 김영삼 대통령께서 나를 초청하겠다는 뜻이겠고요."

김일성 주석은 그리고 나서 문익환 목사의 건강을 염려하는 말과 한완상 부총리의 민주화운동과 통일운동에 대한 경력을 소상히 알고 있는 듯 여러 가지를 언급했다. 그리고 자신이 어제 최고인민위원회로 하여금 10대 강령을 발표하게 한 경위를 설명했다. "민족 대단결 10대 강령은 60년 전 조국 광복회 조직대회에서 발표한 강령을 보완한 것"이라고 했다. 그러면서 강성산 총리에게 보고 강연 내용에 김영삼 대통령의 취임사 내용을 언급하라고 특별히 지시했다는 말도 덧붙였다. 조동진에게 이런 부탁도 했다.

"우리 총리가 최고인민회의 앞에서 남쪽의 대통령 취임사를 인용한 것은 보통 일이 아니라고 김영삼 대통령에게 꼭 전해 주시오."

조동진은 회고록에 그때 발표된 10대 강령 내용을 적지 않았다. 그러나 필자는 자료를 인용하여 여기에 그 내용을 옮겨 본다. 김일성 주석의 지시에 의해 북한 당국이 쓴 것이지만, 조동진의 통일 사상과 겹치는 부분이 많기 때문이다. 다음은 '조국 통일을 위한 전민족 대단결 10대 강령' 전문이다.

조국 통일을 위한 전민족 대단결 10대 강령

근 반세기에 걸치는 분단과 대결의 력사를 끝장내고 조국을 통일하는 것은 온 민족의 한결같은 요구이며 의지이다. 조국의 자주적 평화통일을 이룩하기 위하여서는 온 민족이 대단결해야 한다. 민족의 운명을 우려하는 사람이라면 북에 있건 남에 있건 해외에 있건, 공산주의자이건 민족주의자이건, 무산자이건 유산자이건, 무신론자이건 유신론자이건, 모든 차이를 초월하여 우선 하나의 민족으로 단결하여야 하며 조국 통일의 길을 함께 열어 나가야 한다.

힘 있는 사람은 힘을 내고 지식 있는 사람은 지식을 내고 돈 있는 사람은 돈을 내어 모두 다 나라의 통일과 통일된 조국의 륭성 번영을 위하여 특색 있는 기여를 함으로써 민족 분렬을 끝장내고 통일된 7천 만 겨레의 존엄과 영예를 세계에 떨쳐야 한다.

1. 전 민족의 대단결로 자주적이고 평화적이며 중립적인 통일 국가를 창립하여야 한다.

북과 남은 현존하는 두 제도 두 정부를 그대로 두고 각 당, 각 파, 각계각층의 모든 민족 성원들을 대표할 수 있는 범민족 통일국가를 창립하여야 한다. 범민족 통일국가는 북과 남의 두 지역 정부가 동등하게 참가하는 련방국가로 되어야 하며 어느 대국에도 기울지 않는 자주적이고 평화적이며 불가담적인 중립국가로 되어야 한다.

2. 민족애와 민족 자주 정신에 기초하여 단결하여야 한다.

전 민족은 각자의 운명을 민족의 운명과 하나로 연결시켜 민족을 열렬히 사랑하고 자주성을 생명으로 지키려는 하나의 뜻으로 단결하여야 한다. 우리 민족의 존엄과 긍지를 가지고 민족의 주체의식을 좀먹는 사대주의와 민족 허무주의를 배격 하여야 한다.

3. 공존, 공영, 공리를 도모하고 조국 통일 위업에 모든 것을 복종시키려는 원칙에서 단결하여야 한다.

북과 남은 서로 다른 사상과 리념, 제도의 존재를 인정하고 존중하며 서로 침해하지 말고 함께 진보와 번영을 누려가야 한다. 지역적, 계급적 리익에 앞서 전 민족의 리익을 도모하여야 하며 모든 노력을 조국 통일 위업을 이룩하는 데 기울여야 한다.

4. 동족 사이에 분렬과 대결을 조장시키는 일체 정쟁을 중지하고 단결하여야 한다.

북과 남은 대결을 추구하거나 조장하지 말아야 하며 모든 형태의 정쟁을 중지하고 비방 중상을 그만두어야 한다. 동족끼리 적대시하지 말고 민족의 힘을 합쳐 외세의 침략과 간섭에 공동으로 대처하여야 한다.

5. 북침과 남침, 승공과 적화의 위구(우려)를 다같이 가시고(없애고) 서로 신뢰하고 단합하여야 한다.

북과 남은 서로 상대방을 위협하지 말아야 하며 침략하지 말아야 한다. 서로 상대방에게 자기의 제도를 강요하지 말아야 하며 상대방을 흡수하려 하지 말아야 한다.

6. 민주주의를 귀중히 여기며 주의 주장이 다르다고 하여 배척

하지 말고 조국 통일의 길에서 함께 손잡고 나가야 한다.

통일 론의와 활동의 자유를 보장하여야 하며 정치적 반대파라고 하여 탄압, 보복, 박해, 처벌하지 말아야 한다. 친북, 친남을 시비하지 말아야 하며 모든 정치범을 석방, 복원시켜 조국통일 위업에 함께 이바지하게 하여야 한다.

7. 개인과 단체가 소유한 물질적, 정신적 재부를 보호하여야 하며 그것을 민족 대단결을 도모하는 데 리롭게 리용하는 것을 장려하여야 한다.

통일되기 전에는 물론 통일된 후에도 국가적 소유, 협동적 소유, 사적 소유를 인정하고 개인 또는 단체의 자본과 재산, 외국 자본과의 공동 리권을 보호하여야 한다. 과학, 교육, 문학, 예술, 언론, 출판, 보건, 체육을 비롯한 모든 부문에서 각자가 가지고 있는 사회적 명예와 자격을 인정하며 공로자가 받고 있는 혜택을 계속 보장하여야 한다.

8. 접촉, 래왕, 대화를 통하여 전 민족이 서로 리해하고 신뢰하며 단합하여야 한다.

접촉과 래왕을 가로막는 온갖 장애물을 제거하고 누구에게나 차별없이 래왕의 문을 열어 놓아야 한다. 각 당, 각 파, 각계 각층에게 동등한 대화의 기회를 주어야 하며 쌍무적, 다무적 대화를 발전시켜야 한다.

9. 조국 통일을 위한 길에서 북과 남, 해외의 전 민족이 서로 련대성을 강화하여야 한다.

북과 남, 해외에서 조국 통일에 유익한 것은 편견없이 지지 성원하고 해로운 것은 함께 배격하여야 하며 각자의 좁은 울타리를 벗어나 서로 보조를 같이하고 협조하여야 한다. 조국 통일을 위한 애국 사업에서 북과 남, 해외의 모든 정당, 단체와 각계 각층의 동포들이 조직적으로 련합하여야 한다.

10. 민족 대단결과 조국 통일 위업에 공헌한 사람들을 높이 평하여야 한다.

민족 대단결과 조국 통일을 위하여 공을 세운 사람들, 애국 렬사들과 그 후대들에게 특혜를 베풀어야 한다. 지난 날 민족을 배반하였던 사람들도 과거를 뉘우치고 애국의 길에 나서면 관용으로 대하며 조국 통일에 이바지한 공로에 따라 공정하게 평가하여야 한다.

한민족의 에스라와 느헤미야를 기대하며

| .

12

평양에서 보낸 부활절

조동진은 1993년과 1994년 두 해에 걸쳐 평양에서 부활절을 지냈다. 1993년 4월 4일 종려주일에는 소년 김일성이 어머니 강반석 집사와 함께 다니던 칠골교회를 기념하여 복원된 칠골교회에서 설교했다.

한때 아시아의 기독교 수도로 불렸던 평양에는 지금 과거 명성 높던 교회들의 흔적이 그림자도 없다. 평양 최초의 교회, 장대재교회 자리에는 평양소년학생궁전이 들어서 있다. 산정현교회, 남산재교회, 창동교회, 동대원교회, 기림리교회도 지금은 흔적조차 찾아볼 수 없다. 공산주의 정권인 조선 민주주의 인민공화국의 헌법은 시초부터 종교를 반동적 적대세력으로 규정했다. 그러던 그들이 1990년대 들어 종교정책에 변화를 보이기 시작했다. 1992년에는 헌법에서 반종교 활동 자유의 조항을 삭제하고 〈조선말대사전〉에서는 종교적인 낱말의 의미와 해석을 국제적으로 인정받을 수 있는 표준으로 수정했다. 그리고 같은 해에 김일성종합대학 도서관에 기독교 도서를 공식적으로 진열할 수 있도록 기독교 도서를 기증한 조동진이 이듬해 1993년 종려주일에 인민공화국의 주석의 가정과 인연이 깊은 칠골교회 강단에 선 것이었다.

조동진은 그날 이사야서 53장을 본문으로 '죽임 당하신 예수'라는 제목의 설교를 전했는데, "그가 찔린 것은 우리 인간의 허물 때문이며 그가 상하신 것은 우리 인간의 죄악 때문이었다"라고 복음을 증거했다. 그 다음 주 4월 11일 부활주일에 봉수교회에서 부활절 설교를 할 기회를 가졌다. 이번에는 고린도전서 15장 말씀을 본문으로 '죽음으로부터 자유와 죄에서의 해방'을 제목으로 설교했다. 그리고 일년 뒤 종려주일과 부활주일에도 각각 칠골교회와 봉수교회에서 한 번씩 더 설교할 기회를 얻었다.

많은 사람이 평양의 교회에 나오는 신도가 진정한 기독교인인지 의심한다. 그러나 조동진은 봉수교회에서 친척으로서 순교한 목사의 딸을 만났고 미국에 있는 친구 목사의 가족도 보았다. 평양에는 1972년에 개원한 평양신학원이 있다. 3년에 한 번씩 매기마다 10명을 선정하는데, 신학교를 수료하면 자격에 따라 전도사 직을 거쳐 목사가 된다고 한다. 목사 임직은 기독교도연맹 중앙위원회가 주는데, 1994년 당시 목사 수는 30여

명, 전도사가 20명 정도라고 들었다. 평양신학교의 강의 내용은 기본적이고 기초적인 수준 같았다. 그래서 조동진 같은 외래 방문교수들의 특별 강의가 매우 중요하다는 것을 그들 스스로 인정했다.

조동진은 평양에 갈 때마다 김일성종합대학을 방문했다. 그러나 종교학과가 설치된 지 5년이 넘도록 어떤 내용을 가르치는지, 그 학사 내용은 잘 알지 못했다. 서양사를 전공한 교수가 기독교 역사를 가르치는 형편이었다. 말하자면 교회를 바로 알지 못하면서 종교학을 가르쳐야 하는 입장이었다. 그래도 그 교수는 종교학과가 설치된 후 신구약성경을 다섯 번 이상 읽었다고 말했다.

김일성종합대학 종교학과는 성직자를 내는 곳은 아니라고 한다. 평양신학원을 다녀야 하는데, 그곳에 가려면 '추천'을 받아야 한다. 그러다 보니 신학원 재학생은 모두 30대 이상이었다고 한다. 김일성종합대학은 종교학과를 설치함으로써 종교를 주체사상적 입장과 사회주의 유물사관의 입장에서 새로운 종교관을 창출하려고 시도했다.

카터의 평양 방문과 김일성 서거

1994년 상반기 평양과 서울과 워싱턴 사이에는 숨 가쁜 긴장과 금방이라도 전쟁이 터질 듯한 긴장 상태가 지속되었다. 평양은 이 해 3월 13일 핵 확산 금지 조약(NPT) 탈퇴를 선언했다. 워싱턴은 국제원자력기구(IAEA: International Atomic Energy Agency)와 UN안전보장이사회와 더불어 북한에 대한 강경 압박 입장을 굽히지 않았다. 그러나 평양은 더 이상의 핵 사찰은 받지 않겠다는 강경 대응으로 맞섰다. 그리고 국제원자력기구를 탈퇴했다.

당시 클린턴 대통령은 국제기구를 통한 대북 압력이 결코 미국의 이익에 도움이 되지 않는다고 판단했다. 그래서 북한 당국의 속마음을 읽으려 노력했고, 결국 평양의 뜻은 미국과의 직접 대화에 있음을 확인했다. 부시 행정부 시절부터 북한이 대미 비공식 대화 창구로 지목하고 있던 지미 카터 전 대통령의 평양 방문이 적극 고려된 것은 UN안전보장이사회의 대북 제재 논의가 극에 달하고 있을 때였다.

조동진이 평양에서 돌아온 한 달 후인 6월 9일, 지미 카터 대통령이 곧 평양을 방문할 것이라고 발표했다. 1991년 6월 6일 카터의 사저에서 조동진과 함께 그를 방문한 한시해 전 북한 UN주재 대사가 전한 김일성 주석의 초청을 3년 만에 응한 셈이었다. 그는 3년 동안 여러 가지로 평양 방문을 준비했다. 자신의 비서를 먼저 서울과 평양에 보내 교차 방문 계획을 설명했다. 그리고 빌리 그래함이 평양을 방문할 때 김일성 주석에게 자신의 메시지를 전달했다.

지미 카터는 6월 13일 서울에 왔다. 김영삼 대통령을 예방한 후 이틀 뒤인 15일 부인 로잘린(Rosalynn Carter) 여사와 수행원들과 함께 판문점에서 군사 분계선을 건넜다. 그의 4일간의 평양 체류는 역사에 길이 남을 만한 뜻 깊은 일이었다. 평화 선교와 화해를 위한 빌리 그래함과 지미 카터의 대북 사절에 다리를 놓은 조동진으로서는 감회가 큰 일이 아닐 수 없었다.

지미 카터는 김일성 주석으로부터 대미 적대 관계 종식을 위한 새로운 관계 조성을 바라는 구체적인 제안을 받았다. 그리고 북한이 핵 확산 금지 조약에 그대로 남아 있을 것이라고 약속했다. 이에 대해 카터 대통령은 미국이 UN안전보장이사회의 제재 추진을 중지할 수 있을 것이라고 응답했다. 이밖에도 김일성 주석이 북한의 발전용 원자로를 러시아식 중수로형 원자로에서 미국식인 경수로형으로 전환할 것을 약속하고 미국의 지원을 요청했다. 이에 대해 카터는 미국이 북한에 대해 핵무기를 쓰지 않겠다는 선언을 하도록 하겠다고 응답했다. 뿐만 아니라 평양의 김일성 주석으로부터 서울의 김영삼 대통령에게 정상회담을 제안하는 구두 메시지를 받아와 청와대를 방문했다. 6월 18일 청와대에서 이 메시지를 전달받은 김영삼 대통령은 즉석에서 수락한다고 김일성 주석에게 전달해줄 것을 요청했다. 이처럼 카터 대통령의 방북은 남과 북과 미국 사이의 긴장 국면을 단번에 화해와 협력의 길로 돌아서게 하는 역사적인 평화 선교와 화해 사절의 역할을 성취하였다.

기존의 남한 대통령이 북한 주석과 만남을 모색하지 않은 것은 아니었다. 그러나 안타깝게도 미국을 배제한 시도는 번번이 가로막히곤 했던 것이 역사였다. 일본의 정치인도 예외는 아니었다고 조동진은 분석한다. 그러나 지미 카터가 중재한 일은 가능성이 높을 것이라고 전망했다. 미국이 직접 개입한 회담이기 때문이었다. 아니나 다를까, 당시 미국 국무성은 즉각 "한반도의 긴장을 해소할 수 있는 기회"라고 긍정적인 반응을 보였다. 카터의 중재로 이뤄지는 남북정상회담이라면 미국의 이익을 위해서나 남북간 긴장 완화를 위해 유용하다고 보았던 것이다.

남북정상회담을 위한 준비가 서둘러 진행되었다. 시민들은 들떴고 교회들은 통일을 위한 기도회를 열었다. 백범 김구 주석이 1948년 4월 19일 삼팔선을 넘어 평양을 방문한 후 처음으로 남쪽 지도자가 김일성 주석을 만나기 위해 휴전선을 넘어 평양으로 가는 역사적 북행(北行)의 날을 손꼽아 기다렸다.

사전 협의 결과, 7월 25일에는 남쪽의 김영삼 대통령이 먼저 평양에 가고 김영삼 대통령은 김일성 주석을 8월에 서울로 초청하기로 했다. 손명순 여사도 대동하기로 하고, 심지어 50명의 대통령 경호 요원이 권총을 휴대하는 일까지 북한 당국은 받아들였다. 1994년 7월 8일 신문에 보도된 내용이었다.

그런데 바로 그날 새벽, 김일성 주석이 심근경색으로 갑자기 세상을 떠났다. 평양의 중앙방송은 1994년 7월 9일 정오 특별

방송을 편성하고 "위대한 수령 김일성 주석이 8일 새벽 2시 서거했다"고 발표했다. 남과 북의 전 민족이 그렇게도 갈망하던 통일로 가는 역사적 남북회담은 그렇게 허무하게 무산되고 말았다.

너무나 안타깝게 사라진 기회

조동진은 그보다 몇 달 전인 4월 15일 평양에서 김일성 주석을 만났다. 세 번째 만남이었는데, 두 번째 만날 때보다 훨씬 건강하고 활달해 보였다고 기억한다. 김일성 주석은 그 뒤로도 십수 차례 대외활동에 모습을 드러냈고, 7월 6일 경제 개발을 위한 간부회의를 주재한 것이 마지막 공식 활동이었다고 한다. 그의 사망 소식은 너무나 갑작스럽고 안타까운 것이었다.

김일성 주석의 사망 소식과 더불어 조동진에게 더 안타까운 기억은 이른바 남한 정부의 '조문 파동'이었다. 정상회담까지 거론하던 상황에서 조문단 파견은 상식적으로 생각해도 당연한 일이었다. 그러나 수구 세력의 정서가 바탕이 된 국민 상당수는 그것을 이해하지 못했다. 정부는 그런 반대 열기와 진보와 개혁 세력의 조문 주장 사이에서 엉거주춤하고 있었다. 사회는 한동안 혼란스러웠다. 결국 김영삼 정권은 운동권 학생들과 노조 세력을 조문 파동의 주동 세력으로 단정하고 강경 반대 정책으로 선회했다.

조동진은 당시 상황에 대해 일부 북한학자들과 자칭 북한전문가라는 이들이 호들갑스럽게 사태를 진단하며 북한이 급격하게 변화할 것이라고 예측한 것은 잘못이라고 보고 있었다. 쉽게 말해, 김일성 사후 북한이 쉽게 자멸할 것이라는 주장은 어리석은 전망이라는 생각이었다.

조동진은 위난에 처한 민족사의 전환기에 민족 최고 지도자가 가져야 할 세계관과 역사관에 대한 성경의 예언자들의 충고가 오늘날 국가 지도자들에게도 절실하게 필요하다고 느꼈다. 이때 그는 서울신문 편집국장으로부터 특별기고를 의뢰 받고 국내 언론과 전문가들의 시각과 다른 자신의 생각을 써 보냈다. 조동진은 그 기고문에서, 우리 민족의 운명은 비단 우리 국토의 남과 북의 상황 변동만으로 좌우되지 않는다고 주장했다. 세계 변화와 주변 국가들의 이해 관계와 밀접하게 얽혀 있는 것이 우리 민족의 운명이라고 썼다. 그리고 우리는 역사의 수레바퀴가 순리대로 움직여 나가기를 바라고 기다려야 한다고 했다. 사랑과 용서, 화해와 평화로써, 우리 민족이 더 이상 어떠한 불행도 겪지 않고 민족의 통일이 이루어지도록 차분하게 이성적으로 생각하자고 했다.

이런 말도 덧붙였다. 중국 인민 공화국에서 모택동 주석이 사망한 지 20년이 지났지만 북경의 천안문에는 그의 사진이 색조차 바라지 않고 걸려 있는 것을 보라고, 그것이 공산주의 사회임을 알라고 했다. 천안문 앞에 있는 모택동의 묘에는 지금도 날마다 그의 미라 시체를 참배하려는 중국 민중의 줄이 끊일 줄 모른다고 일러주었다(실제로 북한도 김일성 사체를 미라로 만들어 전시하고 있지 않은가?). 그러므로 북한을 49년이나 통치해온 김일성 주석이 급서했다고 북한 정권이 당장 망할 것처럼 북한의 장래를 가볍게 보아서는 안 된다고 경고했다. 그로부터 반세기가 지난 지금 돌이켜보면, 조동진의 경고는 정확했다.

나라의 위난 시에 본받을 지도자는?

그러면, 조동진은 성경의 예언자 중 누구를 나라의 위난 시에 본받아야 할 지도자로 본 것일까? 그는 우선 에스라와 느헤미야를 꼽는다. 그가 1994년 김일성의 사후, 민족 통일을 위한 평화 선교 운동을 성서의 역사적 기초 위에 세우는 일과 관련해 성서 연구를 본격화하면서 에스라와 느헤미야에 대한 연구는 더 구체화되었다.

조동진은 하나님의 구속사(救贖史)를 민족 단위로 기록한 구약의 민족 역사 전개 과정에서 이스라엘 민족의 분열과 주변 강대국들 사이에서의 망국(亡國), 그리고 70년 후의 국권 회복에 하나님이 민족 지도자와 종교 지도자를 어떻게 쓰셨는지를 깊이 고찰했다. 그리고 나서 예레미야와 에스겔의 예언을 성취시키시는 하나님의 역사를 성경 에스라서와 느헤미야서에서 찾았던 것이다. 이 두 역사서에서 민족 흥망의 역사 해석의 원리를 찾고, 그 원리를 민족 통일을 위한 평화 선교 운동에 적용하기로 했던 것이다.

구약성경의 예언서들은 우리 민족의 분열과 국토 분단의 원인을 민족 지도자들과 종교 지도자들의 범죄에서 찾아야 한다는 원리를 우리에게 가르치고 있다. 에스라서와 느헤미야서는 역사 변동과 세계 질서의 전환기에 민족 지도자와 종교 지도자가 어떻게 대처해야 하는지 분명하게 가르쳐주고 있다.

조동진은 교회가 먼저 범죄와 변절로 얼룩진 부끄러운 민족사에 대한 책임을 져야 한다고 강조했다. 따라서 회개의 고백이 민족 통일 운동의 기초가 되어야 한다고 주장했다. 회개를 우선하여 민족을 말씀으로 교육해야 한다고 주장했다. 이것은 학사 에스라가 모세의 율법책으로 민족을 가르친 모범을 따르기로 한 것이다.

그는 또한 에스라서에서 민족 역사와 민족 교회사를 계승할 필요성을 발견했다. 따라서 민족과 종교가 함께 민족 독립의 주체가 되었던 1919년 3월 1일의 독립 선언 정신을 국권 회복과 민족 교회 중건의 근거로 삼고 계승하기로 했다. 순국과 순교의 길은 둘이 아니라 하나임을 목숨을 걸고 증거한 김구 주석과 조만식 장로, 그리고 주기철 목사와 손양원 목사를 민족 통일을 위한 평화 선교를 위해 상징적이고 대표적인 지도자로 추앙하도록 그들의 삶과 교훈을 우리 민족에게 가르치자고 했다. 또한 이스라엘 지도자인 느헤미야와 스룹바벨 두 사람이 바사 총독으로 있으면서 예루살렘 회복과 성전 중건의 주역이 되어 민족과 사회와 신앙을 정화시킨 원리를 우리 민족의 국권 회복과 사회 정화와 민족 교회 다시 살리기에 적용하자고 했다. 이스라엘 민족의 분열과 변절의 주역들을 족보에서 제거한 느헤미야의 정화운동이 우리 민족의 통일운동에도 반드시 필요한 첩경이라고 그는 확신한다.

조동진은 또한 오늘날 귀족화한 종교나 분열된 종파주의적 교회를 북녘 땅에 이식하지 않기 위하여 민족 교회의 뿌리를 되살리는 민족 교회 운동부터 전개해야 한다고 했다. 구약의 종교는 물론 신약성경의 원리가 민족 교회의 중심이었다는 사실과 초기 기독교 확장의 역사가 민족 교회의 확장사이기도 했다는 것을 연구하면서, 그런 사실들을 민족 교회의 성서적이고 역사적인 근거로 제시하기로 했다. 그는 에스라와 느헤미야가 가던 민족 해방과 구원의 길을 우리 민족의 해방과 구원을 위한 범 기독교 시민운동으로 전개할 꿈을 키웠다.

김일성 주석의 죽음과 더불어 남북정상회담의 꿈은 멀어졌지만, 남에서는 군벌 정권 시대가 끝나고 북에서는 김일성 시대가 끝난 상황이기도 했다. 한반도 주변 정세는 새로운 환경으로 변했다.

에스라와 느헤미야는 바벨론 후기 새로운 시대의 국제 환경을 이스라엘 민족의 해방과 국권 회복을 위하여 지혜롭게 대처해나간 민족의 지도자들이었다. 조동진은 새로운 국제질서가 형성되어가던 2000년대의 문턱에서 우리 민족에도 에스라와 느헤미야가 출현하기를 고대한다고 말했다. 에스라와 느헤미야의 민족 해방 운동은 민족과 종교를 타락시킨 민족 반역자 산발랏과 도비야과 게셈과 변절한 대제사장 엘리아십의 집안과 민족의 혈통을 혼잡케 한 모든 무리를 남김없이 쫓아낸 후에야 완성을 보았기 때문이다.

조동진이 성서에 기초한 이와 같은 꿈을 꾼 지 몇 십 년이 지난 오늘, 우리나라와 교회의 상황은 과연 어떠한가?

Mr. Mission. David Cho

세상으로 나간 목사

3부

세상을 향해 눈과 마음이 열린 목사

|

13

그의 삶은 늘 세상을 향하고 있었다

조동진은 신학교에 입학할 때부터 교회가 세상을 위하여 존재하는 것이라고 믿었다. 그래서 그의 소명이 세상을 위한 하나님의 부르심이라는 신념을 가지고 있었다. 그래서 1946년 신학교 입학을 위한 면접시험을 치를 때도, 신학교 졸업 후 계획을 묻는 교장의 질문에도 "교회 없는 곳을 찾아가겠습니다" 라고 답했던 것이다. 그는 평생 그 약속을 지키며 살았다. 휴전이 되기도 전에 포화가 난무하는 지리산에 들어갔고, 수차례 평양에 갔던 일도 그 약속과 무관하지 않았다. 그리고 조동진은 세상, 곧 세계 선교의 현장으로 갔다.

조동진은 세계 선교 사역을 위해 제도적 교회 안에 머무르지 않았다. 그가 제도적 교회 안에서 목회를 하지 않은 것은 아니다. 신학생 시절부터 여러 교회 개척에 참여하고 갈등으로 분열된 교회를 수습하기도 했다. 유학을 마친 후 후암교회를 목회하며 새로운 목회의 모델을 보여주기까지 했다. 국내 목회와 더불어 선교 연구와 동원, 선교사 훈련을 병행하기도 했다. 그러다 결국 후암교회 담임목사를 사임하고 바울의 집을 설립하여 본격적인 선교 활동을 펼친다. 그의 삶은 늘 세상을 향해 있었던 것이다.

세상을 향한 그의 안목은 사실상 유학중에 본격적으로 뜨인 것이라 해도 과언이 아닐 것이다. 일제의 압제와 전쟁을 통해 외세의 허실을 목도하였으나, 더 넓은 시각으로 세상을 보게 되었기 때문이다.

조동진이 유학을 떠난 1956년 10월 헝가리에서는 반소(反蘇) 의거가 두 달 넘게 계속됐다. 소련군의 탱크는 부다페스트를 동서로 가로지르는 다뉴브 강을 헝가리 인민들이 흘린 피로 붉게 물들였다. 그 일을 계기로 조동진은 문화인류학과 민족의 역사에 대해 깊이 생각하기 시작했다고 한다.

그의 연구에 의하면, 헝가리 사람은 핀란드 사람과 함께 유럽 속의 동양인이라는 말을 듣는 민족이다. 스칸디나비아 반도의 핀란드 사람 역시 여러 차례 이웃나라 러시아의 침공을 받았지만, 끝내 그 역사와 전통과 민족의 자유를 지켜온 굳센 나라였다. 이 두 나라는 우리나라와 문화도 비슷하다. 언어 문법도 한글과 유사하고 음식도 고추와 마늘을 많이 사용한다. 의상과 선호하는 색상도 여타 유럽인과 다르게 우리나라와 닮은

데가 많다. 그래서 그는 유럽을 여행할 때 핀란드와 헝가리를 자주 찾았다고 한다.

헝가리 국민은 헝가리 의거(Hungarian Revolution)를 일으킨 마자르족이 대부분을 차지한다. 마자르족의 종교적 배경은 존 칼빈의 개혁주의 교회가 주를 이루고 있다. 조동진은 헝가리의 항쟁이 일어났던 같은 해에 우크라이나에서 인민 봉기가 일어나고 체코슬로바키아와 루마니아에서도 항쟁이 일어났던 사실에 주의를 기울여 연쇄적 항쟁의 역사적 배경을 조사하고 분석하기 시작했다. 우크라이나에도 마자르족이 많이 살고 있고 그곳의 개혁교회는 헝가리 개혁교회 총회의 지도를 받고 있었다. 체코슬로바키아와 루마니아도 주로 마자르족으로 구성되어 있다. 이들은 모두 헝가리 마자르 개혁교회의 통솔 아래 있었다. 또한 중세기 신성 로마제국 시대부터 민족과 신앙의 자유를 위한 항쟁을 계속해왔다. 조동진은 1950년대 헝가리 의거를 중심으로 한 동유럽의 장엄한 항쟁의 역사를 보면서, 한국 교회가 가져야 할 역사 인식의 새로운 이론적 근거를 찾아야겠다고 마음먹었다.

교회의 의미를 재고하다

동유럽에서 헝가리 의거가 일어나기 여섯 달 전인 1956년 4월,

이집트의 수에즈 운하를 중심으로 중동 지역 최대의 위기가 시작되었다. 영국이 수에즈 지대에서 철수하고 이집트가 수에즈 운하의 국유를 선언하자 이스라엘 군대가 이집트를 침입하면서 조성된 위기였다.

UN이 팔레스타인에 유대인의 이스라엘 국가 설립을 승인한 1948년부터 중동지역에서는 아랍 민족들 사이에 항쟁이 끊이지 않았다. 그때부터 지금까지 아랍 민족주의와 이스라엘 민족주의 사이의 분쟁은 계속됐다. 성경 역사와 기독교 확장사와 밀접한 관계가 있는 중동의 현대사를 보면서, 그의 역사관과 세계관은 서구 중심에서 하나님 중심으로 바뀌어갔다. 영국이나 미국 같은 서구 강대국들의 힘을 빌려 팔레스타인 땅에 억지로 옛 이스라엘 국가를 중건(重建)하는 데 성공한 유대인은 세계의 종말이 이르기까지 민족과 종교 대결의 불씨가 될 것으로 예견했다. 수십 년 전 그의 예견은 놀라울 만큼 정확한 것이었다.

서구 중심의 역사관과 세계관에 머물러 있던 기존 관점의 세계관에서 탈피한 조동진이 또한 관심을 기울인 부분은 한국 교회의 역사적 범죄와 신학적 오류를 바로잡으려는 운동이었다. 조선신학교 학생 시절 정통 신학을 옹호하는 신앙동지회를 조직했고, 그것이 지금의 한국복음주의협의회로 이어지고 있다. 그러나 그의 이런 활동은 교회의 파벌과 교권 다툼과 신학적 갈등 속에서 빛을 바래고 만다. 장로교회는 지역적으로 분열하기 시작했으며 고등 비평과 자유주의 신학의 길을 선택한 이들에 의해 또 다시 분열되어 나갔다.

1956년 세계적 에큐메니칼(Ecumenical) 조직인 세계교회협 의회(WCC: World Council of Churches) 가입과 탈퇴를 둘러싸고 장 로교는 크게 통합파와 합동파로 분열됐고 조동진이 몸담고 있 던 신앙동지회도 두 패로 갈라졌다. 강한 지방색도 작용해 그 를 안타깝게 했다. 그는 그러한 한국 교회의 교파적 분열도 극 복하기를 바랐다. 교권 분쟁과 교회 분열로부터 탈출하고자 한 것이다. 이 때문에 한때 목사 면직이라는 극한 제재를 받기도 한다. 그는 그런 분위기 속에서도 교회의 일치를 위한 신념을 꺾지 않았고 교파와 신학의 장벽을 넘어 활동하며 연합전도활 동을 펼쳤던 것이다.

조동진은 유학기간 중인 1956년부터 1960년까지 5년간 교 회의 의미를 재고했다고 말한다. 교회의 내홍(內訌)을 치유하는 길은 교회 지도자들의 내향성(內向性)을 외향성(外向性)으로 바꾸 는 것이라고 보았다. 이것은 1960년 귀국하면서 한국 교회가 세계 속의 교회가 되기를 바라며 교회갱신을 추구하게 된 동 기가 된다. 달리 생각하면, 요즘 들어 한국 교회와 신학계에서 논의되고 있는 이른바 '선교적 교회'에 대해 그가 일찌감치 눈 을 떴던 것으로 보인다.

교회 행정 쇄신에서 출발한 교회갱신

조동진은 유학에서 돌아와 신학교에서 '세계 선교학', '전도학', '교회 행정학'을 가르쳤다. 그것은 당시로서는 상당히 선진적인 신학 분야였다. 동시에 달라져야 할 한국 교회에 반드시 필요한 분야이기도 했다. 그때까지 국내 어느 신학교에도 그런 강의 과목이 개설된 곳이 없었다. 그 과목들은 신학교에서 목사를 양성할 때 신학과 성경 중심에서 세상에 대한 교회의 책임을 가르치는 것으로 방향을 전환하는 것이었다.

그가 처음으로 강의를 시작한 곳은 모교인 총회신학교(지금의 총신대학교 신학연구원)였다. 그는 거기에서 만족하지 않고 타 교단 신학교에서도 강의할 수 있기를 바랐다. 탈교파, 탈교회라는 입장 때문이었다. 그리하여 성결교단의 서울신학교 대학원에서 전도학과 교회 행정학을 강의하게 되었고 감리교신학교에서도 교회 행정학을 강의할 수 있게 되었다. 그의 노력은 1965년 한국 기독교 70주년을 기념하는 전국복음화운동의 촉매 역할이 되었다고 필자는 생각한다.

조동진이 1964년 2월 출간한 《교회 행정학》은 한국 최초로 교회 행정학 원리와 실제를 다룬 책이었다. 그 책에서 그는 교회의 의미를 신적 실체만이 아닌 인간적 실체로 다루었다. 인간 상호관계와 조직체로서의 의미를 강조하고 교회의 과업을 성취하기 위한 행정과 관리 기술을 도입했다. 그가 강조한 교회 행정학의 최우선 과업은 전도와 선교였다. 교회가 눈을 교회 밖, 즉 세상으로 돌려야 할 성서적 원리를 제시한 것이다.

조동진은 그가 목회한 후암교회에서 먼저 교회갱신을 시도하였다. 가정 먼저 시도한 갱신은 예배에 대한 것이었다. 장로가 순번으로 하는 주일예배의 대표기도를 폐지하고 목사의 목회기도로 대치한 것은 지금 봐도 놀라운 결정이다. 예배의 헌금 순서도 설교 후가 아닌 설교 전으로 바꾸었다.

주목할 부분은 그때까지만 해도 주먹구구로 관리 집행되던 교회의 예산을 세 가지 성격으로 나눈 일이다. 첫째는 사업성 예산, 둘째는 유지성 예산, 셋째는 재산성 예산이다. 교회 재정은 교회를 유지하거나 재산을 증식하는 데 목적이 있는 것이 아님을 나타내기 위해서였다. 사업성 예산이 충족된 후에 교회 유지를 위한 재정을 집행하고, 그 후에야 교회 재산의 확장과 관리를 위해 돈을 쓸 수 있다는 것을 분명히 했다. 사업성 예산이란 전도와 선교와 봉사와 구제 등 교회 바깥 세상을 위해 사용되는 것이다. 그야말로 교회 예산 제도의 갱신이었다. 교회가 교회 자체를 위해 존재하는 것이 아니라 세상을 위해 존재한다는 그의 교회관을 반영한 것이었다.

교회 조직도 갱신했다. 장로들로 구성된 당회는 영적인 문제와 교회 재단에 관한 일만 관장하게 했다. 일반적인 교회 재정 문제는 집사들이 관장하도록 하였다. 따라서 재정부장에는 반드시 집사를 임명하도록 하였다. 특히 재정부를 둘로 나눈 것은 당시로선 획기적이었다. 헌금 곧, 수입에 대한 것을 관장하는 재정1부와 지출을 관장하는 재정2부로 구분하여 기존처럼 수입과 지출을 한 부서가 통합 관장하지 못하도록 한 것이다.

조동진이 후암교회에 부임했을 때 일이다. 예배 후 헌금 계수를 하던 중 계산도 채 끝나지 않았을 때 구걸하는 이들에게 돈을 집어주는가 하면, 봉투에 넣지도 않은 채 월급이라며 즉석에서 조 목사에게 사례비를 지급하는 일이 있었다. "이자 값기도 모라자니 돈 있을 때 받아두라"는 것이었다. 그랬을 정도로 무질서한 교회 행정을 그는 하나둘 자리 잡아나갔다.

또한 인사공천위원회를 별도의 특별위원회로 조직하였다. 인사공천위원회는 장로와 권사, 남자 집사와 여자 집사와 심지어 직분을 받지 못한 평신도 중에서도 각각 두 사람씩 선출하여 교회의 각종 직책의 인사공천권을 행사할 수 있도록 했다. 이러한 공천제도의 도입은 목사 단독으로 혹은 장로들이 자의로 임명하는 데서 오는 잘못을 차단하기 위한 것이었다. 교회의 예배와 조직과 재정과 행정 전반에 걸친 조동진의 갱신 운동은 빠른 속도로 서울 장안의 모든 교회에 퍼져 나갔다.

전도의 종합계획 수립과 실천

조동진에게 전도의 신학과 원리, 전도의 능력과 방법을 깨우

쳐준 이는 애즈베리신학교(Asbury Theological Seminary)의 로버트 콜맨(Robert E. Coleman) 교수였다. 지금 우리가 익히 알고 있는 전도와 선교학의 선구자이다. 콜맨 교수의 나이는 조동진보다 두 살 어렸지만, 교회 바깥 세상을 위한 사역을 위해 부름 받은 조동진으로서는 매우 큰 스승이었다. 그는 콜맨의 저서 중 대표적인 《전도의 종합계획》(The Master Plan of Evangelism)을 직접 한글로 번역 출판하기도 했다. 그는 스승으로부터 배운 것을 토대로 1965년 전국복음화운동에 앞장섰다. 기독교가 전래된 지 80주년을 맞게 되는 1965년을 기념하기 위한 교계 지도자들의 모임에 초청된 일이 계기가 됐다.

70여명의 초교파적 지도자들이 모인 자리에서 1965년을 '한국 기독교 80주년 기념 전국복음화운동의 해'로 정하고, 3천만을 그리스도에게로 인도하기 위한 범국민적인 전도운동을 전개하기 위한 발기위원회를 구성하자는 합의가 이루어졌다. 그는 이 모임에서 '전국복음화운동 조직기획안'을 준비하여 발표하도록 위촉되었다. 1960년 9월 귀국한 지 4년 만에 한국 교회가 세상을 위한 교회가 되게 하기 위한 교회갱신운동에 앞장서게 된 것이다.

조동진이 1965년 한 해 동안 복음화운동의 종합계획을 기획하는 기획위원으로 활동하면서 전국적으로 2,654회의 크고 작은 전도집회가 개최되었다. 그 집회들에 연인원 2,194,129명이 동원되었다고 조동진은 구체적으로 기록했다. 반목과 분쟁만을 일삼던 한국 교회가 한국 기독교 80년 역사상 처음으로 초교파적이고 자율적인 연합 활동을 통해 복음을 전하고 눈을 세상으로 돌리게 됨으로써, 교회 일치도 가능하다는 사실을 깨닫게 된 한 해였다.

그는 한경직 목사와 김활란 총장을 명예위원장으로 추대하고 감리교신학대학의 홍현설 학장을 위원장으로 하는 77인의 중앙위원과 33명의 실행위원, 그리고 기능별 17개의 분과위원회로 구성된 전국복음화운동의 전국 조직을 담당했다. 서울특별시와 아홉 개 도에 61개의 지역위원회를 조직하는 일을 맡아 전국 방방곡곡을 동서남북으로 뛰어다녔다. 61개의 전국 지역 조직을 위한 전도용 책자와 전도지를 3,746,750부 배포하였고, 한 해 동안 매일 정오마다 전국의 신도들이 공동기도문으로 일제히 기도하는 캠페인을 벌였다. 공동기도문 내용은 다음과 같았다.

"사랑의 하나님 아버지, 이 땅에 구주를 보내시고 복음을 전파하여 주심을 감사합니다. 금년에 크신 은혜를 내리셔서 우리 3천만 민족이 다 그리스도께로 돌아와 천국 백성이 되게 하여 주소서. 그리고 우리나라가 자유와 평화와 번영과 통일의 새로운 나라가 되게 하여 주시옵소서. 내게 성령을 충만히 부어주소서. 내가 먼저 세상의 빛과 소금이 되며 복음의 전파자가 되게 하여 주시옵소서. 예수님 이름으로 기도하옵나이다. 아멘."

전국복음화운동 노래를 제정해 교회마다 집회마다 부르게

했다. 중앙위원장 홍현설 박사가 작사하고 종교음악가 구두회 교수가 작곡한 이 노래는 한 해 동안 적고 큰 모임에서 전국의 신도들이 입을 모아 부르는 민족 구원을 위한 노래가 됐다.

"주님의 부탁 받은 사도들이 흩어져 구원의 복된 소식 땅 끝까지 전했네. 우리도 그 빛으로 해방 받은 나라니 온 신도 힘합하여 전도하러 나가자. 나아가자 십자가의 군기를 높이 들고 삼천만을 구원하러 발맞추어 나가자. 교회의 참 사명은 전도하는 의무니 저마다 일터에서 복음 증거합시다. 이 민족 사는 길은 구주밖에 없으니 성도여 일어나서 전도하러 나가자."

폭우의 밤, 배재학교 운동장에 내렸던 성령의 역사

1965년 전국복음화운동의 하이라이트는 서울에서 열린 대 전도회였다. 초빙 강사는 당시 중국이 낳은 전도자 중에 세계에 널리 알려진 전도자 조세광 박사였다.

조동진이 조세광 박사를 처음 만난 것은 1956년 8월 미국 로드아일랜드 주에서 열렸던 세계복음주의협회 제2회 세계대회에서였다. 그 대회에서 그는 세계복음주의협회 부회장으로 선출된 조세광 박사의 능력 있는 설교에 크게 매혹되었다.

조세광 박사는 디모데 자오 박사(Dr. Timothy Dzao)라는 이름으로 서구 세계에 알려졌고, 그의 선교회는 World-Wide

Spiritual Food Mission으로 알려져 있었다. 중국의 빌리 그 래함으로 불릴 정도였다고 한다.

그는 원래 중국 상해(上海) 출신으로서 중국 교계에 널리 알려진 대설교가요 세계 선교의 선구자였다. 1949년 중국 대륙이 모택동의 공산당 지배 아래 들어가자, 그는 대륙에서 쏟아져 나와 영국 영토인 홍콩으로 오는 실향민에게 선교하기 위해 세계영량선교회를 조직하고, 홍콩의 한 극장을 빌려 영량당(靈糧堂)이라는 교회를 시작하였다. 곧 이어 홍콩 구룡(九龍)에 큰 교회 건물을 짓고 본격적인 선교 활동을 시작하였다. 대만과 인도네시아 자카르타에도 영량당을 세우고 '가말리엘대학'(Gamaliel Christian College)이라는 선교대학을 세웠다. 조동진은 이토록 역량 있는 아시아의 세계 선교 선구자와 손을 잡고 선교의 새 시대를 준비했던 것이다.

조동진은 1964년 가을 일본 도쿄에서 열린 동양전도대회에서 그를 10년 만에 다시 만나 한국 기독교 80주년을 기념하는 전국복음화운동에 와달라고 요청했다. 중앙위원회는 조세광 박사를 초청하자는 제안을 받아들였고, 그 교섭을 조동진에게 위임했다.

섭외는 어렵지 않았지만 문제는 빠듯한 일정이었다. 서울에서 첫 집회를 시작하기가 쉽지 않았다. 그래서 지방에서부터 집회를 열기 시작했다. 제일 먼저 집회를 시작한 곳은 조동진의 어린 시절과 깊은 관계가 있는 전라북도 김제군이었다. 5

월 4일 하루 집회였지만 2천 명 이상 김제 제1교회를 꽉 채웠다. 다음은 이리(지금의 전북 익산시)에서 이틀 집회를 마치고 경남으로 옮겼다. 부산에서는 남성여고 운동장에 엿새 동안 5만 명 가까운 인파가 운집했다. 경북 대구에서는 닷새 동안 3만여 명이 모였다. 대전으로 올라와 선호스돈여고 운동장에 5천 명이 모여 하루 집회를 가졌다. 5월 23일에는 논산 국군 신병훈련소 연병장에 1만 5천 명을 모았다. 다음 날엔 목포로 내려가 목포역 광장에서 3일간 3만 명이 모인 대회를 열었다. 다시 광주로 올라와 광주 사직단 시립공원에서 4일간 5만여 명이 모이는 대성황을 이루고 인천으로 올라왔다. 5월 31일부터 6월 3일까지 인천 신흥국민학교 교정에 2만 5천 명 이상의 청중이 모였다. 이 지방 순회집회에서 조세광 박사의 설교 통역은 대부분 조동진의 몫이었다.

조세광 박사의 전도집회는 그의 내한(來韓)이 예정보다 앞당겨져 준비가 없는 상태에서 출발할 수밖에 없었다. 지방을 중심으로 한 일련의 전도집회는 대부분 사전 준비 없이 실시되었다. 김제 집회부터 인천 집회를 종료하기까지 중앙위원회 실무진은 전국 지구의 집회를 조정하고 서울 대 전도회를 예비하는 고역을 담당해야 했다. 그 중심에 조동진이 있었다.

전도의 미련한 길을 따르다

지방에서 불붙기 시작한 부흥의 불길은 6월 9일부터 15일까지 열린 서울 대 전도회에서 극치를 이루었다. 매일 밤 8시부터 배재고등학교 운동장에서 열린 이 집회에 연일 3,4만 명을 헤아리는 청중이 운집하였다. 특히 마지막 날인 15일 집회에 약 5만 2천 명의 인파가 모여 전국복음화운동 집회의 최고 절정을 이루었다. 조동진은 그 기간 중에 특히 6월 14일 '폭우의 밤'을 잊지 못한다. 그 해 봄은 가뭄이었다. 오랜 가뭄에 목이 타던 도시와 농촌에 은혜의 단비가 내리기 시작했던 것이다.

14일, 5만에 가까운 청중은 폭우 속에도 단 한 사람도 움직이지 않고 조세광 박사의 성령 충만한 설교에 눈과 귀를 기울이고 있었다. 강단에도 비가 들이쳤지만 강사도 통역을 맡았던 새문안교회 강신명 목사도 폭우를 피하려 하지 않았다. 단상의 대회 간부들도 역시 피하지 않았다. 명예대회장 한경직 목사도, 이화여대 김활란 총장도, 대회장 홍현설 박사도 폭우를 축복의 단비로 여겼다.

폭우는 설교가 시작된 지 5분도 지나지 않아 내리기 시작했지만 설교는 한 시간 이상 계속되었다. 청중은 물바다가 된 운동장 모래밭에 그대로 앉아 움직일 줄 몰랐다. 집회가 끝나도 찬송을 부르며 대회장을 떠나지 않았다. 칠흑 같은 밤 하늘에 우렁찬 찬송이 끝없이 울려 퍼졌다.

"가물어 메마른 땅에 단비를 내리시듯 성령의 단비를 부어 새 생명 주옵소서. 반가운 빗소리 들려 산천이 춤을 추네. 봄비로 내리는 성령 내게도 주옵소서. 빈들에 마른 풀 같이 시들은 나의 영혼, 주님의 허락한 성령 간절히 기다리네."

조동진은 이때처럼 분명하게, 바울 사도처럼 전도의 미련한 것으로 믿는 자를 구원하시기를 기뻐하시는 하나님의 뜻을 따르게 하신 하나님께 감사해본 일이 없었다고 생각한다.

교회갱신과 연합 전도 운동을 시작하다

|

14

버림받은 사람들을 위한 전도

조동진이 미국 유학에서 서울로 돌아와 부임한 후암교회 예배당은 다 낡아 금방이라도 무너질 허름한 판잣집 같았다. 의자라고는 강단 위의 세 개와 성가대 석의 긴 나무 의자 네 개뿐이었다. 신도석에는 판자 바닥 위에 돗자리가 깔려 있을 뿐이었다. 신발장도 형편없었다. 담임목사가 부임한 첫날에 구두를 잃어버리기도 했다.

교회 마당은 거지와 도둑의 소굴 같았다. 신도들 중에 지식인이나 직장인이 없는 것은 아니었으나 가난한 사람과 장사하는 사람들이 주도권을 쥐고 있었다. 신앙 공동체라기보다 이익을 추구하는 경제 공동체 같기도 했다. 신도 사이에 금전 거래가 흔했고 급기야 모 집사가 교회 재정을 사유화하고 신도들에게 사기를 치는 부끄러운 일도 발생했다.

조동진은 이러한 교회를 근대적 교회 행정학을 기초로 변화시켜 나갔다. '달란트 조사'라는 이름으로 신도들을 조사하고 분석해 기존의 장로 집사 중심으로 운영되던 교회를 모든 신도가 참여하는 교회로 탈바꿈시켰다. '신도 총 참여와 신도 총 분담 원칙'이 세워졌다. 계와 고리대금이 성행했던 교회가 가장 정확한 경리와 효과적인 지출을 통해 은행보다 높은 신뢰도를 가진 교회로 변했다. 교회를 이용하여 자기 이익을 채우려던 신도들이 제 것을 제 것이라 생각하지 않는 하나님의 청지기로 거듭났다. 그 와중에 신도수가 늘어났다. 부임 당시 100세대에 불과하던 교회가 출석 신도 350명을 넘어서면서 허름한 예배당이 눈에 보이기 시작했다. 새 성전을 짓기로 했다.

후암교회는 착공한 지 아홉 달 만에 연건평 500평에 달하는 3층 석조 콘크리트 성전을 완공하고 입당예배를 드렸다. 큰 건물이라고 할 순 없었으나 설교와 찬양의 기능이나 음향과 조명과 종교적 미학을 고려하고 신학과 예배의 원리를 제대로 따르려고 애쓴 교회 건축이었다고 그는 자평한다.

조동진은 후암동에 새 예배당을 짓고 난 1963년부터 서울 바닥에서 버림받은 교회 부근 지역 사람들을 위한 전도운동을 벌였다. 그가 버림받은 사람들을 위한 전도의 길을 교회갱신의 방법으로 택한 것은 앞에서 언급한 애즈베리신학교의 지도교수 로버트 콜멘 박사의 저서 《전도의 종합계획》을 번역하여 펴내면서부터였다. 가난하고 버림받은 사람들을 불러 하나님 나라 생명의 복음을 전파하신 예수의 전도 방법이 그 저서의 핵심 줄거리였다. 그는 교회갱신의 길을 가난한 자에게 복음을 전하는 방향으로 발전시키는 데서 찾기로 했던 것이다. 교회성장은 잃어버린 양 찾기와 선한 사마리아 사람 운동을 통해 이루어져야만 한다는 확신을 가지고 있었다.

서울역 건너편 도동에서 후암동으로 넘어가는 언덕길의 좌우편 판잣집에는 당시 하루 일세(日貰) 200원짜리 방에서 살아가는 사람들이 많았다. 그들은 서울역에서 껌이나 담배나 볼펜을 팔아 몇 푼의 돈을 만들면 그것으로 술이나 약을 사 먹으며 살았다. 몸도 마음도 병든 사람들이었다. 사창굴에 남자를 끌어다 주고 돈을 받는 사람도 있었고, 더러는 역 앞에서 서성거리다 기차에서 내리는 사람의 주머니를 터는 소매치기도 있었다. 이 사람들의 건강은 말이 아니어서 그의 눈에는 그들이 살아가는 것이 아니라 죽어가는 것으로 보였다.

소외된 사람들의 친구가 된 후암교회

후암동에는 특히 101번지가 가난하기로 유명했는데, 그곳은 병무청 뒤 언덕에 있는 판자촌 일대를 일컫는 말이다. 여기 사는 사람들의 형편은 도동 사람들의 그것과 다를 것이 없었다. 후암동 400번지는 또 다른 가난한 사람들의 골짜기였다. 이곳

미스터 미션, 조동진

은 여름 장마철이 되면 남산 골짜기에서 흘러내린 물이 폭포수로 변하던 곳이다. 그런데도 그들은 이 골짜기를 떠나지 못하고 있었다. 아버지와 아이들의 성이 서로 다른 집도 많았다. 엄마가 몇 달마다 달라지는 가정도 있었다. 걸레같이 갈기갈기 찢어진 가정들이 모여 사는 골짜기였다.

또 다른 버림받은 딸들의 집단이 후암동에 있었다. 미8군 사령부와 미군 부대가 자리 잡고 있는 후암동과 남영동의 경계 지역에 수도여자고등학교가 있는데, 그 뒤로 삼광초등학교가 있다. 바로 이 지역이 미군 병사들을 상대하는, 이른바 양부인이라 불린 윤락 여성들이 집단으로 세 들어 살던 곳이었다. 새로 지은 후암교회는 그런 양부인들의 셋집에 둘러싸여 있었다. 조동진은 후암동 일대의 '버림받은 사람들을 위한 전도'에 나서기로 했다.

후암교회는 부자 교회가 아니었다. 부자가 없는 것은 아니었지만 가난한 사람과 부유한 사람이 함께 어울린 교회였다고 조동진은 회고한다. 그는 후암교회를 가진 자와 가난한 자가 함께하는 교회, 도움이 필요한 사람과 도움을 줄 수 있는 사람이 함께하는 신앙 공동체를 만들고자 했다. 그것이 교회갱신의 하나의 표본이라고 생각했고, 그런 교회로 만들기에 성공한 것을 보람으로 여기고 있다.

그는 매주 금요일마다 구역장과 권찰들을 모아놓고 전도학교를 했다. 전도의 원리와 방법을 한 시간 동안 강의한 후 네

시간 동안 후암동 일대를 샅샅이 누비는 방문 전도 실습을 하도록 내보냈다. 남산의 남쪽 기슭에 있는 후암동, 도동, 동자동, 갈월동, 용산동, 남영동 등 여섯 동네가 전도학교의 방문 전도 실습장이 되었다.

두 사람 또는 세 사람으로 한 조를 짠 다음 여러 가지 종류의 전도지를 가지고 다니게 했다. 교회 출석을 약속하는 결신 카드도 가지고 다니게 했다. 전도대원들은 방문할 지역과 골목을 사전에 지정받아 매주 짜임새 있게 골고루 방문하도록 했다. 네 시간 동안 열 가정 이상 방문하지 못하게 했고, 한 집을 찾아가면 15분 이상 머물며 대화하도록 했다. 전도대원들이 방문 전도를 마치고 교회로 돌아올 때까지 조동진은 강단 위에서 그들의 성공적인 전도활동을 위해 성령께서 인도하시기를 기도하며 기다렸다고 한다.

방문 전도 대원들이 돌아오면 방문 전도 보고서를 제출케 했다. 그는 방문 전도 대원들이 한 조 한 조 돌아와 방문 전도 보고서를 제출하면, 그들이 간증하는 이야기를 자세히 들은 후 그들을 위해 일일이 기도한 다음에야 돌려보냈다. 그는 이 전도학교 운동을 몇 년 동안 계속했다.

목회 핸드북과 크리스챤헤럴드 선교신문 발행

일찍이 신학생 시절부터 회지를 편집하고 20대에 기독공보 편집국장이 된 조동진은 문서 선교와 출판에도 많은 기여를 했다. 그때까지만 해도 신학과 성서 해석에 관한 도서는 출판되고 있었지만 목회를 위한 도서는 찾기 어려웠다. 교회 신문은 교파의 총회 소식이나 부흥회 소식 같은 보도 역할을 넘지 못하고 있었다. 그는 목회 도서의 출판과 선교신문의 발행을 통한 목회 지도력 갱신의 길에 나서기로 했다. 맨 처음 시도한 것이 해마다 《목회 핸드북》을 펴내는 일이었다. 1964년 초에 편집을 시작해 그 해 추수감사절 전에 1965년도판 제1권을 발행했고, 그가 목회에서 은퇴한 1978년까지 매년 발행했다.

《목회 핸드북》에는 교회력과 목회 계획, 성단(강단) 관리와 특별 계절 예배자료, 효과적인 전도와 새신도 육성 방법, 세계 선교를 위한 계획과 설교자료, 사순절과 부활절을 위한 명상과 설교자료, 성찬예식 명상과 설교자료, 오순절에 관한 명상과 설교자료, 감사절 설교와 명상자료, 대강절과 크리스마스를 위한 명상과 예배 자료, 장례식을 위한 명상과 예식 자료, 지식인을 위한 특별 설교자료, 교회 행정 개혁을 위한 각종 자료, 예화 뱅크와 목회 아이디어, 교회력에 맞춘 52주간 주일예배 성구와 기도와 설교자료, 저녁예배 강해설교 52제, 어린이 설교자료 52편 등 목회 전반에 관한 자료가 수록됐다. 목회자가 한

해 동안 참고할 수 있도록 편집된 목회 편람이었다. 조동진은 500쪽이 넘는 이 두꺼운 책을 해마다 펴내면서 한국 교회의 목회 체계의 갱신과 강단의 갱신이 빠르게 퍼져나가는 데 보람을 느꼈다. 그는《교회 행정학》,《전도의 종합계획》,《교회 예산 개발론》,《목회 경험 심리학》,《최고 지도자론》등 목회를 위한 책들도 함께 펴냈다. 이 책들은 60년대와 70년대 초기에 가장 널리 보급된 목회 도서로 꼽힌다.

한편 조동진은 1967년〈크리스챤헤럴드〉(Christian Herald)라는 이름의 선교신문을 발행하기 시작했다. 지금은 한국의 목회자를 위한 대표적인 월간 잡지로 성장한〈월간 목회〉의 발행인 박종구 목사가 편집 책임을 맡아 조동진과 함께 신문을 만들었다. 교회 안의 일밖에 모르는 한국 교회의 눈을 세계로 돌리게 하기 위한 한국 교회 최초의 선교신문이었다. 무가지(無價紙)이면서 아시아, 아프리카, 유럽, 남북 아메리카와 호주 등 오대양 육대주의 교회 선교 소식과 함께 선교의 방법과 이론을 가르치기 위한 선교 계몽지였다. 이 신문이 한국 교회 신문의 편집 방향을 외향(外向)적으로 바꾸어놓는 데 적지 않은 역할을 했다고 그는 자부한다.

한 해에 원고지 1만 오천 장 이상을 써야 하는《목회 핸드북》편찬 작업은 당시 30대 젊은 나이였던 그에게도 상당히 무거운 짐이었다. 거기에다〈크리스챤헤럴드〉의 편집 자료를 위해 세계 각국의 각종 잡지와 간행물들을 계속 공급받아야 했다. 그런 일 때문에 70년대에는 한 체신부 간부가 그에게 "대한민국에서 국제 우편을 가장 많이 받는 사람 중의 하나"라고 일러주기까지 했다. 이 일은 그가 남산 정보부에 미국 스파이로 모함 받아 조사받을 때 오해의 소지가 되기도 했다.

세계를 이해해야 선교를 할 수 있다

하나님은 세상을 사랑하시어 그 외아들 예수 그리스도를 세상에 보내셨다. 예수께서는 교회를 세상에 세우셨다. 그래서 조동진은 교회와 세상의 관계에 대한 하나님의 사랑을 바르게 이해하기 위해 성경과 신학 못지않게 사람들이 모이는 교회와 사람들이 살아가는 세계를 바르게 이해해야 한다고 믿었다.

그는 교회가 세상의 빛과 소금이 되기 위해서는 세상을 정확하게 알아야만 하고, 목사들이 교회는 세상에서 사는 사람들의 모임이라는 기본 인식 위에서 목회를 해야 한다고 생각하고 있었다. 그래서 한국 교회 문서 선교의 방향을 성경과 신학 중심에서 교회와 세계 중심으로 전환시키려면 사고와 정보의 근원을 확대시키는 길밖에 없다고 생각했다. 성경과 신학은 목회자의 텍스트(text: 본문) 역할을 하지만 교회와 세계라는 컨텍스트(context: 상황)와의 관계를 인식하지 못하면, 그 지식은 도서관 지식은 될지 모르지만 살아있는 지식일 수 없다는 것이 그의 신념이었다.

급기야 조동진은 아시아 최초의 선교신학원을 개설했다. 그가 귀국한 후 7년간 교회갱신과 교회성장 운동, 그리고 목회 갱신을 위한 문서 선교를 벌이면서, 한국 교회의 내향성(內向性)을 세계를 향한 외향적(外向的) 교회로 전환시키기 위한 그의 노력은 전국적으로 큰 호응을 얻었다.

선교신문 〈크리스챤헤럴드〉를 통해 1960년 이후의 서구 선교의 몰락과 선교의 새 세력으로 등장하는 아시아 교회의 선교 지도력을 소개하기 시작했다. 이 선교신문은 '교회성장'에 대한 진단학적 이론을 소개하고 연구 개발 이론과 컴퓨터 정보 시스템에 의한 선교전략 정보 연구이론 등을 소개했다. 이것은 선교학 연구의 환경 조성을 위한 작업의 일환이었다.

1968년 가을에 풀러신학교(Fuller Theology Seminary)가 선교대학원을 개설하기까지, 미국에도 선교대학원은 단 한 곳도 없었다. 1966년에 도널드 맥가브란(Donald McGavran) 박사가 오레곤(Oregon) 주의 유진(Eugene)에서 운영하던 교회성장연구소를 캘리포니아 주 파사데나(Pasadena)의 풀러신학교로 옮기기까지, 교회성장 연구도 신학교의 연구 과목에 포함되고 있지 않았다.

조동진은 1966년 독일 베를린 세계 전도회의(Berlin World Congress on Evangelism)를 거쳐 미국에서 한 해를 머물면서 한국에서의 교회성장 연구와 선교 연구를 본격적으로 시작할 준비를 하기 위해 여러 선교 단체를 방문하였다. 그리고 1967년 선교신문 〈크리스챤헤럴드〉를 창간하였고 1968년 3월에는 국제 선교신학원(International School of Mission)을 개설하였던 것이다. 국제선교신학원의 목적은 신학교를 졸업한 사람들에게 선교 신학과 선교 역사, 문화인류학과 선교사학 등을 연구하게 하여 한국 교회로 하여금 세계 선교에 참여하는 길을 닦는 일이었 다. 이렇게 역사적인 선교신학원의 시작은 아주 조용하고도 구 체적으로 시작되었다. 선교사 지망자를 찾아 입학시키는 방법 으로 시작된 것이다. 최초의 학생들은 1960년대 말기부터 한 국 교회 선교 운동의 기수 역할을 담당하는 중진 선교 지도자 로 활동했다.

서구 선교 단체들은 조동진의 이러한 시도에 큰 충격을 받 았다. 선교신학원 설립에 직접적인 충격을 받은 사람은 TEAM 선교회의 한국 대표였던 윌리암 가필드(William Garfield) 선교사 였다. 그는 풀러신학교 출신으로 1953년 한국에 처음 부임하 였을 때부터 조동진에게 여러 가지 도움을 받은 사람이었다. 그가 처음 시도한 것은 '생명의말씀사'라는 문서 선교 단체를 설립하는 일이었다. 조동진은 그의 출판사 등록을 도왔다. 그 리고 신학교 후배인 최찬영 목사를 총무로 일할 수 있도록 추 천했다. 그로부터 10년이 지난 1968년, 조동진이 본격적으로 선교사의 훈련과 파송을 위한 조직에 나서는 것을 본 윌리암 가필드 선교사는 전시대적 서구 선교사의 역할이 끝나간다는 위기감 같은 것을 심각하게 느낀 것이었다. 가필드 선교사는 한 해 동안 국제선교신학원에서 강의를 하다가 어느 날 갑자기 미국으로 돌아가고 말았다. 떠나면서 한 말은 "서양 선교사가 한국에서 해야 할 역할은 이제 끝났다"는 것이었다. 반면 그는 한국에 와 있던 미국 연합 장로교의 중진 선교사 사무엘 마펫(Samuel Maffett) 박사로부터 조동진의 선교사 훈련 프로그램에 대한 강력한 부정적 비판의 소리를 듣기도 했다. 한국에는 아직 전도할 곳이 많은데 세계 선교를 외치는 것은 조동진의 교만이라는 말이었다.

조동진은 마펫 박사가 아버지 때부터 2대에 걸친 한국 선교사이면서도 아직도 한국 교회의 외향적 특성을 알지 못하는 것에 대해 크게 실망했다. 뿐만 아니라 아직도 선교를 백인들의 일로 생각하고 있는 시대착오적 사고방식에 놀라지 않을 수 없었다. 조동진의 선교사 훈련 프로그램을 비난한 이는 마펫만이 아니었다. 미국 정통 장로교회의 선교사로서 한국에 와 있던 하비칸(Harvie Conn) 선교사는 한국 교회의 선교 운동이 마치 자기들 미국 선교사들의 우산 밑에서 일어나야 하는 것처럼 말하기도 했다. 그들이 훗날 조동진의 새로운 선교 운동 이론을 이해한 것은 그나마 다행이었다.

조동진의 선교사 훈련 프로그램을 외국 선교사들이 비판한 이유에는 기득권 문제도 있었던 것으로 보인다. 그들은 한국이 직접 선교사를 훈련하고 파송하기 시작하면 자기들을 한국에 파송하고 지원하는 교회들이 자기들을 더 이상 한국에 있을 필요가 없는 존재로 인정하고 소환할 것을 염려한 것이었다.

해외의 선교 단체들도 매우 냉소적이었다. 동양의 작은 나라 한국이 감히 선진국의 선교 단체와 동반자 관계를 가지려 하느냐는 태도였다. 그 선교 단체들은 현재 한국 교회의 재정과 한국 교회의 선교사가 아니면 아시아 선교를 하기 어려울 지경이 되었다. 그러나 1960년 당시에는 한국 교회의 선교적 저력을 전연 무시하고 있었다. 그때는 이미 서구 선교가 몰락하여 석양을 맞이하고 있을 때였다. 그럼에도 아시아에서 선교의 새 세력이 아침 해처럼 떠오르는 것을 서구 선교 본부의 지도자들이나 현지 선교사들은 조금도 깨닫지 못하고 있었다는 것이 조동진의 관점이었다.

시대를 앞선 한국 기독교 전도회 조직과 사역

조동진은 1965년 전국복음화운동을 마치고 이듬해 베를린 세계 전도회의(Berlin World Congress on Evangelism)와 1968년 아시아 태평양 전도회의(Asia Pacific Congress on Evangelism)를 다녀오면서 1969년 한국 기독교 전도회의를 조직한다. 조직과 프로그램을 담당하는 기획실 총무를 맡은 그는 5월 20일부터 두 주간 동안 시민회관과 영락교회, 장충체육관, 서울운동장 등에서 전도대회를 진행했다. 1965년에 전도회 부흥강사로 초청되었던 조세광 박사가 특별 헌금을 보내기도 했다. 그런데 이 헌금 때문에 조동진은 반대세력의 모함을 받기도 했다. 반대세력은 이 대회를 중공(중국)의 공작비를 받은 사회 파괴 공작이라는 허위 밀고까지 한 것이다. 조동진은 돈의 출처를 밝히지 않으면 안될 상황이 되었다. 그러자 조세광 박사는 애초 일정이 맞지 않아 참가할 수 없었음에도 일정을 조정해 5월 19일 서울에 미리 도착했다.

당시 박정희 정권은 위기를 맞고 있었다. 1968년 1월 23일 북한의 무장 공비 31명이 청와대 옆까지 침투했고 1969년 들어 3선 개헌에 반대하는 대학생들의 저지 운동이 시작되고 있었다. 정보부가 한일협정을 반대하던 교회의 모든 활동을 감시하고 목사의 설교 내용까지 분석해 보고하던 시절이었다. 그러니 전국적인 전도대회가 진행되는 걸 가만 두고 볼 수 없었을 것이다.

사탄의 훼방은 다각도로 진행됐다. 그때 마침 전도회의 재정위원장을 맡고 있던 김일환 장로는 재향군인회 회장으로 장군출신이었다. 그의 호출을 받아 재향군인회 사무실로 간 조동진은 자신의 활동을 감시하던 정보부 직원들을 함께 만난다. 김일환 장로는 조동진이 보는 앞에서 정보부 직원들을 나무라고 더 이상 조 목사의 활동을 방해하지 말라고 경고했다.

대회는 일사천리로 진행됐다. 한경직 목사가 개회설교를 담당하고 홍현설 박사가 폐회설교를 맡았다. 강신명 목사는 발제 강연을 맡았다. 1965년 전국복음화운동의 주역들이 다시 나선 것이었다. 이번에는 주제별로 전문가들이 나서기도 했다. 한철하 박사가 전도신학을, 김장환 목사는 청소년전도를, 김의환 박사가 세계 선교 강의를, 김준곤 목사는 개인전도를 다루는 등 장로교 각 교파와 침례교회와 감리교회의 저명한 지도자와 학자들이 대거 참여했다. 학원전도, 농촌전도, 교도소전도, 병원전도, 노동자전도, 어린이전도, 여성과 가정전도 등 주제도 다양했다. 그는 이 초교파적이고 복잡한 행사 조직과 진행을 불과 12명의 스태프를 데리고 운영하였다. 참으로 대단한 능력과 열정이 아니면 감당하기 어려운 일이었다.

탈서구, 동아시아 선교의 새 시대를 열다
|
15

홍콩에 세계 선교의 초소를 세우다

조동진은 1969년 성령 강림절에 한국 기독교 전도회의를 마치면서 중국, 인도네시아, 필리핀 등의 선교지를 개척하고 선교사를 훈련하고 파송하는 사역을 본격적으로 시작하였다. 그 첫 번째 걸음은 중국 대륙의 관문인 홍콩에 선교 초소(哨所)를 세운 일이었다. 세계영량선교회(世界靈糧宣敎會)의 조세광 박사와 함께 한 일이었다. 그는 원래 중국 본토의 상해 사람이었지만, 제2차 세계대전 종전 후에 홍콩에 와서 세계 인류에게 영적 양식을 공급한다는 뜻을 가진 세계영량(世界靈糧)교회를 설립하고 중국 기독교 영량세계포도회(中國 基督敎 靈糧世界佈道會)를 조직하여 세계 선교에 앞장 선 아시아 선교 운동의 선구자이다.

조세광 박사는 한국 교회가 붉은 대륙과 동남아 국가들을 위한 선교 초소를 홍콩에 마련해야 한다는 조동진의 주장에

동의하고, 세계영량선교회의 이름으로 홍콩 선교 초소 개설을 책임질 한국 선교사를 초청할 것을 약속하였다. 조동진은 1968년 3월 국제선교신학원 개원과 함께 입학하여 선교사로 훈련받고 있던 윤두혁 목사와 소아과 의사인 그의 부인 고옥현을 홍콩 주재 선교사로 선임하고, 홍콩에 국제선교협력기구 해외 사무실을 개설할 책임을 맡겼다.

윤두혁 목사는 1948년 감리교 신학교를 졸업하고 육군 군목으로 통역장교를 한 경험이 있을 만큼 영어와 일본어에 능통하였다. 또한 한국대학생선교회의 총무로 학원 선교의 경험을 쌓은 유능한 목사였다. 그를 홍콩에서 사역을 시작하게 한 1969년에서 1971년 사이의 세계는 중화인민공화국과 월남에서 중대한 변화가 일어나던 때였다. 윤두혁 목사가 홍콩으로 떠나기 직전 월남의 호지명(Ho Chi Minh)이 세상을 떠났다. 미국은 월남전에서 패색이 짙어가면서 월남의 자율권을 인정하고 미군을 철수시키겠다고 제안하고 있었다.

사상 최초의 아시아 선교전략회의 개최

윤두혁 목사가 홍콩에 도착한 지 1년이 지난 후 중국 공산당은 미국 탁구 선수단을 초청하고 중화인민공화국 이름으로 UN에 가입했다. 반대로 대만(중화민국)은 UN을 탈퇴했다. 한국에서는 1970년 7월에 경부고속도로가 개통되고 김대중 씨가 야당 대통령 후보로 지명되면서 경제와 정치 발전에 새로운 계기가 마련되고 있었다. 조동진은 나라 안팎이 그렇게 격동하던 1970년 8월 25일에 다시 홍콩을 찾았다. 이후 10년간 동북아시아에서 중국과 북한과 러시아와 대만의 급격한 변화를 내다보고, 태국을 접경으로 하는 인도차이나 반도와 필리핀, 인도네시아, 말레이시아, 싱가폴 등을 합한 동남아시아의 변화와 개발 가능성에 대한 선교적 대응책을 마련하기 위한 정책 토의를 서둘러야 한다고 생각했기 때문이다.

1970년 8월 26일부터 30일까지 조동진과 윤두혁 목사는 홍콩에서 역사상 최초의 아시아 선교전략회의를 가졌다. 이 전략회의의 첫 부분은 중화인민공화국(중국) 안에 복음 선교의 거점을 확보하기 위한 정보 수집과 접촉 활동이었다. 물론 당시로서는 공개하기 어려운 정보였다. 또한 세계 각국의 중국 연구에 관한 문헌들을 수집하여 연구 분석하고, 대(對) 공산권 선교 전략 수립의 예비 활동을 위해 구체적 방안을 수립하는 작업이었다.

조동진은 이 선교전략회의에서 좀 더 구체적이고 조직적으로 중국 대륙 내부와 접촉하고 후속 활동을 계획하는 일을 해야만 했다. 이 작업은 매우 유용했다. 이 전략회의에서 중국 대륙에서 태어난 한국인 목사를 발견하였고, 그로 하여금 대 중국 접촉을 직접 책임지고 활동하게 하자는 구상이 떠올랐던 것이다. 마침 중국 요령성 영구(營口)에서 태어난 목사 한 사람을 오래 전부터 알고 있었는데, 그가 영등포에서 중국 화교들을 위한 교회를 담임하고 있던 김응삼(金應三) 목사였다. 그때는 대만 주재 장로교 선교사로 대만에서 한인교회를 담임하고 있었다. 조동진은 홍콩 회의가 끝나는 대로 대만으로 날아가 그를 만났고, 그에게 중국 본토로 가서 사역하도록 권고했다. 김응삼 목사는 조동진의 선교적 도전에 충격을 받고 그 후 홍콩으로 임지를 옮겼다. 그리고 중국 대륙에 사람을 들여보내는 대륙 방문 선교의 길을 열면서 중국 선교의 선구자가 되었다.

홍콩 전략회의의 두번째 주제는 동남아시아와 인도차이나 반도 선교 개발을 위한 아시아 선교 지도자들의 협의회를 소집하는 일이었다. 불교 국가인 태국과 가톨릭 국가인 필리핀, 회교 국가인 인도네시아와 말레이시아, 문화와 경제의 교차지인 싱가폴, 그리고 사회주의 국가들인 버마, 캄보디아, 라오스와 국제 전쟁터로 변한 베트남 등과 함께, 힌두 문화와 회교 문화가 혼합되어 있는 인도와 파키스탄과 방글라데시에 이르는 아시아 태평양 국가들, 그리고 인도양 국가들의 기독교 선교 지도자들 간의 협력을 통해 새로운 제3의 선교 시대를 열어 가기 위한 전략이 토의되었다. 중국 대륙 선교전략 개발을 위한 토의는 거의 하루 만에 끝났지만, 광대한 태평양 남쪽 나라들과 인도양 연안 국가들의 선교 지도력을 한데 묶는 전략 토의에는 꼬박 사흘이 걸렸다. 그 회의에서 한 가지 결론에 도달하게 되었다. 그것은 그날로부터 3년 후인 1973년 8월에 제1회 아시아 선교 지도자 회의를 서울에서 긴급 소집하고, 앞에서 말한 여러 나라의 선교 지도자를 초청하기로 한 것이었다.

조동진은 이 전략회의의 결정을 실천에 옮기기 위해 그 해 가을부터 2년 동안 일본과 대만, 필리핀, 타일랜드, 싱가폴, 인도, 파키스탄 등을 순방하고 미국과 영국까지 방문했다. 나라마다 대표적인 선교 지도자들을 만나 아시아 선교 지도자들 상호 간의 선교 협력을 위한 아시아 전체의 국제 포럼 개최의 긴급성과 중요성을 강조하고 동참을 호소하였다. 1970년 8월 26일부터 30일까지 홍콩에서 가졌던 국제선교협력기구의 제1회 선교전략회의는 이렇게 아시아 전역에 새 바람을 일으켰다.

태국을 시작으로 아시아 태평양 지역 선교 시대를 열다

조동진은 홍콩에서 방콕과 싱가폴을 거쳐 인도의 마드라스와 봄베이를 잇는 해안선을 따라 서구 제국주의 식민 정책의 침략과 착취 역사의 자취를 선으로 그리면서, 다가올 새 시대의 자유와 평화와 번영을 약속하는 민족 해방을 위해 선교 거점을 확보하기로 마음먹었다. 그 시작은 태국이었다.

태국은 동남아시아에서 가장 독특한 문화를 유지하는 나라다. 불교를 국교로 하면서도 서구 문명과 타협과 조화도 적절

하게 이루어 나갔다. 그러나 기독교 선교 150년이 넘어도 기독
교가 뿌리내리지 못한 나라이다. 그런 태국을 새 시대를 위한
아시아 태평양 지역 선교 거점으로 삼은 것이다. 마침 태국에
는 1956년부터 친구인 김순일 목사가 선교사로 파송되어 14
년간 사역하고 있었다. 그런데 김 선교사를 파송한 장로교 총
회 선교부가 1970년에 그를 본국으로 소환하기로 결정하고 말
았다. 선교비를 더 이상 부담할 수 없는 상황 때문이었다. 조동
진은 그를 태국 선교의 동반자로 초청했다.

조동진은 애초 싱가폴과 방콕 사이에서 동남아시아 선교 협
력 사무실을 어디로 정할지 고민했다고 한다. 지리적으로는 싱
가폴이 교통의 요지이고 이미 아시아 태평양 지역 전도 협력
사무실이 있었으며, 중국내지선교회의 후신(後身)인 해외선교
회(OMF)의 국제본부가 있었기 때문이다. 그래서 1971년 싱가
폴에서 열린 아시아신학자협의회 창립총회에 윤두혁 선교사
와 김순일 선교사를 참석시키고 그들을 싱가폴에 정착시킬 수
있을지 조사하게 하였다. 그러나 싱가폴 선교 지도자들의 냉담
한 반응에 쉽게 길이 열리지 않아 결국 방콕으로 가게 된다. 그
리하여 김순일 선교사는 다시 태국으로 복귀하게 되었다. 그를
이어 신호익 목사 내외가 합류하면서 남부 태국까지 사역이
확산되었다. 그 결과 태국의 교회들이 살아나기 시작하였다.

훗날 조동진은 윤두혁과 김순일과 신홍식 선교사들을 선교
지도자로 성장시키기 위해 풀러신학교 등으로 유학을 보내기

도 한다. 김순일 선교사는 풀러신학교의 아시아 선교 담당 교수로 초빙 받기도 했다. 조동진에 의한 한국 교회 선교 지도자들의 국제 지도자 개발을 위한 노력이 꽃을 피운 일이었다. 신홍식 선교사는 달라스신학교(Dallas Theological Seminary)에서 선교학 전공으로 박사 학위를 수여 받고 방콕으로 돌아왔다. 파키스탄으로 파송된 이화여자대학교 출신 전재옥 선교사도 조동진 목사에 의해 선교 지도자로 개발되어 조동진의 하기선교 대학원을 돕기도 했다. 그후 전재옥 선교사를 풀러신학교에 추천해 선교학 박사 학위를 받게 했다. 그리고 세계복음주의협의회 선교협의회 초대 총무로 추천했다. 이화여자대학교는 전재옥을 기독교학과 교수로 초빙했다. 주께서 세계 선교의 전환기에 저물어가는 서구 선교의 계승 세력으로 아시아를 부르고 계실 그때, 조동진은 전환기의 선교 지도력을 양육하면서 아시아 태평양 시대의 막을 열어갔던 것이다.

동서 간의 협력과 새로운 선교 패러다임을 강조하다

1971년, 세계는 조동진이 주창한 동서 간의 협력의 중요성과 새 시대의 새로운 선교 패러다임에 대한 역설을 이해하지 못하고 있었다. 기존의 서구 중심의 우월적 선교 개념을 가진 그들이 아시아 선교 세력을 동반자로 받아들여야 한다는 생각에

동의하지 못했던 것이다.

1960년에서 1970년대 중반까지만 해도 서구 교회나 선교 단체들은 피 선교 국가였던 아시아 국가들이 세계 선교에 나서는 일은 상상도 하지 못하고 있었다. 그렇기 때문에 조동진의 동양과 서양 간의 동반자적 협력 선교 주장을 어느 정신 없는 동양 목사의 과대 망상적 발상으로밖에 받아들이지 않았다.

조동진은 이처럼 역사와 시대의 변동에 둔감한 서구 선교 지도자들의 눈을 뜨게 하려면 보다 강력한 충격적 제안을 할 필요가 있다고 생각하기 시작했다. 그래서 1970년 8월 26일부터 30일까지 홍콩에서 국제선교협력기구 선교전략회의(NCOWE)를 열어 서구 선교 세력과 협력을 모색하기에 앞서, 아시아 선교 세력 사이의 협력과 네트워크를 구성할 필요를 확인하는 작업에 착수했다.

그는 미국 위스콘신 주 그린 레이크(Green Lake)에서 열리는 EFMA와 IFMA 선교전략회의에 가기 전에 먼저 아시아 국가들의 선교 지도자들을 방문했다. 일본에서는 일본해외선교협의회 회장 하도리 아끼라 목사와 총무 후루야마 안드레 목사를 만나 아시아 선교 국가 간의 협력 조직망을 만드는 일에 동참하겠다는 약속을 받아냈다. 대만에서는 데이빗 랴오(David Liao) 목사와 죠셉 셍(Joseph Sheng) 목사를 만났다. 중국 해외선교회를 이끌고 있는 두 지도자도 조동진의 아시아 국가 간의 선교 협력 조직 제안에 적극 찬성했다. 홍콩에서는 필립 텡

(Philip Teng) 목사를, 태국에서는 위치엔 태국교회 총회 총무를 만나 동의를 얻었다. 싱가폴에서는 찬두레이(Bishop Chandu Ray) 감독과 제임스(G. D. James) 목사를 통하여 싱가폴과 말레이시아 선교 조직들의 동참 약속을 받았다. 필리핀과 사라왁(Sarawak)도 찾아가 필리핀 복음선교회와 사라왁 복음선교회의 참가 약속을 받았다. 인도네시아에 가서는 인도네시아 선교회(International Mission Federation) 회장 옥타비아누스(Petros Octavianus) 목사로부터 인도네시아 선교 단체들을 모두 참가시키겠다는 약속을 받아낼 수 있었다.

인도와 파키스탄도 찾아갔다. 인도에는 애즈베리신학교 동창인 사무엘 카말레슨(Samuel Kamaleson)이 선교기도동지회(Missionary Prayer Band)라는 강력한 선교 단체를 가지고 있었다. 마드라스(Madras)에서 그를 만난 후에 조동진은 방갈로에 있는 인도복음선교회 본부를 찾아가 데오도어 윌리암스(Theodore Williams) 총무를 만나 동참을 약속 받았다. 파키스탄의 하이드라밭(Hyderabad)까지 찾아가 바지르 지완(Bishop Bazir Jiwan) 파키스탄 교회 감독을 만나 역시 동참 약속을 받았다.

조동진의 아시아권 선교 협력 조직망 구축을 위한 대장정은 이렇게 아시아 동북쪽 끝에서부터 황해와 남태평양을 거쳐 인도양 저편 서남 아시아까지 이어졌다. 그 여세를 몰아 태평양 건너 북미 대륙의 위스콘신 그린 레이크에서 열린 서구 선교 세력 천여 명 지도자들의 선교전략회의에서 아시아 선교 지도자들의 공동 명의로 서구 선교 지도자들을 공식으로 초청하는 발표를 하기에 이른다.

랄프 윈터 박사와 동역을 시작하다

조동진은 이후 1971년 9월 미국 위스콘신 주에서 열린 그린 레이크 회의(Green Lake Consultation)에 참석했다. 그는 이곳에서 처음으로 당시 풀러선교대학원 선교 역사학 교수였던 랄프 윈터(Ralph D. Winter) 박사를 만난다.

랄프 윈터 박사는 그때까지 한국에 대해 아는 것이 별로 없었다고 한다. 그는 미국 북장로교회(North Presbyterian Church) 목사로 중미의 과테말라에서 10년 가까이 선교사 생활을 했다. 원래는 물리학자로 코넬대학(Cornell University)에서 물리학으로 박사학위를 받은 후에 프린스톤신학교(Princetorn Theological Seminary)에서 신학을 공부한 학자다. 케넷 라투렛(Kenneth Latourette) 밑에서 기독교 역사를 연구했고, 케넷 파이크(Kenneth Pike) 밑에서 언어학을 전공한 박식한 선교학자이기도 하다. 조동진은 시대의 예언자적 선교학자인 윈터 박사를 그린 레이크에서 만날 수 있었던 것이 하나님의 크신 섭리였다고 생각한다. 이날의 만남에서 랄프 윈터 박사와 나눈 대화는 그의 선교 이론을 크게 바꾸어놓는 계기가 되었다.

윈터 박사는 먼저 선교지에서 기존 교회의 동반자 관계를 필수적 요건으로 생각하던 조동진의 고정 관념을 깨뜨려주었다. 교회의 분화 작용을 분열과 분파주의로만 인식하는 것은 잘못이라는 것이었다. 서로 생각을 달리하고 방향과 목표가 다른 교회들이 한 나라 안에 여러 가지 형태로 공존할 수밖에 없다고 했다. 한국 선교사에 의하여 시작된 교회가 영국이나 미국 선교사들에 의하여 설립된 교회들과 다른 특성을 지니게 되는 것은 당연한 것이라고 했다. 아시아 선교 단체들이 서구 선교 단체들과 동반자 관계를 가지고 일해야만 한다는 주장도 반드시 옳은 이론은 아니라고 했다. 더 많은 교회와 더 많은 선교 단체가 각기 다른 활동을 하는 것은 교회와 선교의 확장과 발전에 크게 도움이 된다고 했다. 다만 서로 정보를 교환하고 신앙과 문화의 타협 없이 성령 안에서 협력할 수 있어야 한다고 했다.

조동진은 그린 레이크 선교전략회의 개회식에서 자신을 소개하는 기회도 얻었다. 10분에 불과했지만 좀처럼 얻기 어려운 기회였다. 그는 먼저 미국의 복음주의 선교 단체들의 대표적인 두 협의회가 교회와 선교 간의 관계 정립을 위하여 소집한 뜻 깊은 전략회의에 100년 동안 피 선교지역이었던 아시아의 대표를 불러준 데 대하여 감사를 표했다. 그러고 나서 곧바로 1960년 이후 서구 선교가 석양을 맞이하고 있다고 말했다. 따라서 지금은 교회와 선교 간의 관계 정립보다 시급한 것

미스터 미션, 조동진

이 선교의 계승 세력으로서 비 서구 국가에서 일어나고 있는 선교의 새 세력들과의 관계를 정립하는 것이라고 말했다. 그는 마침 아시아 14개국을 순방하고 각 나라의 선교 지도자들을 만나고 오는 길이라고 말했다. 아시아 선교 지도자들이 세계 선교의 새 시대를 준비하기 위한 아시아 선교 지도자들의 컨설테이션(consultation)을 1973년 8월에 대한민국 서울에서 가질 계획이라고 발표했다. 기독교 역사상 최초로 가지게 되는 비서구 교회의 선교 지도자들이 주최하는 이 역사적인 회의를 서구 교회 선교 지도자들에게 알리고, 미국 선교 단체들의 대표들을 초청하기 위해서 왔다고 말했다. 그의 말에 개회식장을 가득 메운 천여 명의 참가자들은 어리둥절해 하고 놀라기도 하는 것 같았다. 요란한 박수가 대회장을 울렸지만, 조동진은 그들이 무슨 뜻으로 치는지 알지도 못한다고 보았다. 아직도 아시아의 교회가 서구 선교의 계승 세력으로 성장하고 있다는 역사 의식을 갖지 못하고 있던 서구 선교 지도자들이었기 때문이다. 그들 앞에서 낯선 이야기를 한 아시아의 한 젊은 목사에게 주는 별 의미 없는 박수 소리로 들렸던 것이다.

개회식이 끝난 후 달라스신학교의 선교학 교수 죠지 피터스(George W. Peters) 박사가 그를 찾아왔다. 그는 단도직입적으로 2년 후에 열릴 아시아 선교 지도자 컨설테이션에 자기를 꼭 초청해달라고 했다. 그는 자신이 바라보는 세계 선교의 미래에 대하여 성서신학적 입장에서 말하기도 했다. 그는 조동진이

1960년대 초를 서구 선교의 석양이라고 말한 데서 한 걸음 더 나아갔다. "이제는 서구 선교가 석양이 아니라 황혼기를 지나고 있다"고 했다. 피터스 박사는 개회식에서 조동진이 주장한 말에 대한 박수를 자기가 유도했노라고 했다. 미래의 역사를 내다보지 못한 서구 선교 지도자들을 새로 일어나는 아시아의 선교 계승 세력들의 회의에 초청한 것을 무한히 고맙게 생각한다는 말도 덧붙였다.

지중해 중심의 세계 질서 1000년 시대에 이어, 대서양 시대 1000년을 마감하는 1970년대 초반까지도 서구 교회 지도자들은 역사 변동에 대한 의식에 변화가 없었다. 거대한 아메리카 대륙의 선교 세력을 대표하는 그린 레이크 선교전략회의 참석자들 중에 랄프 윈터와 조지 피터스 단 두 사람 만이 새로운 세계 질서의 도래를 인식하고, 선교의 새 세력을 예고하는 아시아의 소리에 귀를 기울였던 것이다.

사도시대의 선교 방식을 계승해야

1965년 이후 휘튼선교회의(Wheaton Conference)와 베를린 세계 전도회의, 그리고 싱가폴에서 열린 아시아 태평양 지역 전도회의 등을 지켜보고 그린 레이크 선교전략회의에도 참석했던 조동진은 '서구 선교의 계승에 앞서 서구 제국주의 식민지 시대에 시작되었던 서구 선교의 과오와 실패의 역사와 먼저 단절해야만 하겠다'는 생각을 굳히게 된다.

우리가 계승해야 할 선교는 사도 시대의 선교라고 조동진은 주장한다. 황제의 선교로 변질되기 시작한 로마 제국의 피비린내 나는 정복자적 선교, 스페인과 포르투갈 왕들의 야욕을 채워주기 위한 탐욕에 찬 영토확장주의, 정복자의 착취와 침략의 도구로 이용되었던 선교, 그리고 19세기 서구 제국주의 식민지 팽창 정책의 그늘에서 성장했던 서구 프로테스탄트 선교의 오욕의 역사와 단절을 선언해야 한다는 것이다. 그런 다음 서구 선교의 개혁에 나서겠다는 예언자적 선교학자들과 선교의 새 세력들이 손을 잡고, 신약 성서의 그리스도 중심 사도적 선교를 계승해야 한다고 생각했다. 그는 그린 레이크에서의 경험을 통하여 이것이 역사 청산과 역사 계승의 원칙이라고 깨닫기 시작한 것이다. 그는 그 후 서구 선교 단체들을 찾아 동반자적 협력을 호소하는 일을 중단했다. 대신 역사의식이 뚜렷한 권위있는 선교학자들을 만나는 일에 주력하였다. 1971년 늦가을, 위스콘신 그린 레이크에서 외친 조동진의 도전은 선교의 새 시대를 알리는 파수꾼의 새벽 나팔소리 같았다.

세상으로 나간 목사

바깥 세상으로 나가는 지도자를 양성하다

|

16

범아시아 선교 지도자 회의 개최

'서울 73 범아시아 선교 컨설테이션'(아시아 전체 지역 선교 지도자 회의: All-Asia Mission Consultation)이 드디어 1973년 8월 27일부터 9월 1일까지 서울 우이동 숲 속에 자리잡은 크리스천 아카데미 하우스에서 열렸다. 이곳에서 복음주의적 국제회의가 열린 것은 이때가 처음이었다. 인도, 인도네시아, 말레이시아, 파키스탄, 베트남, 캄보디아, 대만, 홍콩, 그리고 유럽과 미국에서 오는 참가자들의 여비 전액을 한국이 부담한 행사였다. 당시 한국 경제 실정으로서는 상당히 무거운 짐이었지만 뿌듯한 자부심을 느낀 일이기도 했을 것이다.

이 대회에서 조동진은 참가 국가마다 입장 차이가 뚜렷한 것을 느낄 수 있었다. 아시아의 서부 국가들인 파키스탄, 인도, 방글라데시의 선교 지도자들은 반서구적 입장이 뚜렷한 반면,

인도네시아, 태국, 필리핀, 싱가폴, 말레이시아 등 동남아 국가 대표들은 타협적이면서도 차별성을 지키려는 자세를 보였다. 반면 대만, 홍콩, 일본과 한국 대표들은 중용적이고 공정한 비판적 자세를 보였고 서구 선교의 역사적 공헌에 대해 긍정적이기도 했다.

그런데 서구에서 온 선교 지도자들의 눈에는 아시아 대표들의 솔직한 입장과 감정 표현이 충격적이었다고 한다. 그것은 회의를 준비하는 자리에서 시작되었다. 파키스탄 교회 감독으로 국제선교협의회 부회장을 지낸 찬두레이 박사는 그 회의에 서구 교회 지도자들이 너무 많이 초대됐다고 불만부터 쏟아냈다. 서구인들은 말을 아끼지 않지만 아시아인들은 말을 조심하므로, 서구인에게 발표할 기회를 많이 주지 말아야 한다고 주장했다.

조동진은 이렇게 주장하는 그들의 심정을 이해할 수 있었다. 지난 수백 년 동안 서구 제국주의 식민 정권 밑에서 그 나라 교회 지도자들의 마음이 그 정도로 닫혀버렸던 것이다. 서양 사람에 의한 피지배 경험이 없는 동북아시아의 중국, 일본, 그리고 한국 교회 입장에서는 그들의 주장이 지나치다고 느껴졌지만, 그것이 곧 아시아인의 소리라는 데 동의하지 않을 수 없었다. 결국 6일간의 회의 일정 중 후반 2일만 서구 선교 지도자들이 발표하도록 합의했다. 서구에서 온 이들은 황당하고 불쾌하다는 반응을 노골적으로 표현하기도 했다. 조동진은 아시아인들이 지난 한 세기 동안 서구 선교 지도자들의 어떤 중요한 선교 정책 회의에도 초청된 일이 없었고, 지금 새로운 선교역사를 창조하려는 중대한 기로에 서 있으니 저들만의 시간도필요하다고 그들을 설득했다. 마침 복음주의 해외선교 단체 협의회 총무였던 클라이드 테일러(Clyde Taylor) 박사가 부드럽고 외교적인 발언을 했다.

"마땅히 아시아 대표들의 모임이 먼저 있어야 할 것 아닙니까? 당연한 회의 진행 방식인데도 우리들에게 생소하게 느껴지는 것은 선교가 백인들의 일이라는 고정 관념 때문입니다."

세계 선교를 향한 아시아인의 목소리

이 회의는 조동진의 인생에서 가장 중요한 일 중 하나라 아니할 수 없었다. 세계 선교에 대해 아시아인의 연합된 목소리를낼 수 있는 첫 기회였기 때문이다. 한국 교회 지도자들도 이 일을 중요하게 여겼다. 한경직 목사는 개회설교 원고를 직접 영어로 써서 한 달 전에 보내줄 정도였다. 그는 설교를 통해 선교의 성서적 근원을 밝힐 뿐 아니라, 아시아인들에 의해 소집된세계 선교를 위한 컨설테이션이 어떤 방향으로 가야 하는지를다섯 가지로 언급했다.

첫째, 아시아 교회들 상호 간에 어떻게 세계 선교의 환상을 깨우치고 열성을 일으킬 것인가?

둘째, 아시아에서 가장 효과적인 선교전략은 무엇인가?

셋째, 선교에서 가장 중요한 요소인 능력 있는 선교사를 발견하는 것인데, 효과적인 선교사 훈련을 어떻게 할 것인가?

넷째, 선교사 상호 간, 선교지와 본국 교회 간에 어떻게 효과적으로 협력할 수 있는가?

다섯째, 아시아 선교 단체가 어떻게 효과적으로 서구 선교 단체들과 협력할 수 있는가?

그 회의는 이 다섯 가지 문제에 대한 해답을 얻는 시간이 되었다.

중국인은 '사도적 계승'을 강조했다. 아시아인의 선교가 서구 선교의 계승이 아니라 본질적인 사도적 선교를 계승하는 것으로서, 서구 선교와 아시아 선교의 차별성을 밝히고 역사적 의미를 강조한 것이었다. 조동진은 기조 강연에서 단절과 계승, 석양과 새벽, 2000년대를 위한 새로운 선교 구조와 선교전략, 그리고 이것을 성취하기 위한 아시아인들의 단결과 협력을 강조했다.

서구 선교 지도자들은 무엇보다 '단절'이라는 논리에 당황할 수밖에 없었을 것이다. 조동진이 말하는 단절이란 서구 문화 식민 정책과 유착된 서구 선교 문화와의 단절이었다. 비 서구 세계의 교회가 서구 문명 이식의 연장으로서 기독교 선교를 계승하는 오류를 범하지 말자는 뜻이었다. 서구 교회가 지켜온

숭고하고 순결한 신앙을 거부한다는 것은 아니었다. 정복과 국력 신장의 도구로서 얼룩진 서구 선교와 단절한다는 것이었다. 그 역시 사도적인 선교를 계승하자는 말을 한 것이다. 조동진은 단절해야 할 서구 선교의 석양이 지고 있고, 새로운 선교 세력이 주후 2천 년이 되기 전에 떠오를 것이라고 말했다. 그러자면 새로운 선교 구조를 만들어야 하고, 새로운 전략을 긴급히 수립해야 한다고 강조한 것이다.

나흘 동안이나 회의장 밖에서 별도의 모임과 개별적 대화만 가지던 미국과 다른 서구 대표들에게 마지막 이틀 동안의 연석 회의에서 발표할 시간이 충분히 주어졌다. 선교의 주체로 자처해오던 서구인들이 선교의 구세력으로 밀려나는 충격적인 경험을 한 지난 나흘 동안, 심각한 고민 속에 많은 생각을 한 것 같았다. 서구 선교의 수호자로 자처해왔던 그들이 미래 선교의 예언자로 변신하여 회의장에 나타났던 것이다.

로잔 세계복음화대회에 영향을 끼치다

'서울 73 범아시아 선교 컨설테이션'은 얼마 뒤 열린 로잔 세계복음화대회(Lausanne Congress)에도 영향을 끼쳤다. 조동진이 그 회의의 세계 선교 구조갱신 분과토의 기조 발표자로 선정된 것이다. 세계 선교의 새 역사 창조를 다루는 국제적 회의에서 아시아의 소리를 대변하게 된 것이었다. 그 이듬 해 발표된 로잔보고서에는 그의 논문 전문(全文)이 수록되었다.

로잔 대회 개회 첫날, 주최 측은 조동진을 정중하게 소개했다. 서울 빌리 그래함 전도대회를 기독교 역사상 최대의 인파가 모이도록 기획한 책임자라고 치켜세우고, 서울 73 범아시아 선교 컨설테이션의 소집 책임자였다고 소개했다. 약 50명으로 구성된 준비위원회에서 조동진은 셋째날 회의 의장으로 선출되었다. 준비회의가 진행되는 동안, 밤에는 빌리 그래함 박사의 전도집회가 애틀랜타 스타디움에서 열리고 있었다. 첫날 밤, 조동진은 빌리 그래함의 특별 초청으로 단 위에 올라 빌리 그래함 옆에 앉았다. 빌리 그래함은 설교를 하기 전에 그를 청중 앞에 소개했다. 우선 간략하게 서울에서의 전도대회가 얼마나 큰 규모였던지 설명하자 스타디움을 메운 5만 여 군중은 환호성을 지르며 놀라워했다. 로잔 대회 준비위원회가 조동진을 초청한 일, 그리고 로잔 대회 준비회의 제3일의 의장으로 선임한 것은 서울 우이동 숲 속에서 퍼진 아시아의 선교의 소리가 애틀랜타까지 울려퍼진 것을 의미하는 것이었다.

조동진은 얼마 후 로잔 대회 전체회의에서, 타 문화권 전도의 최우선적 과제를 발표하는 랄프 윈터 박사의 논문에 대하여 아시아를 대표하여 응답해달라는 위촉을 받았다. 선교 구조 갱신과 선교전략의 전환을 위한 발표를 하라는 요청도 받았다. 강연 청탁을 두 개나 받은 것이다. 151개 국가 4천 여 명의 선교 지도자가 운집한 대회에서 두 번이나 아시아의 소리를 외칠 기회가 주어졌던 것은 순전히 지난 몇 년 동안 애써 소집했던 서울 범아시아 선교 지도자 회의(컨설테이션)에 대한 기도 응답의 결과였다고 그는 믿었다.

로잔 대회 본부는 날마다 조동진의 선교 구조 갱신이론과 타 문화권 전도의 최고 우선순위에 대한 주장을 회보에 실어 참가자들의 관심을 이끌었다. 텔레비전과 신문 잡지 기자들의 인터뷰 요청이 쇄도했지만 그는 그다지 즐겁지 않았다고 한다. 잠깐 부는 바람이라고 생각했기 때문이다. 사실 그가 주장하는 선교 구조 갱신이론이나 선교 역사의 단절과 계승 논리는 서양 세계가 쉽게 받아들일 수 있는 것이 아니었기 때문이다.

그래도 한 가지 분명했던 것은, 서구 선교의 일방 통행이 끝났다는 것을 저들이 인식하기 시작했다는 사실이었다. 그래서 그로부터 직접 듣기 원했고, 아시아뿐 아니라 아프리카와 라틴 아메리카 같은 제3세계의 소리도 듣고자 했던 것이다. 어쨌든 로잔 대회 이후 서구의 선교 독점욕이 자취를 감추게 된 것은 서울 범아시아 선교 지도자 회의의 성과라고 할 수 있었다.

로잔 대회가 끝나자마자 세계복음주의협의회(WEF) 총회가 스위스의 샤또데이(Chateau-doex)에서 열렸다. 조동진은 그 회의에도 국제 선교 문제 컨설턴트(자문위원)로 선정, 초청되었다. 그 회의에서는 기존의 세계 선교 구조의 낡은 조직이었던 IMC를 대신하는 새로운 조직이 준비되고 있었다. 그는 그 회의를 통해 새로운 국제 선교 기구를 조직하기 위한 조직위원회의 위원으로 선정되었다. 유럽을 대표해 어네스트 올리버(Ernest Oliver) 영국선교협의회 총무, 북미주를 대표해 미국복음주의 외국선교 단체 협의회 총무 웨이드 커긴스(Wade Coggins) 박사, 그리고 제3세계 국가들 전체를 대표해서 조동진이 선출된 것이었다.

이러한 서구 선교 지도자들의 방향 전환은 다음 해인 1975년 8월 서울에서 소집된 아시아선교협의회 창립 총회에서 더 뚜렷하게 나타났다. 새로운 세계 선교 구조를 형성할 책임을 맡은 조직위원회가 조동진이 설립한 국제선교협력기구 사무실에서 모인 것이다. 그리고 아시아선교협의회 창립총회는 '기독교 선교에 관한 서울 선언'(The Seoul Declaration on Christian Mission)을 발표했다. 이 선언문의 작성을 맡았던 조동진은 기독교 선교의 성서적 원리와 역사적 해석, 종말론적 선교를 위한 미래 선교의 틀을 마련하는 데 초점을 맞추었다. 이 서울 선언은 독일의 프랑크푸르트 선언과 함께 1970년대 이후의 선교의 방향을 바꾸는 기초를 마련하였다.

직접 선교사를 발굴하고 파송하다

조동진이 국제적 활동을 통한 선교 운동만 한 것은 아니다. 직접 선교사를 발굴하고 훈련하고 파송함으로써 실제적인 선교를 했다. 그는 회고록에서 동남아시아로 파송한 선교사들을 소개한다. 이슬람권으로 보낸 윤만서, 임흥빈 선교사를 비롯해 70년대 한국 선교의 문을 연 한국 선교사 대부분이 바울의 집에서 선교 훈련을 받았다. 뿐만 아니라 위클리프성경번역선교회(Wycliffe Bible Translators)가 한국에 뿌리내리는 역할을 했는가 하면, 인도네시아 선교를 개척한 선교사들도 다수 훈련했다. 그는 그 일을 하기 위해 교회를 나와 세상으로 나갔던 것이다.

1968년 이후 10여 년 동안 조동진은 교회 안에서 목회자로서 세계 선교를 위한 일꾼을 기르는 일을 해오면서 목회와 선교 중 어느 한쪽에도 제대로 충실할 수 없었다. 목회는 분명히 소중한 일이지만 선교 역시 독립된 사역인 것을 체험했다. 교회 안의 신도를 면밀하고 자상하게 보살피고 어루만져야 할 목회자가, 그들에게 쏟아야 할 열정과 시간을 세상으로 나갈 일꾼을 기르는 데 빼앗긴다는 것은 목회자의 윤리에 관한 문제라고도 생각했다. 따라서 1978년 11월 19일 후암교회 목사직을 사임한 것은 은퇴가 아니었다. 세상으로 나아가 새 일을 시작한 것이었다. 부임한 지 18년 만이었다. 이때 그의 나이는 만 54세가 채 되지 못했지만 목회는 30년을 한 것이었다.

교회가 바깥 세상으로 나가는 지도자를 기르기 위해서는 누군가 그 길을 위하여 희생을 각오하고 나서야만 한다고 조동진은 확신했다. 그래서 세상을 향한 전도자를 기르기 위하여 높은 종탑 밑에서 넓은 세상으로 나온 것이다. 그것은 그가 처음 하나님의 부르심을 받을 때부터 교회 없는 곳으로 가라는 하나님의 분명한 부르심의 소리를 들었기 때문이다.

교회가 세상으로부터 격리되어 가면서 교회는 폐쇄된 공간처럼 혼탁해졌다. 교회에 대한 대중의 비판 소리가 높아가는 위기를 극복하는 길은 미래의 교회 지도자들을 교회 밖 세상을 향하도록 하는 것이라고 그는 생각했다. 40년 전이니 보통 선구자적인 안목이 아니다. 그러고 보면 지금도 교회는 그다지 변화하지 않은 것이다.

선교사 훈련을 위한 '바울의 집' 건립

1979년 8월, 미8군 수양관에서 제7회 하기선교대학원을 마친 조동진은 강의 마지막 날에 여생을 살아가면서 개척해나가야 할 선교사 훈련과 선교 연구와 개발을 위한 '바울의 집' 건축 개토식(Land breaking ceremony)을 거행했다.

바울의 집을 지을 땅은 하나님이 마련해주셨다. 그의 세계 선교 열정을 후원하던 박효정 집사가 경기도 화성군 발탄면 월문리의 1만 평 땅을 선교 개발에 쓰라고 내놓은 것이다. 바울의 집이라는 이름은 바울처럼 살고자 하는 사람들을 기르기 위한 집이라는 뜻으로 지은 것이었다.

산등성이를 깎아 내리고 대지를 조성하는 공사에만 한 해가 걸렸다. 그는 가능한 대로 자연 그대로의 모습을 그대로 유지하면서 꼭 필요한 만큼만 건축 대지로 조성토록 했다. 월문리 마을을 병풍처럼 에워싼 구릉의 바울의 집 대지 형질을 아름답게 변경하고, 서구의 농촌 풍경 같은 건물들을 적절하게 배치한 바울의 집은 지금도 이곳을 찾는 사람들이 아름답다고 치하할 정도로 건축이 잘 되었다. 자연과 조화된 부드럽고도 평화스러운 푸른 초원의 마을로서 이 지역 일대의 자랑거리가 되고 있다. 이처럼 아름답게 건축되도록 설계는 되었지만, 처음부터 이 시설을 지을 재원이 전혀 없던 그는 오직 믿음으로 공사를 진행했다. 먼저 모든 건물을 저비용으로 건축한다는 원칙을 세웠다. 5년 후에는 다시 완벽한 건물로 짓겠다는 생각에서였다. 그러나 조동진은 바울의 집을 장로교 합동 총회선교부(GMS)에 기증할 때까지 새로 짓지 못했다.

그는 후암교회가 준 아파트를 팔아 건축비에 보탰다. 장모는 고덕동의 1천여 평 땅을 팔아 헌금해주었다. 후암교회 옆에 있던 1백여 평짜리 동서선교연구개발원 건물도 팔아야 했다. 여러 목사들이 정성껏 헌금해 보태주었다. 그러나 1만 평의 대지를 아름답게 꾸미고 2천여 평의 건물을 짓기 위한 건설 비용을 채우기에는 턱없이 부족했다. 바울의 집 공사는 1981년 8월에 1차로 끝났지만, 공사비를 완불하기까지 3년이 더 걸렸다.

그는 교회 밖으로 나와 광야 같은 세상에 나서면서부터 교회 밖에 나선 전도자의 외로움과 막막함이 어떤 것인지 뼈저리게 체험했다. 이런 난관 속에서도 바울의 집 1차 공사가 완공되어, 1981년 8월 제9회 하기 선교대학원을 새로 지은 바울의 집에서 시작할 수 있었다.

바울의 집은 200명이 한꺼번에 식사를 할 수 있는 식당과 100명을 수용할 수 있는 기숙사, 250명이 예배할 수 있는 아름다운 채플, 80명과 40명 그리고 30명이 강의를 받을 수 있는 강의실과 도서실, 회의실, 사무실 등이 마련된, 아시아에서 처음 건설된 세계 선교 개발과 연구를 위한 종합 센터였다.

바울의 집에는 선교사 후보생들이 가족과 함께 입주할 수 있는 여섯 동의 선교사 주택도 함께 지어졌다. 바울의 집은 바울의 후예들을 낳는 산실이 되었다.

선교사 후보생들을 위한 주택에 처음으로 입주한 선교 후보생들은 성경 번역 선교를 지망하는 김의정, 안지영 선교사 후보와 태국 선교를 지망하는 한준수, 양병화 선교사 후보, 그리고 인도네시아 선교를 지망하는 안성원, 김병선 선교사 후보 등 모두 여섯 가정이었다. 이것은 비서구권인 아시아와 아프리카와 라틴 아메리카를 통틀어 처음 생긴 선교사 후보생의 가족을 위한 주택이었다. 선교사 가족을 위한 공동 생활 훈련 제도를 위한 시설이기도 했다. 바울의 후예가 될 이들을 위하여 고대 수도원 제도의 자급 원칙과 경건과 노동과 탐구 생활을 동시에 추구하는 선교 공동체로서 생활 훈련을 한 곳이었다. 이곳에서 현대 교육의 결함인 인격 도야와 경건 생활 훈련을 실시했다. 바울이 말한 것과 같은 그리스도의 군대를 만들기 위해, 철저한 자기 부인과 헌신적 삶을 바울의 집의 생활 원리로 삼았다. 프란체스칸(Franciscan) 수도사의 청빈 생활과 이그나시오스 로욜라(Ignacio De Loyola)의 절대 복종의 군사적 충성이 바울의 집 생활의 기준이 되었다.

조동진은 바울의 집에서 훈련받고 선교사로 나가는 사람들이 창의력(Creativity)과 적응력(Adoptability), 융통성(Flexibility)과 지도력(Leadership)을 총체적으로 갖춘 바울의 후예가 되기를 바랐다. 바울의 집에 처음 입주한 여섯 가정의 선교사 후보생들은 그의 정신을 잘 이해해주었다.

인도네시아, 필리핀, 그리고 KIM선교회

|

17

가장 심혈을 기울인 선교지, 인도네시아

조동진이 개척한 선교지는 여러 나라가 있지만 인도네시아를 대표적인 국가라고 말해도 무방할 것 같다. 그럴 정도로 심혈을 기울였고 인도네시아를 위해 많은 선교사가 배출되었기 때문이다.

조동진이 인도네시아를 처음 방문한 해는 1971년이었다고 한다. 수하르토(Soeharto)가 공산 혁명 세력을 꺾고 권력을 장악한 지 6년 후였다. 300년을 네덜란드에 철저히 착취당한 인도네시아는 아직 네덜란드 문화의 지배 아래에서 노예 문화의 그림자를 벗어나지 못하고 있을 때였다. 일본 점령군의 잔혹한 지배 아래에서 많은 사람이 죽고 혹사당한 흔적이 자바와 수마트라, 보르네오(칼리만탄)섬 도처에 깔려 있었다.

인도네시아는 우리나라 이상으로 일본에 혹사 당한 나라다.

일본 제국을 등에 업고 네델란드의 식민지 지배에서 벗어나려던 스카루노(Sukarno)가 일본이 패망한 후 또 다시 네덜란드에 의해 투옥되었지만, 인도네시아 이슬람 민중은 결국 그를 떠받들어 독립을 선포한다. 비동맹 세력을 구성하려는 인도의 네루와 애굽의 낫셀과 손을 잡고 반둥에서 '제3세계 비동맹 선언'에 앞장섰던 스카르노는 자기가 합법화시켰던 공산당 혁명에 의하여 대통령의 권좌를 빼앗길 위험에 처했을 때, 수하르토 장군을 이용해 공산 혁명군을 섬멸하는 데 성공한다. 하지만 결국 정권은 수하르토에게로 옮겨갔다.

수하르토는 유명한 '판차실라'(Pancasila) 정책을 선포한다. 모든 인도네시아 국민이 종교를 가져야 한다는 것이었다. 공산주의자로 몰려 처형을 받지 않으려면 이슬람이나 힌두교나 불교나 기독교 중 하나를 택하지 않을 수 없었다. 그들은 중국인이 믿는 불교는 거의 택하지 않았다. 공산주의를 따르던 대중들은 이슬람교를 거절했다. 이슬람의 엄격한 금욕주의적 교리나 돼지고기를 못 먹게 하는 규율이 싫어 기독교인으로 집단 개종을 한 것이었다. 하루에도 수만 명씩 기독교로 개종하는 사태가 벌어졌다. 이것이 서양 사람들이 말하는 1965년의 인도네시아 대부흥 운동의 근거였다.

국민의 90퍼센트가 절대 빈곤층인 나라에서 공산주의가 염병처럼 퍼지는 것은 당연한 일이었다. 그 절대 빈곤층이 홍수처럼 밀려와 기독교인이 되겠다고 개종하고 세례를 받으려고 몰려든 것이었다. 교회는 속수무책이었다. 성경학교와 신학교들이 급히 세워져 급조된 성직자가 범람하는 혼란이 일어났다. 조동진이 인도네시아를 방문했던 때가 이러한 기독교 대홍수가 일어나고 있을 때였다. 조동진을 인도네시아에 초청한 이는 바로 이러한 와중에 독일의 선교 단체와 손잡고 조직된 인도네시아선교회의 회장 페트로스 옥타비아누스(Petros Octavianus)였다. 그가 서울에 초청된 적이 있었는데, 처음에는 강신명 목사가 통역을 맡았지만 그 후에는 조동진 목사가 통역을 맡게 되었다. 그때의 만남이 인도네시아를 방문하는 계기가 되었다.

22년 동안 22명의 선교사를 인도네시아로

조동진은 1971년부터 1993년까지 22년 동안 22명의 선교사를 인도네시아에 보냈다. 그것은 그를 처음 인도네시아에 초청해 준 옥타비아누스 목사와의 약속을 지키기 위해서였다. 소망의 씨를 뿌릴 선교사를 보내달라는 그의 부탁은 간곡했다.

먼저 자바의 동쪽 도시 말랑(Malang)에서 한 시간을 더 차로 달려야 갈 수 있는 바뚜(Batu)의 인도네시아선교회 본부에 사랑의 집(Agape House)을 지었다. 그곳에서 인도네시아 본토인 선교사 후보들과 한국 선교사가 함께 살면서 소망의 복음의 씨를 뿌릴 섬들에 대한 조사와 기도를 시작하게 했다. '사랑의 집'이 지어지기 전에는 한국 선교사들이 불편하고 청결하지 않은 본토인의 집에 함께 살면서 그들의 진정한 형제가 되도록 했다.

'사랑의 집'은 2층으로 지은 아름다운 건물이었다. 아래층에 두 가족, 위층에 두 가족이 함께 살 수 있도록 설계된 이 건물은 순전히 한국 교회가 헌금한 선교비로 지어졌지만 인도네시아선교회에 기증하였다. 조동진은 그 후에도 인도네시아 여러 섬에 한국 선교사와 본토인 전도사와 목사들이 공동으로 사용할 수 있는 집을 짓게 했다. 한국에서 보낸 선교사들은 하나같이 가장 낙후된 지역의 정글이나 광산 지대 같은 험난한 곳으로 갔다.

김병선 선교사 내외는 수마트라 섬의 팔렘방(Palembang)에서 북쪽으로 300킬로미터 이상 떨어진 탄중 에님(Tanjung Enim)이라는 탄광 지역으로 갔다. 100년 이상이나 독일 사람들이 석탄을 채굴해가던 곳으로 고된 광산 노동에 가난으로 시달리는 수마트라 하층 노동자들이 사는 곳이다.

안성원 선교사 내외는 서부 칼리만탄 정글 끄따빵(Ketapang)이라는 지역의 족속에게 가서 선교의 터를 닦았다. 김익배 선교사 내외는 인도네시아와 말레이시아의 국경 지대인 칼리만탄의 오지 신땅(Sintang)으로 떠났다. 신종환 선교사 내외는 자바섬의 중부 지역 조자카르타(Yogyakarta)로 떠났다. 박희목 선교사 내외는 신땅과 뽄띠아낙(Pontianak) 중간 지점의 응아방

(Ngabang)에 자리를 잡았고, 독신 여성 한옥희 선교사는 서부 칼리만탄의 항구 뿐띠아낙에 자리잡았다.

위클리프의 성경번역선교회와 협력하게 된 김의정 선교사 내외와 안지영 선교사 내외는 인도네시아의 동쪽 끝섬 이리안 자야(Irian Jaya)로 갔다. 그 후에 파송된 김형익 선교사 내외와 정영명 선교사 내외는 함께 반둥에서 현지 언어 연구를 마쳤고, 정영명 선교사는 인도네시아 정부가 새로 개발을 시작한 바땀(Batam) 섬으로 갔다.

국제선교협력기구를 통해 파송된 이 선교사들은 어둠에 뒤덮힌 거친 땅에서 고난 받는 민중에게 빛과 소망을 주는 소망의 등대 역할을 했다. 조동진은 인도네시아에 선교의 집이 준공될 때마다 "그리스도께서 우리를 위하여 목숨을 버리셨으니 이로써 우리가 사랑을 알고 우리도 또한 형제를 위하여 목숨을 버리는 것이 마땅하니라"고 하신 요한1서 3장 16절 말씀을 기억할 것을 부탁했다.

아시아 속의 라틴 문화, 필리핀 선교

필리핀은 아시아 속의 라틴 문화권이라 할 수 있는 나라다. 16세기 말부터 스페인에 점령당해 377년간 스페인 식민지였기 때문이다. 미국이 지배하기 시작한 뒤 영어와 따갈로그 방언이

251

공용어가 되었다. 이 나라의 국교는 스페인 국왕의 이름으로 강요된 가톨릭이다.

조동진은 1956년 가을에 처음 필리핀을 방문했는데, 이슬람 인구가 6퍼센트로 5퍼센트인 개신교인보다 많았다. 필리핀 사람의 민족 분포에는 흔히 필리피노라 불리는 따갈록(Tagalog)족과 시브아노(Cebuano) 족이 가장 많고, 그들보다 절반에 불과한 일루까노(Ilocano) 족까지 합하면 전체 인구의 96퍼센트가 필리피노다. 하지만 무역과 경제권은 중국인 화교가 장악하고 있다. 인도네시아 같은 동남아 국가들과 비슷한 상황이다.

가톨릭 국가인 필리핀에 개신교가 퍼지기 시작한 계기는 제2차 세계 대전 이후 미국의 더글러스 맥아더 장군의 영향이라고 한다. 수천 명의 미국 선교사를 투입하여 스페인 치하의 가톨릭 지배 구조를 미국의 개신교 세력으로 교체하려는 시도를 했기 때문이다. 그래서 1945년 이후 미국으로부터 수많은 복음주의 군소 선교 단체들이 필리핀으로 몰려들었다. 한편 제대한 미국 군인이 그대로 남아 각종 선교 활동을 하는 경우도 많았다. 그렇게 미국의 필리핀 선교가 붐을 이루고 있을 때 조동진이 마닐라를 방문했다.

한국 교회가 필리핀 선교에 앞 다투어 나서곤 했지만, 조동진은 필리핀 선교는 미국에 맡겨야 한다는 생각을 1980년대 말까지도 바꾸지 않았다고 한다. 그런데 동서선교연구개발원(EWC) 출신 김활영 목사가 1975년부터 미국의 선교 단체의 권

252
미스터 미션, 조동진

유로 필리핀 선교사로 갈 마음을 품기 시작했다. 조동진은 평소 지론대로 만류했다. 그러나 그는 합동 측 선교부 파송으로 필리핀으로 떠났다. 그는 처음 몇 년간 어려움을 겪었다고 한다. 이런 와중에 한국에서 많은 이들이 필리핀으로 선교를 떠났다. 한국 교회가 필리핀 선교에 관심을 가지게 된 것은 단지 입국 허가를 얻기 쉽고 거리가 가까워 여비 부담이 적은 데다 생활비도 많이 들지 않는 것이 이유였던 것 같다. 그러나 선교사들이 부딪친 문제는 이중적이었다. 토착 문화와 미국 문화를 함께 습득해야 한다는 것이었다. 조동진은 이러한 이유 때문에 일찍이 필리핀 선교는 미국에 맡겨야 가장 효과적이라는 방향을 설정했던 것이다.

조동진은 미국 이민 교회 교포 2세 중에서 선교사를 발굴하여 필리핀으로 보내기로 한다. 마침 조동진은 1979년부터 캘리포니아 주 파사데나에 있는 윌리엄캐리대학교 안에 동서선교연구개발원 미국 지부를 설치하고 있었다. 미국 내의 한인교회에서 자라는 교포 1.5세(어려서부터 부모를 따라 이민 간 자녀)나 2세(미국에서 태어난 교포의 자녀) 중에서 선교 헌신자를 뽑아 선교사로 훈련시키기 위해서였다. 처음에는 그들을 미국에서 선교학 과정을 훈련시켰으나 별 흥미를 끌지 못하였다. 외모만 한국인이지 속은 미국인과 다름없는 그들이 굳이 다른 미국인과 구별하여 훈련을 받는 것이 불편했던 것이다. 그래서 조동진은 아예 방향을 바꾸어 그들을 한국으로 불러다 바울의 집에서 훈런 받게 했다. 그들 가운데 첫 번째 선교사 후보생으로 선정된 이가 조용중 선교사다.

조용중은 일찍이 미국에 이주하여 일리노이 주에 있는 트리니티대학과 트리니티신학교에서 학사 학위와 신학석사 학위를 마친 후 선교대학원에서 선교학 석사 과정을 마쳤다. 완전히 미국식 교육을 받은 젊은이였다. 그는 처음에는 태국 선교를 희망하고 있었고 조동진도 그의 생각에 반대하지 않다.

그런데 그 무렵 태국 선교에 문제가 발생했다. 여덟 가정이나 되는 태국 주재 선교사들이 국제선교협력기구(KIM)를 떠나 독립하기로 한 것이다. 조동진은 조용중 선교사에게 같은 영어권인 필리핀으로 선교지를 변경하도록 권장하였고, 조용중 선교사는 조동진의 제안을 쉽게 받아들였다.

그의 뒤를 이어 나성 빌라델비아교회(The Korean Philadelphia Presbyterian Church of LA.)의 부목사였던 백운영 목사가 필리핀 선교 후보생으로 지원했다. 그는 초등학생 시절에 이민하여 중학교와 고등학교, 대학교와 신학대학원 모두 미국에서 졸업해 미국 사람이나 다름없는 한국 사람이었다. 필라델피아의 웨스트민스터신학교(Westminster Theological Seminary)를 마친 그는 선교사가 되기 위하여 풀러신학교의 선교대학원에서 선교학 박사 과정을 밟고 있는 선교 헌신자였다.

이 두 사람은 KIM 선교사 후보생이 되어 바울의 집에서 한 해 반 동안 선교사 후보생 훈련 과정을 밟았다. 이렇게 해서 영

어권과 미국 문화권에서 성장한 한국계 미국인이 필리핀 선교
사가 되었다.

코메리칸 선교사의 교훈

한인 미국 시민을 코메리칸(Komerican)이라고 부른다. 얼굴은
한국 사람이지만 속은 미국 사람이라는 뜻이다. 우리 조상들이
미국의 공식 명칭인 United States of America를 미합중국이
라고 번역한 것은 다인종 다국적 혼합 종족인 미국의 역사적
배경을 바르게 인식했기 때문이라고 조동진은 생각했다. 잡다
한 문화적 인종 배경이 한데 어우러져 미국 사람이라는 정체
성을 형성한 땅에서 단순히 출신 배경이 한국이라는 사실 때
문에 한국 사람과 똑같이 인식하면 적지 않은 혼동을 일으킬
수 있다고 보았다.

　조동진은 미국에서 자란 두 가정의 코메리칸 선교사를 필리
핀으로 보내면서 새로운 문화적 충격을 받게 되었다. 그들은
한국 문화에 대한 향수가 있는 동시에 미국 문화에 익숙한 이
질성을 한 몸에 가지고 있기 때문에 여러 가지 문제가 발생했
던 것이다. 그것은 때때로 좋은 면으로 나타났지만 부정적인
측면으로도 나타났다.

　조용중 선교사가 마닐라에 도착하자 필리핀 교회 지도자들

은 그를 한국 선교사로 영접하였다. 그러나 미국 선교사들은 미국인으로 대하였다. 하지만 3등 미국 시민 정도로 인종 차별을 한 것이었다. 그는 한국 영사관과 아무 상관이 없기 때문에 미국 영사관에 신변 문제를 의논해야 했다. 필리핀에서는 미국 시민이 가지는 특권을 누릴 수 있으므로 한국에서 온 선교사들보다 모든 면에서 편리했다. 영어가 자유롭기 때문에 관청이나 학교와 대중 매체에서 문화 충격을 받지 않아도 되었다. 토종 언어를 공부하지 않아도 영어를 혼합해 쓰는 현지인과 의사 소통을 하기에 불편이 없었다. 반면, 한국 선교사들은 조용중 선교사를 미국 시민인 한국인 선교사라기보다 한국 사람 얼굴을 가진 미국인 선교사로 인식하였다. 미국 선교사들은 같은 학교에서 공부한 동문이나 프로젝트를 함께 의논할 수도 있는 동역자로 인정하기도 했다. 그래서 미국 선교사들의 각종 연구 모임과 선교전략회의에 초청되기도 했다.

조동진이 공식적으로 조용중 선교사에 이어 필리핀에 파송한 백운영 선교사와 그 부인은 더 미국적이었다. 그들은 필리핀 대학생들에게 인기가 많았다. 그의 부인은 교육학을 전공해 미국인 학교에서 교사로 일할 수 있었다. 이 두 사람의 선교 활동은 한국 선교사들과 비교할 수 없이 높은 수준이었다. 그런데 이런 선교사들에 의해 만들어진 KIM Philippines라는 선교 단체는 한국 선교 단체들과 미국 선교 단체들 사이에서 국적이 불명확한 조직으로 보이기 시작했다.

조용중 선교사와 백운영 선교사는 루손(Luzon) 섬 중간에 있는 사마르(Samar) 섬을 선교 지역으로 삼아 거대한 프로그램을 마련하고 그곳 출신 국회의원들과 함께 사마르 섬 개발 프로젝트를 착수했다. 그리고 미국의 한인 교회와 한국 국내의 교회에 호소하여 사마르 선교 개발을 위한 모금을 시작했다. 그런데 미국에 있는 한인 교회의 호응은 좋은 편이었지만 한국 교회의 반응은 그렇지 못했다. 두 선교사가 한국 내 교회 배경이 없고 한국에서 대학이나 신학교를 다니지 않았기 때문이었다. 그들이 미국의 한인 교회와 미국인 교회 그리고 미국 내 젊은 학생들에게 더 관심을 기울이게 되면서, 한국 교회에는 자기들의 뿌리가 없다는 것을 깨닫기 시작했다. 그들은 끝내 KIM 선교사라는 위치를 떠나고 말았다.

조용중 선교사는 200만 사마르 사람들을 위한 종합 선교 계획을 세우면서 SOS(Summer Outreach Samar)라는 운동을 벌였다. 마닐라에 있는 대학생들을 여름 방학 동안 사마르에 단기선교 팀으로 파송하기 위한 필리핀 사람들의 선교 조직을 만들었던 것이다.

백운영 선교사는 미국의 교포 2세 학생들을 필리핀에 여름 단기 선교사로 파송하기 위한 K-AMP(Korean-American Mission to Philippines)라는 학생 조직을 만들기 위해 미국의 여러 교회에 홍보 인쇄물을 보냈다.

조동진은 오랜 기도 끝에 그들이 독립하여 새로운 선교 단체를 세우는 것을 허락하기로 했다. 아시아 속의 라틴 문화와 미국 문화의 혼합 지대인 필리핀 선교에 한국계 미국인을 투입하려 한 그의 협력선교전략이 이론으로는 옳은 것이었지만, 현실에서 한국계 미국인의 정체성을 국내 한국인과 같다고 본 자신의 사고방식에 잘못이 있었던 것을 뒤늦게 깨달았다고 조동진은 회고한다.

쌍방 통행 선교와 광역 선교의 비전

|

18

식민지 선교 역사의 단절과 사도적 선교 윤리의 계승

조동진은 1960년부터 한국에서 세계 선교 운동을 전개해왔다. 그것은 서구 선교를 모방한 것이 아니었다. 서구 선교의 오욕의 역사를 계승하려고 한 것은 더욱 아니었다. 세계역사의 전환기에서 교회를 갱신하고 서구 식민지 시대의 선교 역사를 청산함으로써 새로운 선교 구조 형성에 기초를 닦으려 한 것이었다. 그래서 처음부터 식민지 선교 역사로부터 단절을 주장하고 사도적 선교 윤리의 계승을 내세운 것이었다. 그리고 아시아에서 새로 일어나는 선교의 새로운 세력 사이에 협력과 단결을 외치고 나섰다. 정복자의 종교로서의 기독교가 아니라 민족들의 자유와 구원을 위한 선교의 기치를 분명히 내세웠다. 이런 그의 신념과 노선은 기존 선교 구조의 갱신을 최우선 과제로 내세우지 않을 수 없었고, 제도적 서구 선교 세력과 마찰을 피할 수 없었다.

조동진의 새로운 선교 원리는 바울의 선교가 예루살렘에서 이방 세계로 향하는 일방적인 것이 아니라 이방 세계 상호 간의 쌍방 통행적이었다는 데 착안한 것이다. 그리고 바울이 한 지역에 정착하는 국지적 선교를 한 일이 없고, 한 지역에 3년 이상 머문 일이 없었던 데 주의를 기울였다. 바울은 한 지역에서 사역하면서도 다른 선교 지역을 돌아보는 '광역 선교'를 하고 있었다. 그 역사적 사실을 바울 선교의 기본 원리로 인식했다. 반면 근대 서구 선교사는 자기 나라가 점령한 식민지에 일방 통행적 선교만 해왔다. 한 국가에 안주하면서 자기 왕국을 건설했던 것이다. 조동진은 그랬던 선교 방식이 서구 식민주의적 선교 제도이지 성서적 선교 원리에는 어긋나는 것이라는 확신을 가지게 되었다. 그는 식민지 세계관에 의한 선교 구조를 갱신하기 위한 방법으로 '쌍방 통행적 선교'와 '광역 선교'라는 바울 선교의 성서적 모델을 따르기로 했다.

일방 통행적 선교를 피하기 위해 그는 두 가지 원칙을 세웠다. 첫째는 피 선교 국가들 중에서 선교사 파송 국가로 성장하고 있는 나라의 일꾼들을 바울의 집에 불러 1년 또는 2년씩 다른 나라 동역자들과 공동 생활을 하면서 선교 지도력을 키운 후, 다시 자기 나라로 돌아가 또 다른 선교 지도력을 길러내도록 하는 것이었다. 둘째는 한국의 선교사가 다른 나라에 선교사로 파송될 때는 반드시 그 나라 선교 단체의 초청을 받아 그

미스터 미션, 조동진

단체와 동역하도록 할 것, 그리고 한 선교사가 그 나라 안의 한 지역에 머무르면서도 다른 나라의 선교 지역을 위하여 협력하는 광역 선교를 하는 것이었다. 조동진은 이러한 두 가지 바울 선교의 원리를 그의 선교 운동 초기부터 실천했다. '쌍방 통행 선교'와 '광역 선교' 원리의 이론과 체계를 세워 나가기 위해 글도 쓰고 학술적 토론도 많이 했다.

그는 어느 나라든지 선교의 필요와 함께 선교의 자원이 있다는 이론을 정립했다. 이러한 그의 노력은 기존의 서구 선교가 반드시 필요하다는 이론을 바꿔 놓았다. 어느 선교지든지 선교 자원이 있으므로 서로 자원을 주고받을 수 있고, 또 반드시 그래야 한다는 새로운 이론으로 바꾸어 놓는 데 성공했던 것이다. 또한 한 나라의 오지(娛地)에 평생 또는 2대, 3대 선교사가 정착하는 국지 선교 방식에서, 여러 나라를 동시에 선교하는 광역 선교와 선교 자원을 서로 나누는 쌍방 통행적 선교로 전환해야 한다는 이론도 국제적 선교 학계가 수용했다. 그것을 파트너십 미션(Partnership Mission) 이론으로 발전시켰다. 그러나 서구 학자들의 이론적 또는 학문적인 전환은 서구 선교의 이익을 위한 정책의 전환일 뿐이었다. 새로 일어나는 제3세계 선교 상호 간의 협력과 동역을 위한 것은 아니었다. 이론과 원리를 그의 선교 개발에 적용하는 데는 적지 않은 실망과 좌절이 기다리고 있었다.

서구 선교 역사의 장애물들

조동진이 제일 먼저 부딪쳤던 첫 번째 장애물은 서구 선교 단체들이 제3세계 선교 단체들과의 동역 관계를 자기 날개 밑에 끌어들이는 종속 관계로 인식했다는 점이다. 그래서 한국을 비롯한 아시아, 아프리카, 그리고 라틴 아메리카의 선교 단체들이 서구 선교 단체에 흡수되기 시작한 것이었다. 서구 선교 단체들은 이 전략을 위해 자국의 이름을 단체 이름에서 빼버렸다. 그리고 이름 뒤에 인터내셔널(International)이라는 이름을 덧붙였다. 그래서 OMF International, SIM International, WEC International, WYCLIFFE International 등 서구의 모든 선교 단체들이 다국적 조직으로 변해버린 것이다. 서구 선교 세력들의 새 전략은 동반자 선교도 아니고 쌍방 통행 선교는 더욱 아니었다. 오히려 광역 선교의 본뜻을 희석시키는 결과를 가져왔다.

바울 선교의 성서적 원리를 새 시대 세계 선교의 이론으로 정립시키려 한 구상이 서구 선교 단체들의 세력 확장에 악용되는 걸 본 조동진은 크게 실망하였다. 그래서 제3세계 선교 지도자들이 그 위험성을 깨닫도록 계몽에 나섰다. 그러나 그의 노력은 즉시 반서구주의자라는 낙인과 함께 비난의 대상이 되고 말았다.

그가 부딪힌 두 번째 장애물 혹은 좌절은 제3세계 선교 지도력 개발을 통한 쌍방 통행적 동반자 선교 정책이 겪은 고난이었다. 그는 1973년부터 1978년까지 아시아 여러 나라 중에서 새롭게 일어나는 선교 단체에서 20여 명의 젊은 선교 지도자들을 훈련하였다. 그들이 본국으로 돌아가 쌍방 통행적 동반자 선교 원리와 광역 선교 이론을 충실히 발전시켜 나가기를 기대한 것이다. 그러나 얼마 안 가 서구 선교 조직에게 저지를 받았다. 그가 싱가폴과 서울에 제3세계 선교 훈련을 위한 조직을 세웠는데, 서구 선교 조직이 막대한 경제력과 자원을 가지고 그들을 흡수하다시피 한 것이다.

세 번째 장애의 아픔은 태국에서 느끼게 됐다. 태국은 1950년대 초부터 WCC 에큐메니컬 선교의 모델이었다. 그런 태국에 1970년부터 여덟 가정 16명의 선교사를 파송했다. 그 선교사들을 단일 연합 교회인 CCT(Church of Christ in Thailand)가 받아들였다. 이 교회는 WCC의 아시아 조직이 수도 방콕에서 장로교, 감리교, 침례교, 그리스도의 교회를 한데 묶어 만든 에큐메니컬 교회였다. 그런데 유난히 주체 의식이 강한 태국 사람들이 선교사의 지역 배치까지 선교사의 뜻과 무관하게 자신들이 지정하는 곳에 한정할 것을 요구했다. 이것을 우리 선교사들이 받아들이지 못했다. CCT 정책에 따라 한정된 선교 사업만 하는 것이 답답했던 것이다. 게다가 CCT의 지시에 따라 흩어져 사역하기보다 한데 모여 선교 공동체를 이루고 싶어했다.

그러나 조동진은 그들에게 모여 있지 말고 흩어져 나라 전체를 선교 현장으로 확대해나가라고 조언했다. 그들은 이론적으로는 동의했으나 정서적으로는 동의하지 못했다. 결국 조동진이 CCT와 손잡고 태국 선교를 시작한 지 18년만인 1987년, 그들은 조동진의 KIM을 떠나고 만다. 방콕의 한인 교회와 신학교 사역 때문에 CCT에 남기로 한 한 가정을 제외하고 모두 선교지를 떠나 방콕으로 모여들었다. KIM선교회를 떠난 이들은 한동안 방콕에 모여 있다가 방콕 남쪽에 마약 중독자 치료 시설을 위한 선교 훈련 센터를 지었지만, 너무 외진 곳이라 결국 활용되지 못했다. 오히려 서로 반목하고 흩어지기까지 했다. 그들은 비록 사역으로는 조동진을 떠났지만 인간적으로는 관계를 지속하고 있다.

그에게 네 번째로 장애의 상처를 안겨준 곳은 인도네시아였다. 선교의 불모지 같던 태국과 달리 인도네시아는 선교의 옥토 같았다. 조동진은 여타 선교지 이상으로 인도네시아를 자주 방문했다고 한다. 태국을 중심으로 한 인도차이나 반도는 불교권인 데 반해 인도네시아는 말레이시아와 함께 이슬람권이다. 인도네시아가 이슬람 선교의 도약대가 되기를 바라며 인도네시아 선교에 집중했던 것이다.

이 지역에 파송된 여덟 가정과 두 사람의 독신 여성으로 이뤄진 인도네시아 KIM 선교팀은 모두 바울의 집에서 조동진에게 철저한 선교 훈련을 받은 선교사들이었다. 그들의 선교 업적도 태국과 필리핀에 비할 바가 아니었다. 그들은 인도네시아

안의 여타 선교사들보다 훨씬 헌신적이었다.

그런데 선교사 파송과 후원의 경험이 없는 국내 교회 목회자들은 한국 안에 있는 서양 선교사를 교회나 총회보다 초법적 지도자로 착각하듯, 외국에 나가 있는 한국 선교사의 말도 그런 식으로 받아들였다. 여러 가지 어려움 끝에 이들도 KIM선교회를 떠나 두 갈래로 갈라졌다. 결국, 1968년 한국 최초의 자생 해외 선교 단체로 설립한 국제선교협력기구가 1987년 한국지구촌선교회(KGM: Korea Global Mission)로 독립해 나가고, 1992년 해외협력선교회(PWM: Partners for World Mission)로 다시 분가되었다가, 마침내 1995년 5월 25일에 명실공히 GP선교회(GP: Global Partners)라는 하나의 선교회로 통합, 새로 탄생하게 된다. GP사명선언문(Mission Statement)은 "마지막 시대의 선교를 이끄는 공동체로서, 창의적 선교전략을 가지고 서로 협력하여 현지 지도력을 개발함으로 지구촌을 신속하게 복음화하여 하나님께 영광을 돌리는 것"이다.

늙어가는 바울이 "겉사람은 후패하여도 속사람은 날로 새롭다"고 고백하면서도 "내가 처음 변명할 때에 나와 함께한 자가 하나도 없고 다 나를 버렸으나 저희에게 허물을 돌리지 않기를 원하노라"한 것처럼, 조동진은 그들이 KIM선교회를 떠난 것에 대하여 저들에게 허물을 돌리지 않고, 자신의 성격상 부족함과 현실에 미치지 못함에 대하여 스스로를 책망한다고 회고한다.

조동진은 바울이 길러낸 제자들이 자기를 떠난 데 대하여 "데마는 이 세상을 사랑하여 나를 버리고 데살로니가로 갔고 그레스게는 갈라디아로, 디도는 달마디아로 갔고 누가만 나와 함께 있다"라고 탄식한 말을 생각했다. 그리고 바울이 옛날을 회고하며 "너는 어서 속히 내게로 오라. 올 때 마가를 데리고 오라. 저가 나의 일에 유익하다"라고 초기 선교의 탈락자였던 마가를 다시 찾은 것처럼, 조동진은 초기 선교의 옛 동지들을 다시 불러들여 '선교 바로하기 운동'을 벌이기 시작했다. "나로 말미암아 전도의 말씀이 온전히 전파되어 이방인으로 듣게 하려 하심이니 내가 사자의 입에서 건지었느니라"는 말과 함께, 생명이 다하기까지 부르심 받은 처음 동기를 끝까지 지켜 나간 바울의 뒤를 따라 가기로 결심했던 것이다. 그리고 바울 사도처럼 말년의 고독을 영혼 깊은 밑바닥에서 삼키면서, 지난 날을 뒤돌아보는 자기 성찰의 시간을 가질 수 있었다.

아프리카를 향한 선교적 도전

검은 대륙 아프리카에도 조동진의 선교적 도전은 이어졌다. 그 첫 걸음은 아프리카 서부의 나이지리아에서 시작됐다. 그가 이 나라를 처음 만난 것은 1977년 미국 콜로라도 주 덴버에서 열린 선교전략 협의회에서였다. 미국의 아프리카 선교 단체 중 가장 크고 인정받고 있던 SIM의 국제 총재 해이 박사를 만난 것이다. 그를 통해 이듬해 싱가폴에서 열린 제2차 아시아선교협의회 총회에 아프리카 대표를 초청하도록 요청받았고, 거기에 나이지리아 복음 교회 선교부 총무인 판야 바바(Panya Baba)를 추천받았다. 바바는 아프리카 인구 분포를 묻는 조동진의 질문에 북부 아프리카를 유로 아프리칸으로 불러 검은 아프리카인들과 구별했다. 또한 서부와 중부와 동부 아프리카의 인구를 흑인 인구와 '백인 정착민'(white settler)으로 양분해 설명했다. 아프리카를 침략한 백인을 백인 정착민이라고 부른 것이었다. 조동진은 그 말에 강한 부정적 반응을 보였다. 그리고 그의 민족 의식을 깨우려 했다.

"당신은 어떻게 아프리카를 오늘의 이 꼴로 만들어 놓은 백인들을 백인 정착민이라는 좋은 이름으로 부를 수 있는가? 그들은 백인 정착민이 아니라 '백인 침략자'(white invader)가 아닌가? 아프리카가 침략자 백인들의 수탈과 착취로 오늘의 비참한 빈곤과 억압을 당하게 되지 않았는가? 왜 당신은 좀 더 솔직하게 그러한 역사적 사실을 증언하지 않는가? 당신은 이번 기회에 아프리카인들의 소리를 분명하게 전해야 한다. 나는 당신이 서구인들의 비위에 맞는 부드러운 말을 하라고 우리 회의에 초청한 것이 아니다! 우리의 최대 관심은 아시아와 아프리카 선교 지도자들이 힘을 합하여 기독교 선교의 탈서구화와 노예 종교와 같은 식민지 선교와 단절하고 새로운 사도적 선교의 계승 세력을 이루는 것이다."

판야 바바의 얼굴 표정이 달라졌다고 한다. 갑자기 일어서더니 아프리카인 특유의 기성(奇聲)을 내면서 두 팔을 높이 쳐들었다가, 앞으로 달려들어 조동진을 끌어안았다.

판야 바바는 다음날 아침 자기에게 주어진 '아프리카 선교의 어제와 오늘 그리고 내일'이라는 발제 강연에서 아시아 선교 지도자들과 아프리카 선교 지도자들의 단결을 강조했다. 부끄러운 정복자적 선교를 이어가지 말고 과감하게 과거와 단절을 결단하자고 했다. 그의 발표는 분명히 그가 원래 준비했던 원고를 크게 수정한 것이었다. 조동진은 이렇게 해서 서아프리카 나이지리아의 핵심 선교 지도자 판야 바바를 통해 새로운 선교의 도전 발판을 마련하게 되었고, 강승삼 선교사가 이곳으로 파송받게 된다.

강승삼 선교사는 나이지리아의 주 언어 중 하나인 하우사 (Hausa) 공부부터 시작했다. 그의 언어 습득 능력은 뛰어났다. 어려서 일본에서 자라 일본어가 자유로웠고 대학교와 신학교에서 배운 영어 실력도 뛰어났다. 그는 선교학 공부를 하는 동안 언어학 공부에도 열중했다. 위클리프의 언어학 교수로 동서 선교연구개발원에서 언어학을 가르치던 트레일러 박사도 그의 언어학 연구에 대해 자주 칭찬했다. 그는 여섯 달 만에 수습 선교 교육을 마치고 하우사 어를 사용하는 성경학교에서 가르치기 시작했다.

조동진은 강 선교사를 1986년 가을 미국 캘리포니아 주 파사데나에서 모였던 AMA 제4차 총회에 판야 바바 등 열 명의 아프리카 대표들과 함께 초청했다. 그에게 특별한 기회를 주기로 했다. 판야 바바에게 '아프리카 선교 세력의 미래를 위한 준비'라는 강연을 하게 한 다음, 강승삼 선교사는 '세계 선교의 창'이라는 프로그램에서 '아프리카 선교의 새 지도력'에 대한 보고하도록 하였다. 그는 잘 다듬어진 영어로 훌륭한 발표를 해서 참가자들의 갈채를 받았다.

그 뒤 조동진은 나이지리아의 선교 현장을 방문했다. 허허벌판에 우물도 없는 곳에서 시작한 성경학교는 강승삼 선교사의 활동으로 크게 발전해 있었다. 나이지리아에 와 있던 한국의 대우건설 공사장에서 대형 굴착기를 얻어, 사막 한복판을 깊이 파 지하수를 뽑아 올려 수도를 건설하고 발전(發電)도 했다. 주변 일대를 사람이 살만한 곳으로 만들어놓은 것이었다.

강승삼 선교사는 나이지리아에 없어서는 안 될 중요 인물이 되었다. 그러나 조동진은 그에게 이제는 남은 일을 현지인 지도자들에게 맡기고 한국으로 돌아와야 한다고 강권했다. 한국의 선교 지도력을 길러내고 한국의 선교 운동 구조를 바로 잡기 위해, 지금까지 경험하고 터득한 세계 선교에 대한 이론과 지식을 바쳐야 한다고 말했다. 그를 파송한 대한예수교장로회 총회선교부 임원들에게도 그를 불러들여 선교본부를 강화하도록 권고했다. 이렇게 해서 강승삼 선교사는 서울로 돌아와 한국에서 세계 선교를 위한 새로운 도전을 시작했다. 그때가 1989년 경이었다.

케냐 복음 교회 개척

SIM(Sudan Interior Mission)이 나이지리아 복음 교회 개척의 주체가 된 것처럼 AIM(Africa Interior Mission)은 케냐 복음 교회를 개척하였다. 영국이 서아프리카에서 라고스(Lagos)를 중심으로 나이지리아를 자기 식민지로 만들었던 것처럼, 동아프리카의 케냐는 인도의 통치권과 이권을 유지하는 데 꼭 필요한 영국의 식민지였다. 조동진은 케냐에서도 그의 훈련을 받은 한경철 선교사와 한성수 선교사를 통해 선교 사역을 펼쳤다.

조동진은 1989년 케냐를 방문했다. 케냐 복음 교회의 총무 조셉 실라는 조동진이 1986년 미국 파사데나에서 모였던 AMA 제4차 총회에 참석한 후, 1988년과 1989년 5월 미국 오레곤 주 포트랜드 웨스턴 신학교에서 모였던 제3세계 선교협의회에 초청했던 케냐 대표였다.

나이로비(Nairobi)에 도착한 조동진은 나이로비의 대표적인 교회로서 케냐 공화국 대통령이 출석하는 교회의 주일예배에 초청되었다. 한성수 선교사와 함께 케냐 복음 교회 총회 본부로 가서 총회장과 총무 조셉 실라를 방문한 자리에서 조동진

은 그동안 AIM과 한경철 선교사 그리고 케냐 복음 교회와 한
국 선교사들 사이에 얽힌 문제들을 비교적 쉽게 해결했다. 미
리 준비해 간 협력 관계에 대한 약정서에도 아무런 이의없이
쌍방이 서명하게 되었다. 이것은 그가 아프리카를 위한 선교적
도전에서 나이지리아에 이어 두 번째로 얻은 성과였다.

조동진은 케냐에 이어 가나, 우간다, 나아가 수단과 모잠비
크와 앙고라 등 여러 나라에서 전개하고 있는 제3세계 선교 네
트워크인 TWMA(Third World Missions Association)에서도 동참을
원하는 호소를 들었다. 그는 아프리카 대륙에서 새로 일어나는
검은 선교 지도력의 미래를 위해 계속 도움의 손길을 뻗쳐 나
갔다.

멕시코 라틴 아메리카 교회 지도자 초청

조동진은 라틴 아메리카 지도자들도 서울로 초청했다. 1982년
여름 제3회 아시아선교협의회 총회를 서울에서 소집할 때 멕
시코의 선교 신학자 파블로 페레즈(Pablo Perez) 박사와 브라질
의 선교 지도자 요나단 쌴토스(Jonathan Santos)와 사무엘 미트
(Samuel Mit)를 초청한 것이다. 그들은 100여 명의 아시아 선교
지도자들과 열흘간 지내면서 20세기 말에 일어나는 새 선교
세력의 잠재력을 눈으로 보았다. 자신들은 비록 서구 백인에게

속해 있지만 아시아, 아프리카와 함께 제3세계 일원인 것도 인식하게 되었다.

멕시코의 파블로 페레스 박사는 돌아가자마자 멕시코 선교 지도자들의 협의회를 조직했다. 요나단 싼토스 목사는 그가 조직한 안디옥선교회를 브라질 선교 센터로 확장했다. 나아가 아르헨티나와 칠레 등 이웃 나라들도 선교 단체 협의회를 조직하도록 바람을 일으켰다.

조동진이 아르헨티나의 루이스 부시(Luis Bush) 목사를 한국에 초청한 것은 1986년이었다. 그는 아르헨티나 사람답지 않게 미국인 같은 영어를 구사했다. 그는 바울의 집에서 하기선교대학원 초청교수로서 두 주간 라틴 아메리카 교회와 선교에 대해 강의했다.

조동진은 이들을 1986년 10월 미국 캘리포니아 주 파사데나에서 가졌던 아시아선교협의회 제4회 총회에도 협동 회원으로 초청했다. 그들이 추천하는 라틴 아메리카 대표 열두 명도 옵서버(observer) 자격으로 초청했다. 물론 이들의 모든 여비를 부담해야만 했다.

그런데 이때부터 조동진의 제3세계 선교 단체 사이의 협력을 위한 네트워크 구상에 대해 미국의 선교 지도자들 사이에서 경계하는 움직임이 느껴지기 시작했다. 미국 선교 지도자들의 입장에서 보면 라틴 아메리카는 분명히 자기들의 선교 영역이며 아시아 선교 세력의 영역 밖이었기 때문이다. 미국으로서는 아메리카 대륙의 일부인 남아메리카 대륙은 당연히 북아메리카에 예속된 같은 백인들의 세계였다. 이 대륙의 선교를 위해 미국 선교 자원의 태반을 쏟아부었다. 그런데 갑자기 라틴 아메리카의 선교 지도력이 아시아와 아프리카의 선교 지도력과 손을 잡고 하나의 공동체를 이루고자 한다는 것은 심리적으로나 실리적으로나 도저히 받아들이기 어려운 것이었다.

마침내 미국의 강력한 복음주의 선교 단체 협의회들이 아시아 주도의 라틴 아메리카 선교 세력과의 동반자 관계 협력의 길을 차단할 계략을 세우기 시작했다. 그것은 참으로 위험스러운 서구 제국주의적 백인 우월주의와 그들의 집단 이기주의에서 비롯된 것이었다. 이러한 방해와 저지의 음모가 있다는 사실을 짐작도 못하고 있는 라틴 아메리카 지도자들은 라틴계 특유의 열정주의와 낙관주의를 가지고 조동진의 제3세계 선교 세력 단결을 위한 호소에 적극적으로 호응하고 나섰다. 그들은 앞 다투어 조동진을 자기 나라로 초청했다. 브라질에는 두 번이나 초청되었다.

새로운 세계 질서에 맞는 지도력을 세우다

베를린 장벽이 무너지던 1989년, 조동진은 미국의 서북부 오레곤 주 포트랜드에서 제3세계가 주도한 새로운 세계 질서에

앞장설 선교 지도력을 찾고 있었다. 그가 달려온 길을 이어나
갈 새로운 경주자를 달라고 기도하고 있던 것이다.

70년 동안 지루하게 계속되던 공산주의와 자본주의의 대결
이데올로기 시대가 막을 내린 다음 해인 1991년 4월, 그는 동
유럽 나라들을 다시 찾았다. 오스트리아 비엔나에서 헝가리와
루마니아, 그리고 체코와 폴란드와 동부 독일을 가로질러 베
를린의 동과 서를 가로막던 그 유명한 무너진 피의 장벽을 넘
었다. 그리고 아직도 제2차 세계대전의 참혹한 전쟁의 흔적
을 그대로 간직하고 있는 카이저 빌헬름 대성전(Kaiser-Wilhelm-
Gedächtniskirche)의 무너진 종탑 앞에 섰다. 그가 1966년 10월
종교 개혁 주일에 서베를린에서 동베를린으로 그 장벽을 넘어
간 지 25년 만의 회귀였다.

이데올로기의 시대가 종말을 고하고 억눌렸던 민족의 시대
가 열리는 역사의 전환기였다. 국경들이 수없이 변했다. 구 소
비에트 연방은 붕괴되어 열 다섯 개의 민족 국가로 환원되었
다. 체코 슬로바키아는 체코와 슬로바키아라는 두 민족 국가로
되돌아갔다. 유고 슬라비아에서는 보스니아와 크로아티아와
세르비아와 스로베니아 등으로 여섯 조각이 나고, 민족과 종교
를 따라 옛날로 되돌아가기 위하여 처참한 전쟁을 계속했다.
새로운 민족주의와 종교의 충돌이 일어나기 시작했던 것이다.

그러나 새로운 세계 질서가 형성되기 위한 폭발적 역사의
생동기에 교회들은 아직도 구시대의 사고와 틀 속에서 벗어나

지 못하고 있었다. 역사가들은 앞 다투어 21세기 이후의 세계 질서를 예언하는 글을 써냈다. 미국은 홀로 남은 초강대국으로 서 세계 패권 국가의 틀을 새로 짜기 위해 대통령과 국무장관 이 바쁘게 세계를 누비고 다녔다. 더러는 자본주의 후시대를 말하면서 지식 시대가 열렸다고 말했다. 권력이 지중해에서 대 서양으로 옮겨진 것처럼 새로운 태평양 시대의 도래를 예언하 기도 했다. 어찌 되었든 세계 질서가 이데올로기 중심에서 경 제 중심으로 옮겨진 것은 분명했다. 그러나 교회는 민족과 문 화와 종교 질서의 충돌이라는 새로운 세계 전쟁의 위험이 시 작된 것을 인식하지 못하고 있는 듯 하다고 조동진은 보았다.

미국의 군사력은 자국의 세계 패권을 위한 세계 경제 구 조의 형성에 초점을 맞추고 새로운 민족주의 국가의 출현 과 비서구 문명권의 단결을 막기 위한 구조로 개편하고 있었 다. WTO(World Trade Organization)와 IMF(International Monetary Fund) 그리고 OECD(Organisation for Economic Co-operation and Development)가 세계 경제 정부의 역할을 하기 시작하면서 모 든 나라들의 국가 경제는 세계 경제 구조의 하부 구조로 전락 해버리고 말았다. 미국의 달러는 세계 통화 가치 평가의 기준 이 되고 모든 국가들의 금융 신용도 평가는 미국의 평가 여하 에 따라 결정되었다. 늙어가는 유럽 경제를 살리기 위한 유럽 연합의 유럽 단일 통화 제도도 달러 중심의 세계 통화 구조 속 에서 살아남기 위한 유럽 국가들의 몸부림 이상의 효과가 있을 것 같지는 않았다.

조동진은 역사의 전환기, 생동하는 새 세계 질서의 형성기에 하나님께서는 그가 지난 반 세기 동안 교회 밖에서 펼쳐온 세상을 향한 경주를 이어갈 새롭고 능력이 넘치는 새 주자를 준비하셨을 것이라고 여전히 믿고 있다.

서구 선교의 종식을 선언한 회의

서구 중심의 선교 구조가 해체되기 시작한 것은 1948년 암스테르담에서 세계교회협의회(WCC: World Council of Churches)가 조직되면서부터였다. '선교사 철수론'(Missionary Moratorium)이 채택된 암스테르담 회의는 사실상 서구 선교의 종식을 선언한 것이었다. 그후 12년이 지나 1961년의 뉴델리 회의는 1910년에 시작된 서구 선교 구조의 틀을 무너뜨려버렸다. 새로운 선교 시대를 위한 조동진의 부르심은 이러한 선교 역사의 대전환기에 임한 것이었다. 하나님은 세계 선교의 옛 틀이 무너지는 도상(途上)에서 자신 같은 작은 종을 불러 교회 밖으로 나가 새로운 세계 질서와 재편되는 국제 구조와 발 맞추게 하시고, 새 선교 세력의 등장에 대비할 새로운 선교 구조의 기초 작업을 하도록 부르셨던 것이라고 그는 믿고 있다.

"돌을 제하라", "(서구 선교의) 무너진 대로를 수축하라", "(모든 민족의 교회들이) 만민을 위하여 기를 들라!"

그는 평생 이사야의 예언의 소리가 그의 귀에 쉬지 않고 울리는 가운데 살아왔다고 고백한다. 낡은 시대의 선교 구조가 무너지는 굉음 소리가 그의 고막이 터지도록 울려댔다는 것이다. 그러나 사람들의 귀에는 그 소리가 들리지 않았다. 그의 외침이 허황하게 들렸을 것이다. 수십 년 전의 앞선 외침이니 그럴 수 있었을 것이라고 말할 것이다. 그러나 그렇게 마음 문이 닫히고 귀가 멀고 눈이 먼 사람들 속에서, 조동진은 오솔길도 없는 거친 돌짝밭과 가시덤불을 헤치며, 작은 깃발을 들고 몇 번이고 거꾸러지면서도 달려갈 길을 쉬지 않고 달려왔다. 그로서는 참으로 바늘로 바위를 뚫으려는 일 같았다고 한다. 무모한 용기가 아니었다면, 산을 바다로 옮기려는 믿음인 것은 분명했다고 고백한다.

그가 1961년에 시작한 국제선교협력기구(KIM), 1968년에 시작했던 동서선교연구개발원(EWC), 1973년에 시작한 아시아선교협의회(AMA), 그리고 1988년에 시작한 제3세계 선교협의회(TWMA) 등은 그가 구현한 새로운 선교 협력을 위한 네 가지 새로운 구조(기관)들이었다. 이 네 가지 구조들은 1910년 에딘버러 선교대회(The Edinburgh Missionary Conference) 이후 1960년까지 이어졌던 서구 선교 구조의 낡은 틀을 벗어난 것이었다. 새로운 선교의 싹을 키워 나가기 위해 세계의 비서구 나라에서 만든 새 선교 구조의 기초 설계였다.

이 역사적 대전환기에서 옛 선교 세력들, 곧 서구의 선교 세력은 세계 질서의 변동과 국제 질서의 재편성에 대한 통찰력을 갖지 못하였다. 뿐만 아니라 아시아, 아프리카, 그리고 라틴 아메리카 등에서 새로 성장하는 선교 세력들을 서구 선교의 옛 틀 속에 종속시키려는 꿈에 여전히 사로잡혀 있었다.

20세기의 깊은 잠에서 깨어났는가?

조동진이 지난 세월 어려운 환경과 잘못된 풍조 속에서 겪은 고난을 글로 다 기록하기는 어렵다. 그러나 그가 자신 있게 증언하는 것은, 그가 지금까지 우직하다고 비난받을 만큼 흔들리지 않고 세계 선교의 새 시대를 위한 새로운 선교 구조의 출현을 위하여 앞만 보고 달려왔다는 것이다. 그것이 조동진의 자부심이다.

조동진이 아시아에서 뿌린 씨가 자라나 열매를 맺고, 아프리카와 라틴 아메리카에서 육성한 쟁쟁한 새 선교 세력들이 새 시대의 국제적 선교 지도력을 가지고 역사 앞에 우뚝 서게 되었다. 옛 것은 무너져가고 새 것은 싹이 나고 자라서, 이제는 열매가 풍성한 큰 나무가 되고 있다. 노목 역시 그곳에 있다. 그러나 '노목에서 새로운 열매를 기대하는 일은 어리석다'고 조동진은 회고한다.

조동진은 오늘도 우리에게 묻는다. 교회들은 20세기의 깊은 잠에서 깨어났는가? 그리고 21세기를 위한 새로운 여행을 위한 준비를 위해 옛 것을 말끔히 벗고 새 옷을 입었는가? 어디로 가야할지 그 방향은 정했는가?

완벽주의자의 자기성찰

많은 사람들이 그를 완벽주의자라고 비난하는 것을 조동진은 안다고 말했다. 그는 스스로 틀을 만들어놓고 그 틀에 자기도 매이고 남도 매이게 하는 규격주의자라는 비난을 받는 것도 안다고 했다. 지나치게 반서구주의를 고집하기에 민족주의적 오류에 빠진 사람이라는 비난도 받았다. 만사에 너무 심각하고 여유가 없어 인간미가 크게 결여되었다는 말도 듣는다는 걸 안다. 지나치게 희생과 헌신만 강조하고 사람들에게 즐거움과 만족을 주지 못한다는 지적에 대해서도 안다고 했다. 또한 너무 많은 것을 알기 때문에 사람들이 접근하기 어렵다. 모든 사람들이 자기처럼 되기를 바라는데, 어떻게 절대적 기준을 고집할 수 있느냐는 지적도 받았다.

어려서부터 받은 청교도적 가정 교육과 엄격한 생활 훈련이 그를 그처럼 여유 없고 접근하기 어려운 인간성을 갖게 만들었는지도 모른다. 그의 어머니는 그가 태어나자마자 유아세례를 받게 했고, 헌금 한 푼도 깨끗이 종이에 싸서 바치게 하셨다고 한다. 아버지는 아들이 기도할 때는 무릎을 꿇게 하셨다. 밤마다 성경을 암송하고서야 잠자리에 들게 하셨다. 자기 것을 자기 것으로 여기지 못하게 하셨다. 어머니는 자신에게 엄격해야 한다고 가르치셨다. 그는 이처럼 조금도 마음을 밖으로 돌릴 여유를 주지 않으셨던 부모님의 철저한 청교도적 교육 영향 아래에서 자신의 성격이 형성되고 굳어진 것이라고 생각한다. 이러한 그의 성격이 다른 사람들과 관계에서 원만하지 못하였을 것이라고 자책한다.

거기에 더해, 온전치 못한 것이나 이치에 맞지 않는 것을 따라가지 못하는 편집증과 고집도 완벽주의자가 된 이유 중에 하나였을 것이라고 자책한다. 자라나는 새싹 같은 젊은 선교 일꾼들을 보다 자유롭고 너그럽게 대하지 못하고, 군대처럼 규격에 맞춰 조직 속의 지도자로 만들려는 완고한 성격이었음을 인정했다. 그래서 그들을 평안하게 하지 못하게 한 것이라 여겨 마음 아프게 생각한다. 결국 적당주의를 용납하지 못하는 조동진의 성격이 그들로 하여금 조동진을 떠나게 했는지도 모른다.

대부분의 사람들은 세력이 커가고 왕성하는 사업에 포함되기를 원한다. 그러나 쇠하고 약해진 사람을 위해 모이지는 않는다. 그런데 하나님께서는 주변 사람이 떠나고 절대 고독의 깊은 나락에 떨어지게 되었을 때, 그의 주변에 하나님의 사람들을 모아주셨다. 그는 그런 사람들을 중심으로 '선교 바로하기 운동'과 '선교 단체 입양 운동'을 벌였다.

미국 웨스턴신학교의 선교대학원 한국 캠퍼스를 바울의 집에 설치하고, 선교에 헌신하는 국내 교회 목사들과 선교 단체를 운영하는 지도자들을 위한 선교학 박사 과정을 시작했다. 1995년에는 민족 통일에스라운동협의회(Global Blessing)를 조직하여 북한 선교를 위한 대북 활동을 시작했다. 필자를 비롯해 조동진의 뒤를 이어가는 이들은 더 넓은 선교의 길을 위하여 더 많은 선교 동역자들을 규합하여 선교의 큰 지도력을 이루면서, 새 시대 선교의 길을 닦아 나가고 있다.

Mr. Mission. David Cho

성경이 말하는 통일

4부

|

형제애가 회복되어야 통일이 쉬워진다

|

19

형제애가 회복되어야 한다.

필자는 1997년부터 2004년까지 우즈베키스탄에서, 2005년부터 2015년까지 카자흐스탄에서 국가 대표 농아 축구팀 감독으로서 아시안게임에 4회, 올림픽과 월드컵에도 출전하며 농아 축구를 통한 이슬람 지역의 장애인 사역에 헌신하고 있는 목사, 선교사이다.

그런데 2012년 8월. 런던 장애인 올림픽에 와일드카드(wild card)로 출전한 북한 장애인 선수 임주성의 손짓을 보게 되었다. '통일', '북한 사역'이라는 단어들과 관계없이 살고 있던 처지였으나, 필자는 임주성의 손짓을 통해 북한 농아 축구팀 창단이 필요하다는 성령님의 음성을 듣게 되었고 그 음성에 순종하는 마음을 갖게 되었다. 그 음성에 응답하여 북한을 다녀온 것(2012년 12월)이 북한 장애인 사역의 시작이었다. 그때부터

'38선,' '남과 북' 같은 표현들과 함께, 내가 태어난 한반도 땅이 38선으로 인해 남과 북으로 갈려 허리 신경이 마비된 장애인 국가임을 인식하게 된 것이다.

2012년 12월 3일, 평양의 해방산 호텔에서 주님은 요한복음 5장의 말씀과 함께 필자에게 찾아오셨다. 베데스다 못가의 38년 된 병자와 38선의 반쪽짜리 땅이 오버랩(overlap)되기 시작한 것이다. 한반도 땅이 허리 신경의 마비로 인하여 윗쪽(North Korea)과 아랫쪽(South Korea)이 소통이 되지 않는데, 서로 다른 수화(농아인 언어)를 사용하고 서로 다르게 해석하고 있는 농아인 국가임을 온몸으로 체휼(體恤)하게 되었다.

신앙인에게 중요한 것은 하나님의 뜻이다. 우리는 통일을 당연히 하나님의 뜻이라고 받아들인다. 그러나 과연 통일은 하나님의 뜻인가? 우리가 바라는 단일 국가의 형태로 윗쪽과 아랫쪽이 하나 되는 통일이 하나님의 뜻인가?

대부분의 목사들은 의심 없이 한민족의 통일은 하나님의 뜻이라는 것을 전제하고 그 전제 위에서 말하고 행동하고 있다. 감리교 서부연회 총무를 역임한 은희곤 목사는 다음과 같이 말했다.

우리는 한국인이기에, 그리고 우리가 살고 있는 곳이 지구상 단 하나 남은 유일한 분단국가인 한반도 땅이기에 우리가 피하려고 해도 피할 수 없는, 그리고 피해서도 안

되는 숙명적 과제가 있다면, 그것은 한민족의 평화 통일과 한반도의 평화 통일이다. 이와 더불어 한국 땅에서 살아가는 기독교인들에게 그것은 분명히 북한 선교일 것이다. [서부연회 편, 『평화통일과 북한선교(Ⅰ)』(서울: 서부연회 출판부, 1983), 202].

모두가 하나 되자고 외치지만 분단 조국의 통일의 꿈은 그 미래가 불투명하다. 문제는 통일을 외치면 외칠수록 통일이 멀어진다는 점이다. 마치 별거 혹은 이혼한 상태의 부부가 다시 합쳐야만 한다는 당위만 가지고 살고 있는 것과 같다. 둘이 성격도 다르고 생각도 다른데, 무조건 합치려고만 하니 갈등이 더 심해진다. 여기에 양가의 이웃 식구들(미국, 중국, 일본, 러시아)마저 합치려고 하니 문제는 더 복잡해진다.

필자는 통일을 두 가지로 나누어야 한다고 생각한다. 하나는 사회 문화적 통일이고, 다른 하나는 정치 제도적 통일이다. 전자는 형제애의 회복이고 후자는 단일 국가로의 통일이다. 흔히 통일이라고 말할 때 후자의 의미로 사용한다. 전자가 상호 존중과 공존을 목표로 한다면 후자는 통일 국가의 설립을 목표로 한다.

그동안의 통일 논의가 하나의 통일 국가 설립을 목표로 진행되었기에 필연적으로 통일 국가에서 어떤 체제를 선택할 것인가가 문제가 되었다. '자유 민주주의 체제인가 아니면 공산주의 체제인가'의 체제 선택으로 귀결되는 바람에 통일의 길은 더 요원해졌다. 둘 중 하나가 굴복해야 하는 상황이 필연적으로 벌어질 수밖에 없기 때문이다. 이런 점 때문에 남북한 모두 통일 방안에 과도기적 상황을 상정하고 있다. 북한의 '연방제 통일 방안'도 남한의 '민족 공동체 통일 방안'도 그렇다.

남한의 통일 방안은 '남북 연합'이라는 형태의 2체제 2정부 형태의 과도기적 단계를 상정한다. 그런 과도기적 상태를 거친 후 1국가 1체제로 통일을 완성한다. 문제는, 내심으로는 그 최종 체제가 남한은 자유민주주의 체제이고, 북한은 북한식 사회주의 체제라는 것을 감추고 있다는 점이다. 이런 상태의 통일 논의는 항상 상대방의 흑심(黑心)을 경계할 수밖에 없다. 사회 문화적 통합을 이루기 전부터 체제 경쟁이 시작되는 것이다. 그래서 통일을 말할 때 후자의 의미인 하나의 통일 국가상을 상정하지 않기를 주문하고 싶다. 통일은 '형제애의 회복'으로 충분하다. 이런 자세가 오히려 실제적으로 통일을 앞당기는 길이라고 생각한다. 그동안의 체제 소모전을 중단하고 실질적인 실용 통일을 추구하자는 것이다.

통일의 성경적 근거

그렇다면 다시 한 번 물어보자. 단일 국가로의 통일이 과연 하

미스터 미션, 조동진

나님의 뜻인가? 필자는 한 민족 형제애의 회복은 성경이 증언하고 있지만, 한 국가 형태의 민족 통일은 성경적 근거가 없다고 생각한다.

구약에 나타난 증거를 보자. 이스라엘이 남북으로 분단된 때가 있었다. 솔로몬의 아들 르호보암 왕 시절인 BC 931년에 남유다와 북 이스라엘로 갈라졌다. 남북 분단 시대는 북 이스라엘이 BC 722년에 앗수르에 의해 멸망당할 때까지 209년간 계속되었다. 그런데 놀라운 것은 이 분열 기간 동안 어느 왕이나 예언자나 이스라엘의 통일을 외치지 않았다는 점이다. 이스라엘은 하나님의 선택을 받은 백성이기에 하나가 되어야 할 충분한 이유가 있었다. 그러나 그런 노력은 전혀 없었고, 하나님도 통일의 노력을 막으셨다.

열 지파를 중심으로 북 이스라엘이 떨어져 나갔을 때 남 유다 르호보암은 18만 명의 군사를 일으켜 북 왕국을 치려 했다. 그때 하나님의 감동을 받은 스마야가 이들을 만류한다. 그 과정과 이유를 성경은 이렇게 기록하고 있다.

"르호보암이 예루살렘에 이르러 유다 온 족속과 베냐민 지파를 모으니 택한 용사가 십팔 만 명이라 이스라엘 족속과 싸워 나라를 회복하여 솔로몬의 아들 르호보암에게 돌리려 하더니 하나님의 말씀이 하나님의 사람 스마야에게 임하여 이르기를 솔로몬의 아들 유다 왕 르호보암과

유다와 베냐민 온 족속과 또 그 남은 백성에게 말하여 이
르기를 여호와의 말씀이 너희는 올라가지 말라 너희 형
제 이스라엘 자손과 싸우지 말고 각기 집으로 돌아가라
이 일이 내게로 말미암아 난 것이라 하셨다 하라 하신지
라 저희가 여호와의 말씀을 듣고 그 말씀을 따라 돌아갔
더라"(왕상 12:21-24).

형제 간 피 비린내 나는 전쟁은 안 된다는 말이었다. 또한 분
열은 하나님의 뜻이었다고 말한다. 이는 솔로몬의 잘못에 대한
하나님이 내린 심판이었다. 르호보암은 선지자의 말에 순종하
여 물러간다. 물론 이후 유다와 이스라엘 사이에 전쟁이 전혀
없었던 것은 아니다. 작은 국지전이 있었지만 이는 통일 전쟁
차원은 아니었다. 오히려 아합 가문과 유다 가문이 통혼을 하
기도 하였다. 최후의 일전은 북 왕국이 멸망하기 직전 북 이스
라엘 왕 베가가 시리아 왕 르신과 연합하여 유다 아하스를 공
격한 전쟁이었다. 불리해진 유다는 앗수르 디글랏빌레셋에게
원병을 청한다. 이 때문에 결국 북 왕국이 망하고 유다는 속국
으로 전락하는 운명을 맞고 만다. 이 전쟁 초기에 이스라엘 베
가의 군대가 유다 백성을 포로로 끌고 간 일이 있었다. 그런데
이때도 오뎃이라는 선지자가 나타나 이스라엘을 책망한다.

"르말랴의 아들 베가가 유다에서 하루 동안에 용사 십이

만 명을 죽였으며… 이스라엘 자손이 그들의 형제 중에서 그들의 아내와 자녀를 합하여 이십 만 명을 사로잡고 그들의 재물을 많이 노략하여 사마리아로 가져가니 그곳에 여호와의 선지자가 있는데 이름은 오뎃이라 저가 사마리아로 돌아오는 군대를 영접하고 그들에게 이르되 너희 조상의 하나님 여호와께서 유다에게 진노하셨으므로 너희 손에 넘기셨거늘 너희가 노기가 충천하여 살륙하고 이제 너희가 또 유다와 예루살렘 백성들을 압제하여 노예를 삼고자 생각하는도다 그러나 너희는 너희 하나님 여호와께 범죄함이 없느냐 그런즉 너희는 내 말을 듣고 너희가 형제 중에서 사로잡아 온 포로를 놓아 돌아가게 하라 여호와의 진노가 너희에게 임박하였느니라 한지라… 이에 무기를 가진 사람들이 포로와 노략한 물건을 방백들과 온 회중 앞에 둔지라 이 위에 이름이 기록된 자들이 일어나서 포로를 맞고 노략하여 온 중에서 옷을 가져다가 벗은 자에게 입히며 신을 신기며 먹이고 마시게 하며 기름을 바르고 그 약한 자들은 나귀에 태워 데리고 종려나무 성 여리고에 이르러 그의 형제에게 돌려 준 후에 사마리아로 돌아 갔더라"(대하 28:6b-15).

남 왕국과 북 왕국은 형제 관계이다. 하나님은 이스라엘 나라가 하나의 나라로 통일되는 것보다 그들이 형제 관계임을 확인시켜주고 있다. 북 왕국이 망한 후 북 왕국의 지도층은 앗수르의 식민 정책에 의하여 다른 민족들이 사는 지역으로 강제 이주된다. 남은 지도층의 일부는 남 유다 왕국으로 흡수되었고, 사마리아 지역에는 가난한 이스라엘 민중들만 살게 되었다. 이곳에 타 지역에서 온 이민족이 정착하면서 혼합 민족이 된다. 남 유다도 BC 586년에 바벨론에 의해 망하고 그 지도층은 포로로 끌려간다.

BC 538년에 고레스 칙령에 의해 바벨론 포로로부터 귀환한 공동체는 BC 515년에 성전을 건축하고 BC 445년에 예루살렘 성벽을 건설한다. 이 과정에서 사마리아 지역에 거주하던 세력이 성전 공동체에 함께 참여할 것을 요구하지만 귀환한 배타적 유대 공동체는 이들을 받아들이지 않는다. 이 때문에 사마리아 종교라는 것이 탄생한다. 사마리아 종교는 그리심 산에 성전을 세우고 모세 오경만 인정하였다. 유대 공동체와 사마리아 종교 세력은 서로 앙숙처럼 갈등하며 지냈다. 요한복음에 그 모습이 잘 묘사되어 있는데, 유대인은 사마리아 사람을 싫어하여 갈릴리와 유대를 왕래할 때 가장 빠른 길인 사마리아를 관통하는 길로 가지 않고 돌아서 갈 정도였다. 예수님은 이런 금기를 깨고 사마리아 여인과 대화하시며 그 여인을 구원하신다. 예수는 더 나아가 예루살렘 성전과 그리심 산 성전을 대체하는 '신령(영)과 진정(진리)'으로 드리는 예배 공동체를 제시하신다.

사마리아는 사도행전 1장 8절의 "오직 성령이 너희에게 임하시면 너희가 권능을 받고 예루살렘과 온 유대와 사마리아와 땅 끝까지 이르러 내 증인이 되리라"는 주님의 세 번째 선교 명령지가 되었다. 사마리아는 빌립에 의해서 전도되어 교회 공동체로서, 형제의 일원으로 받아들여졌다. 실상 유대인과 사마리아인 사이에서 갈등의 화해자로서 역할을 한 것은 바로 예수님과 원시 교회였다. 이처럼 유구한 이스라엘 역사에서 주님의 중요 관심사는 제도적인 하나됨이 아니라 민족간의 심리적 경계선을 허무는 형제애의 회복에 있었다.

통일의 비전으로 자주 언급되는 것은 에스겔의 환상이다. 에스겔은 바벨론 포로 지역에서 예언한 선지자로 환상 중에 하나님께서 남북 왕조를 하나로 만들 것을 약속하신다.

"여호와의 말씀이 또 내게 임하여 이르시되 인자야 너는 막대기 하나를 가져다가 그 위에 유다와 그 짝 이스라엘 자손이라 쓰고 또 다른 막대기 하나를 가지고 그 위에 에브라임의 막대기 곧 요셉과 그 짝 이스라엘 온 족속이라 쓰고 그 막대기들을 서로 합하여 하나가 되게 하라 네 손에서 둘이 하나가 되리라… 그 땅 이스라엘 모든 산에서 그들로 한 나라를 이루어서 한 임금이 모두 다스리게 하리니 그들이 다시는 두 민족이 되지 아니하며 두 나라로 나누이지 아니 할지라"(겔 37:15-22).

이는 분명히 1민족 1체제의 통일 왕국을 내다보는 비전이다. 그러나 이 비전의 강조점은 '통일'에 있는 것이 아니라 이스라엘 나라의 '회복'에 있다. 만약 이것이 남북 분열 기간에 보인 환상이라면 통일의 비전이겠지만, 북 왕국이 망한 지 약 150년 후의 비전이란 점에서 회복에 방점이 있다. 분열이 민족의 역량을 분산시키고 열방 가운데 부끄러운 모습임에는 틀림없다. 다시 회복될 나라는 이처럼 갈라지지 않은 다윗 시대와 같은 강성 대국을 이룰 것이라는 환상이라 할 것이다.

민족이 단일 국가를 이루는 것이 무조건적인 최선은 아니다. 성경의 관심은 체제의 하나됨이 아니라 인류 형제애의 회복에 있다. 성경은 민족 간의 차별이나 갈등은 분명히 해결하고 화해해야 한다고 가르친다. 예수님이 그러셨다. 에베소서 2장 14-16절은 이렇게 증거한다.

"그는 우리의 화평이신지라 둘로 하나를 만드사 원수 된 것 곧 중간에 막힌 담을 자기 육체로 법조문에 된 계명의 율법을 폐하셨으니 이는 이 둘로 자기의 안에서 한 새 사람을 지어 화평하게 하시고 또 십자가로 이 둘을 한 몸으로 하나님과 화목하게 하려 하심이라"(엡 2:14-16).

예수님은 이방인과 유대인 간의 율법적 장벽, 심리적 장벽을 허무셨지만 이들을 정치적인 한 나라로 만드신 것은 아니다.

우리의 육신은 나라와 민족에 매여 있지만, 주 안에서 우리의 영혼은 국경을 초월한다. 가까이는 북한으로부터 멀리로는 아프리카 오지의 검은 형제들까지 우리는 그리스도 안에서 하나이다.

성경에서 증거하는 형제애의 회복을 목적으로 하는 통일 이야기는 영구 분단론으로 오해될 수도 있다. 단일 국가 체제를 이루는 통일은 성경이 증거하는 바도 아니지만, 한반도 상황에서 인간이 결정할 수 있는 사안도 아니기 때문이다. 통일이 주어진다면 그야말로 그것은 하나님의 선물일 것이다. 그 과정에서 인간이 할 수 있는 최선은 상호 간의 불신을 해소하고 형제애적 차원에서 돕는 일이다.

"오직 선을 행함과 서로 나눠 주기를 잊지 말라 하나님은 이같은 제사를 기뻐하시느니라"(히 13:16).

형제애의 회복을 목적으로 하는 통일론은 단일국가 상을 상정하는 통일론이 가지고 있는 저항과 관념성을 피하고 통일에 실제적으로 기여할 수 있는 통일론이다. 이렇게 형제애를 회복하려고 노력하다 보면 어느새 우리는 통일에 가장 가까이 가게 될 것이다.

동서독의 통일 과정이 좋은 예가 될 것이다. 1972년 체결된 동서독 기본조약(Basic Treaty, German: Grundlagenvertrag)을 통해 동서 교류의 토대를 놓게 된다. 그 토대 위에 1976년 동서독의 우편물 교환 관련 협약(Abkommen über Post- und Fernmeldewesen)이 체결된다. 그 바탕 위에 다양한 동서 교류가 실현되었다.

서독은 동방 정책을 추진했지만 '통일'이라는 용어조차 사용하지 않았다. 브란트 수상은 1민족 2국가 체제를 받아들였다. 통일은 먼 장래에 이루어질 일이며, 일단 동독 국민의 인간의 존엄성과 내면 생활의 문제에만 집중하였다. 서독은 1972년부터 1989년 통일이 될 때까지 약 62조 6,700억 원의 현금과 물자를 지원했다. 민간 부분에서는 44조 8,800억 원을 지원했다. 1987년 한 해 동안 150만 명의 서독인이 동독을 방문했으며, 동독으로 7,500만 통의 편지와 2,400만 건의 소포가, 서독으로는 9,500만 통의 편지와 900만 건의 소포가 전달되었다. 이미 70퍼센트 이상의 동독 주민들이 서독 TV를 시청하고 있었다. 한마디로 서독의 동방 정책은 '형제애의 회복'에 중심을 둔 인도주의, 인권회복, 관계 정상화 정책이었다. 형제애가 회복된 후의 통일은 쉬운 일이 되었다.

미스터 미션, 조동진

통일신학이 풀어야 할 과제

|

20

극복되어야 할 한국 교회의 이데올로기 성향

한국 교회는 형제애의 회복에 관심을 두기보다 남북 이념 논쟁에 오히려 더 불을 지피고 있다. 다음은 오래 전 서울 모 교회에서 열렸던 '북한 동족과 탈북자들을 위한 서울 통곡 대기도회'에서 나온 발언이다.

북한 정권은 사이비 종교와 같다. … (한 탈북자가) "동포들이 굶어 죽는데 관광을 다닙니까"라고 묻길래 "그러면 어떻게 해야 하느냐"고 다시 반문했다. 그랬더니 그 탈북자가 "밀고 올라가야지요. 그래야 우리가 총을 뒤로 돌릴 것이 아닙니까?"라고 대답하더라. … 북한 동포를 도와야지, 정권에 돈을 갖다 줘서는 안 된다. 평균적인 지능을 갖고 있는 사람이면 다 아는데 왜 그러는지 모르겠다. … 공산주의와 싸우는 것은 곧 사탄과 싸우는 것이며 그들은 적 그리스도이다. … 남한에서 친공 반미 세력을 모두 없애 주시고, 김정일도 제거해달라고 기도해야 한다(김 아무개 목사의 발언, 〈복음과 상황〉 180호에서 인용).

이런 인식은 김 아무개 목사뿐만 아니라 대다수 보수 기독 교인들의 의식이기도 하다. 이 집회에는 한국기독교총연합회 임원들을 비롯하여 대부분의 교계 원로들이 모여 있었다. 이들은 북한 정권과 북한 동포를 구분한다. 북한 동포는 도와야 하지만 북한 정권은 박멸해야 할 사탄의 무리로 규정한다.

그러나 현 북한 체제를 국민과 정부로 나눌 수 있다는 생각은 허상이다. 북한은 안으로는 주체 사상과 밖으로는 반미 의식으로 공고하게 하나로 뭉쳐 있다. 또 설사 북한 동포와 정권을 구분한다 할지라도 정권에 의해 완벽히 통제되고 있는데 이를 각각 별개로 취급하겠다는 것은 전혀 비현실적인 인식이다. 북한에 대한 인식이 이런 것이면, 그런 이들이 바라는 통일은 오로지 흡수 통일이나 전쟁에 의한 통일밖에 없다.

또한 북한 정권을 변하지 않는 사탄의 무리로 규정하는 것도 문제가 있다. 북한도 변하고 있다. 조선 그리스도교 연맹이라는 공식 기독교 단체가 있고, 스스로 북한 내에 1만 2천 명의 신자와 2개의 공식 교회, 520개의 가정 교회가 있다고 주장한다. 북한 선교 활동을 하고 있는 '오픈 도어즈'(Open Doors: 국제

적 선교 단체)는 비록 신뢰성을 확인하기 어렵지만 북한 내에 540
개의 지하 교회가 있고 약 50만 명의 교인이 있다고 주장하고
있다. 어용이니 아니니 하는 문제가 있지만, 현상적으로 종교
에 대한 북한의 태도가 바뀌고 있는 것은 사실이다. 북한의 주
체 사상은 종교에 대한 마르크스-레닌주의의 과격한 유물론
적 비판에서 한발 물러나 종교의 긍정성을 인정하는 방향으로
나아가고 있다. 물론 종교 탄압은 여전하지만, 북한을 사탄의
정권으로만 규정하면 대화는 불가능하다.

누가복음 15장에는 예수님이 너무도 소중한 말씀이기에 3
번이나 반복한 비유가 나온다. 이웃을 어떻게 볼 것인가 하는
문제이다. 사탄으로 볼 것인가, 잃어버린 자로 볼 것인가? 결국
잃어버린 자로 보고 찾으려는 것이 아버지의 마음이다.

사람도 바뀌고 정권도 바뀌고 이념도 시대에 따라 변한다.
한국 교회는 북한 정권을 바라보는 태도를 유연하게 가질 필
요가 있다. 최근에 북한의 조선 그리스도인 연맹 소속의 목사
들을 포함해 세계 교회 34개국 출신의 교회 지도자들이 스위
스의 제네바 인근에 모여서 한반도의 화해와 평화를 진전시킬
방안을 모색했다(기독교신문 베리타스 The Veritas, 2014년 6월 23일자).

사실 한국 교회의 반북 의식은 이미 오래 전부터 형성되었
다. 남한의 기독교는 그 뿌리가 반공주의이다. 남한 기독교의
주류는 북한의 서북 세력(평안도와 황해도)이다. 해방 전후 조선의
기독교인은 장로교인이 전체 기독교인의 4분의 3쯤 되었는데,

장로교의 60퍼센트를 서북 세력이 차지하고 있었다. 그 중심인 평양은 '동양의 예루살렘'이라고 불릴 정도였다. 그런데 해방 직후 공산주의자들과의 갈등과 토지 개혁 문제 때문에 월남한 기독교인이 많았는데, 그 수가 무려 7-8만 명(전 통일부 장관 강인덕의 주장)이나 되었다. 이는 당시 북한 기독교인 20만 명의 35-40퍼센트에 달하는 숫자였다. 이들이 남한에 정착하면서 기독교의 주류를 형성한 것이다. 이들은 공산주의 치하에서 핍박을 받았던 체험적 반공주의자였다. 1950년 6월 25일 전쟁을 계기로 이런 확신은 더 굳어졌다. 그후 1953년 6월 15일, NCCK(한국기독교교회협의회) 주최로 부산 충무로에서 열렸던 통일 구국 기원 신도대회에 1만 명이 참가했는데, 그때의 주요 발언은 다음과 같다.

한국 정부와 한국 국민은 일치하여 최근 판문점에서 진행되고 있는 휴전안에 한사코 반대한다. 한국 통일은 공산주의와의 유화에서가 아니라 공산주의를 굴복시킴으로써 성취되어야 한다. 공산주의는 설복할 수 없는 마귀, 영구히 회개할 수 없는 마귀다.

이런 과거를 뒤돌아본다면 현재 보수 기독교인들이 시청 앞 광장에서 벌이고 있는 반북 반공 기도회와 북한 인권 한국 교회 연합 통일 구국 기도회가 이해될 만도 하다. 그러나 상대방의 잘못을 들추기 시작하면 더 이상 형제 간의 화해는 일어날 수 없다. 상대방만의 잘못이 아닌 우리의 잘못도 있다. 이제는 덮어야 할 때가 되었다. 우리 미래와 후손들을 위해서도 과거는 과거로 묻어두어야만 한다. 6·25 전쟁 세대들이 가고 전쟁을 경험하지 않은 세대가 주류의 위치에 선다는 것은 어쩌면 희망일 수 있다. 상처를 간직하고 있는 사람들은 그 상처 때문에 화해가 어렵기 때문이다.

분단과 이데올로기적 대립은 단순히 그것으로 끝나지 않는다. 문제는 이념 때문에 교회가 하나님의 말씀을 잃어버린다는 데 있다. 이데올로기적 대립은 극단의 흑백 논리로 양분되면서 편 가르기로 나간다. 정의나 윤리보다 어느 편이냐가 중요하게 되었다. 자기 편이면 불의도 용서되었다. 교회가 자기 개혁의 힘을 만들어내지 못하는 이유 중 하나도 바로 분단이 만들어 놓은 윤리적 무감각성 때문이다. 사랑이나 용서나 모든 성경의 윤리들은 이데올로기적 대립 앞에서 무력하게 되었다.

한국 교회는 이제 하나님 말씀으로 돌아가야 한다. 우리가 읽어야 할 성경은 갈멜산 상의 엘리야와 바알 우상과의 투쟁 부분만이 아니라 산상수훈에 나타난 원수 사랑에 대한 말씀도 있는 것이다. 원수를 사랑하며 핍박하는 자를 위하여 기도하자. 이웃을 내 몸과 같이 사랑하자.

"새 계명을 너희에게 주노니 서로 사랑하라 내가 너희를

사랑한 것같이 너희도 서로 사랑하라 너희가 서로 사랑
하면 이로써 모든 사람이 너희가 내 제자인 줄 알리라"(요
13:34-35).

이 시대에 한국 교회가 실천해야 할 주님의 말씀은 이웃을
사랑하라는 것이다. 남쪽과 북쪽으로 갈라지고 찢긴 심령을 교
회가 위로하고 싸매 주지 않으면 누가 그 일을 감당할 것인가?
교회는 보수 세력의 첨병이 되기보다 남북한의 형제애 회복에
앞장서고, 이를 위해 모든 희생도 감수할 수 있어야 한다. 기독
교인의 목적은 체제 경쟁이나 단일 민족 국가 수립이 아니다.
형제애의 회복이며 북한 교회의 회복이다. 그러므로 우리는 일
차적으로 성경에서 통일의 개념을 재정립해야 한다. 이차적으
로 한국 교회의 이데올로기를 극복하고 말씀으로 돌아가게 하
는 데 힘써야 할 것이다.

종교와 정치의 분리 문제

한국 교회는 신앙과 정치가 너무 혼재되어 있다. 주일 강단을
보면 알 수 있다. 강단에서 해야 될 신앙적 발언과 해서는 안
되는 정치적 발언의 한계에 대한 인식이 없다. 성도들 안에도
의견이 갈리는 문제를 목회자 개인의 생각으로 하나님의 말씀

이라고 말해서는 안 된다. 거룩한 강단이 하나님 나라의 존엄성과 영광을 잃어버리고 있는 이유는 바로 이런 경계의 혼동에서 비롯되고 있다.

이는 진보측도 마찬가지이다. 1988년 NCCK는 '민족의 통일과 평화에 대한 한국 기독교회 선언'이라는 역사적인 고백을 하였다. 한국 교회 최초의 체계적인 통일 선언이라는 점에서, 또 정권에 의해 통일 논의가 독점되던 상황에서 통일의 물꼬를 텄다는 점에서 역사적인 대선언이었다. 사회에 큰 방향을 일으켰지만 '미군 철수'라는 문제까지 언급해 보수측의 반발을 샀다. 문제는 교회가 정치적으로 민감한 문제까지 언급해도 되는가 하는 점이다. 교회는 원론적으로 민족 화해를 외칠 수 있지만, 구체적인 정치적 실천 문제까지 언급하는 것은 교회 한계 밖의 문제이다. 미군 철수 문제는 한반도의 상황과 현실을 고려해 결정되어야 할 정치적 문제이지, 성경에 답이 쓰여 있는 것은 아니다. 민감한 정치 문제를 교회의 이름으로 발표해서는 안 된다.

신앙과 정치를 섞고, 교묘히 자신의 정치적 입장을 신앙의 이름으로 강요하는 것은 어제 오늘의 문제가 아니다. 대표적으로 정교 분리 원칙이 그렇다. 80년대 기독학생운동의 발목을 잡았던 것은 바로 이 정교 분리 원칙이었다. 캠퍼스에 최루탄 연기가 가실 날이 없고 친구들이 분신과 구속으로 독재에 항거할 때, 기독 학생들은 예수님이라면 이 상황에서 어떻게 할 것인가 고민했다. 그럴 때마다 교회 어른들은 정치와 신앙은 분리된다는 정교 분리의 원칙과 위에 있는 권세에 복종하라는 로마서 13장의 논리로 기독 청년들을 설득했다. 아무리 군부 독재일망정 하나님께서 세우신 권세이므로 복종하라는 뜻이었다. 이 때문에 기독교의 논리에 회의를 느낀 청년들이 기독교를 떠나 사회 운동에 투신했다.

그런데 2천 년대에 들어선 오늘에는 정반대의 현상이 일어나고 있다. 그때 청년들을 말렸던 어른들이 이제는 거리로 나서기 시작했다. 서울 시청 앞 기도회를 열고, 주일 강단에서 시국 강연을 방불케 할 정도의 대정부 비판을 서슴지 않는다. 이는 정교 분리 원칙이나 위에 있는 권세에 복종하라는 말과 정면으로 배치되지 않는가? 이로 보건데, 결국 성경 말씀은 그들에게 자기 생각이나 기득권을 주장하기 위한 방편에 불과했던 것 같다. 80년대는 정권 편이었기에 로마서 13장을 인용했고, 이제는 현 정권에 반대하기 때문에 '어둠', '혼란', '경제', '좌익'이라는 논리로 마치 진리와 어둠의 세력과의 싸움인 마냥 보수 세력을 대변하는 발언을 한다. 이것이야 말로 말씀은 없고 자기주장만 있는 것이다.

종교에서 정치색을 제거해야 한다. 종교인은 순수한 종교인으로 남아야 한다. 정치와 종교를 분리하지 않는 건 진보적 기독교의 문제이기도 하다. 사실 1970년-1980년대의 운동을 이끈 세력은 진보적 기독교였다. 독재의 탄압에서 교회가 유일한 합법 공간이었다. 진보적 기독교는 이 공간에서 민주화와 인권 운동을 이끌었다. 문제는 학생운동, 노동운동, 시민운동 등 여러 사회운동들이 발전하면서부터 나타났다. 사회운동이 발전하다 보니 진보적 기독교의 입지가 애매해진 것이다. 기독교운동으로서 자기 자리를 찾지 못하고 사회운동으로서 지도적 위치도 상실한 것이다.

전체 운동은 부분 운동이 각자 위치에서 제 역할을 감당할 때 발전한다. 노동운동은 노동이라는 현장이 있고 환경운동은 환경이라는 현장이 있다. 각자 자기 문제를 가지고 자기 방식으로 싸워나갈 때 사회의 진보는 이뤄지는 것이다. 기독교운동은 기독교라는 토대를 발판으로 이루어진다. 기독교라는 정체성을 떠나면 기독교운동일 수 없다. 기독교는 성경이 텍스트(text)요, 교회가 현장이요, 방법론(모델)은 예수님이시기 때문이다. 교회라는 토양과 전통을 무시하는 운동은 설득력을 가질 수 없다. 이런 점에서 진보적 기독교는 더욱 철저히 하나님 말씀을 가지고 씨름해야 하며, 교회라는 현장을 이해하려는 노력이 필요하다.

실제적 방법론과 대안은?

현대 사회에서 종교의 영역과 정치의 영역을 따로 구분하기는 어렵다. 참여도 정치적 행위요 침묵도 정치적 행위의 일종이다. 어떻게든 정치적으로 표출될 수밖에 없다. 그러나 신앙이 추구하는 목표와 방법은 세상이 추구하는 것과 다르다.

교회의 목표는 하나님 나라의 건설이다. 하나님 나라는 성경의 원리가 통용되는 나라이다. 성경에서 증언하는 사랑과 평화의 나라, 정의와 인권의 나라, 민주와 평등의 나라, 풍요하며 창조 질서가 보존되는 나라를 건설하기 위해 노력한다. 이를 위해 우리는 제반 사회 세력들과 연대할 수 있다.

그러나 교회는 하나님 나라를 실현하기 위해 제도를 바꾸거나 세상에 청원하는 것을 1차적 과제로 설정하지 않는다. 교회 자신이 먼저 하나님 나라의 뜻에 맞게 사는 것이 목표이다. 사도 바울 시대에도 노예 제도가 있었고 가부장제가 있었다. 바울은 이런 제도 개혁에 대해서는 언급하지 않았다. 그러나 사도 바울이 도망간 노예 오네시모를 그의 주인이며 믿음의 동역자인 빌레몬에게 다음과 같이 소개하는 대목을 보면, 노예 제도는 교회 안에서 이미 깨지고 있었다.

"이후로는 종과 같이 대하지 아니하고 종 이상으로 곧 사랑받는 형제로 둘 자라 내게 특별히 그러하거든 하물며 육신과 주 안에서 상관된 네게랴 그러므로 네가 나를 동역자로 알진대 그를 영접하기를 내게 하듯 하고 그가 만일 네게 불의를 하였거나 네게 빚진 것이 있거든 그것을 내 앞으로 계산하라"(몬 1:16-18).

"너희는 유대인이나 헬라인이나 종이나 자유인이나 남자나 여자나 다 그리스도 예수 안에서 하나이니라"(갈 3:28).

위와 같은 선언에서 노예 제도나 남녀 불평등은 찾아볼 수 없다. 교회가 이처럼 먼저 하나님 나라의 원리에 맞추어 살 때 세상은 변화되기 시작한다. 제도 변화는 이처럼 하나님 나라의 삶을 사는 사람들이 많아지고 사회에 영향력을 미침으로써 이루어진다.

사회적 문제를 해결하는 방식도 신앙인의 모델은 예수님이시다. 예수님은 '눈에는 눈, 이에는 이' 식의 복수 논리를 거부하셨다. 한 쪽 뺨을 맞으면 다른 뺨도 내미는 것이 예수님의 방식이다. 예수님은 원수까지도 사랑하며 핍박하는 자를 위하여 기도하라고 하셨다.

세상 방식은 군림하며 통치하는 것인 반면 신앙은 섬기고 낮아지고 십자가에서 자기를 죽이는 방식이다. 신앙인은 악을 악으로 분명히 인식한다. 그러나 악을 악으로 갚을 권리는 없다. 예수님께서 막으셨다. 교회는 그가 회개만 한다면 아무리 살인마일지언정 받아들일 수밖에 없다. 예수님께서 괴수 중의 괴수인 우리도 받아주셨기 때문이다.

사회의 불의에 대해서는 지적하고 바꾸어야 한다. 그러나 불의를 제거하는 방법은 하나님의 길과 가이사의 길이 다르다. 가이사의 길이 눈에는 눈, 이에는 이의 방법이라면, 하나님의 길은 자기 희생과 용서의 방법이다. 가이사의 길이 다른 사람의 잘못을 지적하는 것이라면, 하나님의 길은 다른 사람의 잘못을 자기가 안고 자기가 죽는 십자가의 길이다. 미움과 증오의 논리가 아니라 사랑과 평화의 논리이다.

성경이 말하는 통일신학은 운동의 실천 방법론을 제시할 뿐 아니라 교회가 실천할 수 있는 대안을 제시할 수 있는 신학이어야 한다. 그동안의 실천이 지나치게 정치 편향적이었다면 이제는 형제애를 회복시킬 수 있는 실질적 대안, 특히 종교인으로서 실천 가능한 대안들을 개발하고 그 방향을 제시해주는 것이 필요하다.

통일신학을 위한 실천적 제안

|

21

요셉의 실천에서 배울 것

형제애의 회복과 통일을 위해 우리가 가져야 할 자세는 용서와 포용이다. 우리는 성경에서 용서의 한 예로 요셉을 떠올릴 수 있다. 12명의 자식들 중에서 편애를 받으며 응석받이로 자란 요셉의 반전 인생 이야기는 창세기의 다른 어느 인물보다 많은 분량을 차지하고 있다.

하나님은 아브라함을 부르시며 "내가 너로 큰 민족을 이루고 네게 복을 주어 네 이름을 창대하게 하리니 너는 복이 될지라 너를 축복하는 자에게는 내가 복을 내리고 너를 저주하는 자에게는 내가 저주하리니 땅의 모든 족속이 너로 말미암아 복을 얻을 것이라"(창 12:2-3)라고 하셨다.

그러나 아브라함이 죽을 때는 사라를 장사하기 위하여 산 마므레 앞 헷족속 에브론의 밭 막벨라 밭만 소유하게 된다(창

23장). 한 사람으로 시작된 하나님의 나라는 가나안 땅에서는 아브라함을 거쳐 이삭, 야곱을 지나기까지 하나님이 번창시키지 않으신다. 요셉이 애굽으로 팔려가는 고난의 인생을 겪게 하신 까닭은 그 한 사람을 통해 하나님이 세우신 계획이 있었기 때문이다. 그 계획의 대상은 바로 '민족'이었다.

하나님 나라를 이 땅에서 샘플로 보여주기 위해 택함 받은 민족이 이스라엘이었다. 그 이스라엘 민족을 만들기 위해 요셉이 쓰임 받은 것이다. 요셉이 없었더라면 기근으로 인해 가나안 땅에 살던 야곱의 식구들은 모두 아사했을 수도 있다. 하나님은 먼저 요셉을 애굽에 보내시고 야곱의 식구들을 가나안 땅에서 불러들여, 애굽의 고센 땅에서 구별되어 애굽 민족과 섞이지 않게 하시며 번성하게 하신 것이다.

필자가 성경에서 요셉을 통일신학의 실천적 제안으로 삼은 것은 그의 꿈(vision)도 아니고 애굽의 국무 총리라는 높은 자리도 아니다. 요셉의 용서다.

요셉은 용서의 사람이었다. 형들에 의해 구덩이에 버림받게 되는 일, 이집트의 노예로 팔려가는 일, 억울한 일을 당해 감옥에 들어가는 일, 감옥에서조차 도움을 받았던 사람들이 잊어버린 일 등, 그의 인생에서 억울하고 화가 나고 이해되지 않는 많은 일들을 겪어내면서도 그를 통해 하시려는 하나님의 일이 있었다. 바로 요셉을 용서의 사람으로 만든 것이다.

현재 요셉의 상황에서 자기를 억울하게 감옥으로 몰아넣은

보디발의 아내를 벌할 수도 있었고, 은혜를 잊어버린 떡 맡은 관원장을 괘씸죄로 벌할 수도 있었다. 또한 자기를 우물에 처넣고 애굽에 노예로 팔아버린 형들의 죄를 물을 수도 있었다. 하지만 요셉은 그렇게 하지 않았다. 두려워하는 형들에게 오히려 "당신들이 나를 이곳에 팔았다고 해서 근심하지 마소서 한탄하지 마소서 하나님이 생명을 구원하시려고 나를 당신들보다 먼저 보내셨나이다 … 하나님이 큰 구원으로 당신들의 생명을 보존하고 당신들의 후손을 세상에 두시려고 나를 당신들보다 먼저 보내셨나니 그런즉 나를 이리로 보낸 이는 당신들이 아니요 하나님이시라"(창 45:5-8a)라고 하였다.

원수 사랑에서 요구되는 인간의 기본적인 행위는 용서이다. 한나 아렌트는 환원 불가능한 과거의 곤경으로부터 벗어나게 하는 치유의 능력을 인간의 용서 행위에서 찾는다. 왜냐하면 용서란 '과거에 사로잡히지 않고도 과거와 더불어 살아갈 수 있는 능력'이요, 인간의 증오와 악의 사슬을 끊는 행위이기 때문이다. 그러므로 용서란 전쟁과 분단의 상처를 지고 살아가는 그리스도인의 화해의 행동이다. 이것은 분단된 세계의 중심에서 일어나는 선포의 행위요, 그리스도의 십자가 복음을 선교하는 행동이 아닐 수 없다[박정수, "성서적 통일신학: 통일 선교신학을 제안하며", 『신학과 선교』, 제41집(부천: 서울신학대학교 한국기독교통일연구소, 2012, 237-238. 재인용-)].

이처럼 오늘날 우리에게 필요한 것은 요셉의 정신 즉, 사랑과 용서이다. 이것이 통일신학의 열쇠(Key)이다.

행동하는 통일 연습 다섯 가지

종합적 결론으로 통일의 목표는 형제애의 회복이다. 서로 사랑하고 용서하는 것이다. 분단 이후 지금껏 계속되었던 단일 국가를 목표로 한 통일론은 전쟁과 갈등만 양산했다. 성경은 제도나 체제적 하나됨보다 형제애의 회복과 사랑과 용서를 더 중시한다. 이와 같이 통일신학은 통일에 대한 개념의 재정립, 한국 교회 반북 반공 이데올로기 비판, 종교와 정치의 분리, 실제적인 방법론과 대안을 제시하는 신학이 되어야 한다고 생각한다.

성경이 말하는 통일신학이 우리의 삶으로 열매 맺기를 소망하면서, 필자는 행동하는 통일 연습 다섯 가지를 제안한다.

첫째, 통일 금식이다.

배고픈 사람을 생각하면서 금식을 연습한다는 표현이 좀 무리가 있기는 하지만, 그래도 매월 1일 하루 정도는 통일을 생각하며 금식하자는 것이다. 매월 1일 하루 동안 한 끼, 혹은 두 끼, 아니면 하루 종일 배고픔을 경험하면서 통일을 연습하는 것이다. 금식을 통해 이웃을 얻고자 하는 긍휼한 마음을 갖는

미스터 미션, 조동진

금식의 날로 삼는 것이다.

"내가 기뻐하는 금식은 흉악의 결박을 풀어 주며 멍에의
줄을 끌러 주며 압제 당하는 자를 자유하게 하며 모든 멍
에를 꺾는 것이 아니겠느냐"(사 58:6).

둘째, 통일 예배이다.

언제부터인가 대중화된 예배에 익숙한 현대인의 예배 모습을
본다. 이런 상황에서도 주님과 홀로 예배드리는 임마누엘의 통
일 예배가 절대적으로 필요하다. 무엇보다 전세계에 흩어져 있
는 디아스포라(Diaspora) 한인교회와 남쪽의 한국 교회에서 각
자 정한 날에 개인, 가정, 구역, 단체, 교회, 학교 등에서 동방의
예루살렘으로 불러진 평양의 예루살렘 회복을 위해 통일 예배
를 드리자는 것이다.

셋째, 통일 성경이다.

남과 북의 달라진 언어는 의사소통까지 불편하게 만들고 있다.
그래서 성경 말씀 중 시편만이라도 투박한 북한어로 된 성경
을 소리 내어 읽어보자는 것이다. 한국의 교회들과 디아스포라
한인교회들이 북한어로 된 시편을 묵상하며 실제적으로 '통일
을 하나님의 말씀으로 연습하는' 그리스도인이 되자. 이렇게
도전함으로써 통일의 불을 던지고 싶다.

"내가 불을 땅에 던지러 왔노니 이 불이 이미 붙었으면 내가 무엇을 원하리요"(눅 12:49).

넷째, 통일 저금통(통일 카드, 통일 펀드)이다.

대한민국이 금 모으기 운동으로 IMF 위기를 극복했던 것처럼, 종이로 만든 통일 저금통으로 한반도의 통일 자금을 마련하는 데 적게나마 힘을 보태자. 한국은행은 오는 2020년까지 '동전 없는 사회'를 지향하고 있다. 하루라도 빨리 십 원, 오십 원, 백 원, 오백 원 등의 동전으로 통일 저금통을 채우고 통일 카드를 준비하자. 그래서 허리 신경이 마비된 중풍병자 같은 대한민국이 건강한 복음적 통일 한국이 되는 꿈을 이루는 일을 위해 우리들이 재정적으로 헌신해야 할 것이다.

다섯째, 통일 세대(통일 의병, 통일 독립군)이다.

하나님의 뜻이 우리를 통해 이 땅에서 이루어지는 일에 준비된 사람들, 그루터기 같은 믿음의 신앙인들, 통일을 위해 목숨을 걸 수 있는 사람들, 이런 사람들을 하나님 나라의 진주처럼 존귀하게 여기며 그들과 함께 통일 독립군의 사명을 감당하는 통일 연습이 이 시대에 필요하지 않겠는가.

이상의 다섯 가지 통일 연습을 함께 행동으로 옮기는 '행동하는 통일 연습', 말로 하는 통일이 아니라 '발로 하는 통일', 온몸으로 하는 통일 연습인 '통일 금식, 통일 예배, 통일 성경, 통일 저금통'의 연습을 하나라도 실천하는 사람이 바로 '통일 독립군'이다.

"통일은 곧 이루어집니다."

이렇게 말하는 사람은 통일을 향한 예언자이다.

"통일을 위해 기도합시다."

이렇게 말하는 사람은 통일을 향한 중보자이다.

이 시대에 통일을 향한 예언자도, 중보자도, 통일 전력가도 당연히 필요하다. 그렇지만 더불어 통일을 쟁취할 수 있는 왕적인 기름부으심이 있는 하나님 나라의 비밀을 간직한 사람, 밟히고 밟혀도 일어서는 민초들로 구성된 통일 독립군이 필요하지 않겠는가!

진짜 시합에서 이기려면 연습을 잘해야 한다. 진짜로 통일을 원하면 이미 시작된 통일을 연습해야 한다. 통일 연습을 통한 성서 한국, 평화 한국, 선교 한국으로 진행될 복음적 통일 한국은 결국 남과 북의 통일이 목적이 아닌 통일 이후가 더 큰 목적이 되어야 한다.

하나님의 선교 도구로 쓰임 받게 될 한반도에 주님의 임재가 증명되는 것이 우리의 소원이 되어야만 한다. 먼저 형제애의 회복을 몸으로 경험한 장애인들이 북녘 땅에 하나님의 사랑, 이웃사랑을 전달하는 한 알의 북녘 밀알이 될 것이다.

장애 국가를 회복하는 일에 장애인이 앞장서야

필자는 감히 생각하지 않았는데, 주님의 은혜로 북한의 장애인들과 함께 시간을 보내면서, 과연 성경이 말하는 통일은 무엇일까 고민하게 되었다. 비록 알레고리(Allegory)적 해석이겠지만 성경에 표현되어 있는 구약과 신약의 38년과 남북한의 38선이 주는 메시지를 담아보고자 노력했다.

구약 성경 민수기에서, 38년 광야 생활은 시내산에서 출애굽한 백성이 하나님의 율법을 받고 하나님과 언약을 체결하며 하나님 나라 백성으로 살기로 약속한다. 가나안에 이르기 전 가데스바네아에 이른 백성들은 12명의 정탐꾼을 보내 하나님이 주실 약속의 땅을 40일 동안 미리 둘러본다. 이들의 극단적인 보고에 하나님은 극단적인 결과를 보여주신다.

하나님의 백성으로서 10가지 재앙을 통한 출애굽 사건을 믿기에, 철병거가 있어도 거인 같은 아낙 자손들이 있어도 하나님이 함께 하시기에 우리는 그 땅을 취할 수 있다는 믿음의 고백을 보여준 여호수아와 갈렙만 그들의 믿음대로 가나안 땅에 들어가게 된다. 그러나 나머지 10명의 정탐꾼은 하나님이 가나안 땅을 주시겠다는 약속 위에 사람의 행동이나 그 무엇을 더해야만 들어갈 수 있다고 생각했기에 그들의 철병거와 가나안 족속의 힘과 문화가 더 크게 보인 것이다. 하나님의 능력을 온전히 신뢰하지 못한 그들의 믿음 없음을 응징이라도 하듯

가데스바네아 광야에서 38년을 살게 되는 것이다. 하나님의 능력을 의지하지 않고 사람의 생각, 사람의 힘을 의지했던 10사람 때문에 38년의 광야 생활이 된 것이 아닌가?

신약성경 요한복음 5장의 38년 된 병자는 예루살렘 양문 곁 베데스다라는 연못(은혜, 자비의 집)에 살고 있었다. 성전 제사에 쓰일 양들이 다니는 양문에 은혜의 본체이신 예수님이 직접 찾아오셔서 "네가 낫고 싶으냐?"라고 물으신다. 그런데 놀랍게도 38년 병자는 "예"라고 말하지 않고 변명을 하고 있다.

"그 물이 동할 때 나를 못에 넣어줄 사람이 없어 내가 가는 동안에 다른 사람이 먼저 내려간다고 수평적인 이동만을 하고 있습니다."

실제적으로 낫고 싶어하는 간절함이 없어보인다. 그런 38년 된 병자에게 예수님은 수평 이동이 아닌 수직 이동을 선포하신다. "일어나 네 자리를 들고 걸어가라"고 하신 것이다.

38선, 분단된 조국, 허리 신경이 마비된 장애인 국가. 더 이상 이대로 38선이 굳어지지 않기를 간절히 소망해본다.

무엇보다 마지막 시대의 적그리스도는 인간의 휴머니즘이라고 할 수 있다. 왜냐하면 하나님보다 사람의 의를 더 드러내려고 하는 열심이 있기 때문이다.

이 시대에는 하늘나라 독립군, 하늘 사람이 필요하다. 단순한 인간적인 형제애가 아니라 자기 십자가를 짊어지고 예수를 좇는 하늘 사람인 통일 독립군이 필요하다.

행동하는 통일 연습 5가지에서 통일 금식, 통일 예배, 통일 성경이 하나님과 나와의 관계라면 통일 저금통, 통일 독립군은 이웃과의 관계이다. 예수의 십자가를 더하기(예수 십자가)로 표현한다면 하나님 사랑과 이웃 사랑을 실천하는 형제애의 삶을 곱하기(자기 십자가)로 표현하고 싶다. 예수님은 "누구든지 나를 따라오려거든 자기를 부인하고 자기 십자가를 지고 나를 따를 것이니라"(마 16:24)고 하셨다.

통일 연습을 하자

1998년 6월, 고(故) 정주영 현대그룹 명예회장이 소떼 1001마리를 몰고 휴전선을 넘어갔던 것처럼, 필자는 휠체어와 흰 지팡이, 그리고 마주 잡은 손짓사랑으로 38선을 통과하여 막힌 동맥을 뚫어 반쪽 나라인 장애 국가를 건강한 나라, 하나 된 나라로 회복하는 일에 쓰임받고 싶다.

1948년 정부가 분단이 된 지 70년이 되는 2018년을 평화 한국의 원년으로 삼고자 한다. 해방 70주년을 기억하는 단순한 숫자일 수도 있겠지만, 70명의 장애인들과 함께 서울과 평양에서 남북한 농아 축구 대회를 통해 농아들이 휠체어를 밀고 흰 지팡이의 안내를 받아 허리 신경이 마비된 장애 국가의 허리를 장애인들과 함께 걷고 또 걸어서, 주님의 은혜로 70년 동안 막힌 38선의 동맥을 통과해보고 싶다. 그래서 북한에 남겨놓고 온 반쪽 심장 때문에 더 이상 거친 숨을 몰아쉬지 않고, 위에서 오는 평안의 하늘 숨을 쉬는 그날이 통일 한국의 때인 것을 가슴에서 느낄 수 있도록, 행동하는 통일 연습을 하고자 한다.

이러한 통일 연습은 구체적으로 2013년 10월, 북한 농아 축구팀 창단으로 시작되었고, 향후 통일 한국이 되어 서울과 평양에서 올림픽이 열리는 그날까지 요셉의 실천 신학과 행동하는 통일 연습으로 평화 한국을 세워나가려 한다.

먼저 스포츠 올림픽을 통해 하나된 대한민국을 전세계에 보여주고 싶다. 이로 인해 아시아 지역에서는 약 20년을 주기로 올림픽이 개최되고 있는데, 1964년 동경 올림픽, 1988년 서울 올림픽, 2008년 베이징 올림픽에 이어, 2028년 혹은 2032년에는 '서울 평양 통일 올림픽'이 열리기를 소망한다. 이런 꿈을 꾸면서 형제애 사랑으로 평화 한국 너머에 있을 복음적 통일 한국을 바라보며, 오늘도 소외된 남북한 장애인들과 함께 북녘 밀알(Seed of North Korea)의 씨앗을 심어본다.

"내가 진실로 진실로 너희에게 이르노니 한 알의 밀이 땅에 떨어져 죽지 아니하면 한 알 그대로 있고 죽으면 많은 열매를 맺느니라"(요 12:24).

위 우측 : 1946년 조선신학교 시절의 조동진
아래 좌 : 국제선교협력기구 사무실에서
아래 우 : 1960년 애즈버리신학교에서

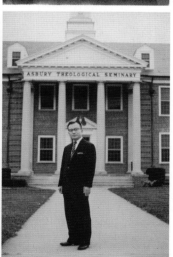

위 : 김일성 주석과 만찬 자리에서
아래 : 김일성 주석과 오찬에 동석한 노동당 위원들과

미스터 미션, 조동진

김일성 주석과 나신복 사모와 함께

위 : 평양 칠골교회 예배를 마치고
아래 : 평양 봉수교회 직원들과/지미 카터 전 미국 대통령과 함께

미스터 미션, 조동진

경기도 화성군 바울의 집에 있는 조동진선교기념관(조동진선교학연구소) 앞에서

조동진 박사의 최근 모습

미스터 미션, 조동진

2016년 네팔에서

통일부 사단법인

민족통일에스라운동협의회

통일 한반도의 현재와 미래를 준비하는

민족통일에스라운동협의회는

국토분단의 고착화와 민족통일의 지연이

그리스도인들의 범죄와 불신앙의 결과임을 인식하고

에스라서와 느헤미야서에 기록된 민족통일과 성전중건의

역사를 본받아 한국 교회와 디아스포라 한인교회에

철저한 회개와 대각성 운동을 일으키고자

1995년 10월 12일 통일부 산하 사단법인

설립인가와 더불어 사역을 시작하였다.

(사) 민족통일에스라운동협의회 설립자
조동진 박사 약력

- 장로회신학대학교(B.D)
- 미국애지브레신학교(Th.M.)
- 미국 윌리암캐리대학교(Ph.D.)
- 국제선교협력기구(KIM) 설립(1961)
- 동서선교연구개발원 설립(1973)
- 사단법인 민족통일에스라운동협의회 설립(1995)

Cho Dong Jin

1961년, 조동진 박사는 한국의 신학교 가운데 처음으로 선교학 강좌를 개설한 선도자다. 그는 1963년 서울에 국제선교신학원(International School of Mission:ISM)을 설립하였다. 이 선교신학원은 1973년 동서선교연구개발원(East-West Center for Missions Research and Development:EWC/mrd)으로 확장되었다. 이 선교연구기관은 비 서구세계에 설립된 최초의 선교사 훈련과 연구를 위한 교육기관이었다.

조동진 박사는 1989년 이래 20회 이상 북한을 방문하였다. 그리고 북한의 최고지도자 김일성 주석과 세 차례에 걸친 단독회담을 가졌다. 그는 김일성종합대학과 평양신학원의 방문교수로 임명 받았으며, 평양의 교회에서 여러 차례 북한 신도들을 위하여 설교할 기회를 가졌다. 조동진 박사는 그 밖에도 미국의 빌리그래함 박사와 지미 카터 대통령을 북한 최고지도자 김일성 주석이 초청하도록 하는 역할을 담당하였다. 1991년에는 북한의 UN 주재 대사였던 한시해를 데리고 조지아 주 플레인에 있는 지미 카터 대통령의 저택을 방문하여 김일성 주석의 평양 초청을 전달하도록 주선하였다.

그는 1995년에 통일원(현 통일부)에 사단법인 민족통일에스라운동협의회 설립 인가를 받아 남북한 교회와 디아스포라 한인교회에 민족통일에스라운동을 일으키고 있다.

1979. 08 미국 윌리암케리대학교에 고려연구소를 설치하여 민족통일
          연구와 대북활동 추진.

1990. 11 조선기독교도연맹중앙위원회에서 조동진 박사 평양신학원
          방문교수로 초청.

1991. 06 북한의 통일관계 전문가와 학자(한시해, 김구식, 박승덕, 로
          철수, 고기준, 최성봉, 최옥희, 김혜숙)들을 미국으로 초청
          하여 지미 카터 대통령 사저에 방문. 한시해는 김일성 주석
          의 평양 초청장 전달.

김일성종합대학교 교수들에게 강의

전 북한의 유엔대사와 미국 지미 카터 대통령 방문

평양봉수교회 직원들과 함께

1991. 09   김일성종합대학 총장이 김일성종합대학 방문교수로 임명.

1992. 05   김일성종합대학도서관에 기독교 도서 2,517권 기증식과
           김일성종합대학 교수 100여 명에게 기독교에 대한 특별강
           의와 봉수교회 설교.

김일성 주석과의 면담을 위해 주석궁 방문

기독교 도서 2,517권
기증을 위해 평양 방문

김일성 주석 면담

1992년 5월 23일
1993년 4월 10일
1994년 4월 15일

김일성 주석이 초대한 오찬

1993. 04	김일성 주석을 면담하고 칠곡교회 종려주일 설교와 봉수교회 부활주일 설교.
1994. 04	최고인민회의 통일정책위원장 김용순 비서와 기독교도연맹 대표와 종교정책 협의.
1994. 06	6.25주일을 민족통일과 민족교회 중건을 위한 특별예배로 드리도록 전국 교회에 호소.
1994. 07	조선아세아태평양평화위원회 이종혁 부위원장과 조선해외동포원호위원회 전경남 부위원장과 '민족통일과 민족교회 그리고 북미관계 협의.'
1995. 06	미국 기독교대학 총장단 6명 평양 방문.
1995. 10	사단법인 민족통일에스라운동협의회 설립 인가(통일원, 현 통일부).

1973년 빌리그래함 전도대회 기획 및 준비 위원장

- 손짓사랑 대표(1985년~현재)
- 우즈베키스탄 농아축구팀 국가대표 감독(1997~2004년)
- KBS 1TV 한민족 리포트(2000년) '우즈벡 한인목사와 농아축구단'
- 카자흐스탄 농아축구팀 국가대표 감독(2005~2015년)
- KBS 2TV 사랑 신고 세계로(2011년) '카자흐스탄에 심은 사랑'
- (사)남북체육교류협회 장애인체육위원회 위원장(2013~2015년)
- 북한 농아축구팀 창단(2013년 10월 18일 / 평양)
- (사)민족통일에스라운동협의회 Global Blessing 대표(2015년~현재)

Lee min kyo

1997년	우즈베키스탄 농아축구팀 창단
2005년	카자흐스탄 농아축구팀 창단
2000년	제4회 아시안게임 3위
2004년	제5회 아시안게임 4위
2008년	제6회 아시안게임 4위
2012년	제7회 아시안게임 3위

| 아시안게임 4회 출전 | 올림픽 2회 출전 | 월드컵 1회 출전 |

북한 농아축구팀 소개

2013년 10월	북한 농아축구팀 창단
2014년 12월	세계장애인의 날 기념 북한 & 호주 농아축구대회(호주)
2015년 10월	제8회 농아인 아시안게임 불참(대만)
2016년 12월	세계장애인의 날 기념 네팔, 북한, 한국, 호주 농아축구대회(호주)
2017년 12월	북한농아축구팀 전지훈련(브라질 상파울로)

1 통일 연습

통일금식, 통일예배, 통일성경, 통일저금통, 통일 독립군(의병)으로 통일 연습이 필요합니다.

2 문화체육 교류

정치적 이념이나 사상적 접근이 아닌 인도주의적 차원에서 문화체육 교류가 필요합니다.

3 통일 펀드

이웃을 사랑할 수 있는 빛의 통로가 되는 통일 펀드 가 필요합니다.

법인 조직도

설립자 조동진
이사장 한국 | 황성주(이룸, 사랑의병원, 꿈이있는교회)
　　　　　 호주 | 오상원(오상원 치과, 시드니순복음교회)
대표 이민교
법인이사 한국 | 김상화 임승훈 조석우 최진영
　　　　　　 호주 | 이미라 오상원 조은실 정영화
고문 김병로 김형식 이상만 조용중 허문영
감사 주명수 김혜란
자문위원 곽수광 김영제 김정명 박종근 양창석
사무국 박미순 김현진

주소 한국 | 서울시 송파구 새말로 8길 17 1층 Global Blessing
　　　　 호주 | 2 nulla nulla st. Turramurra NSW 2074

후원계좌 한국 | 국민은행 831001 - 00 - 019153 (사)민족통일에스라운동협의회
　　　　　　 호주 | ANZ Bank B.S.B. 012321 Acc No: 407727295 Global Blessing